IT 비즈니스를 위한
이메일 영어표현사전

SETTOKU DEKIRU EIBUN E-MAIL 200 NO TESSOKU
by Akira Kurahone, Travis T. Kurahone

Copyright © 2003 by Akira Kurahone, Travis T. Kurahone. All rights reserved.
Originally published in Japan by Nikkei Business Publications, Inc.
Korean translation copyright © 2005 by Darakwon Inc.

본 저작물의 한국어판 저작권은 에릭양 에이전시를 통한 일본 Nikkei Business Publications, Inc.와의 독점계약으로 한국어판권을 다락원이 소유합니다.
저작권법에 의하여 한국 내에서 보호를 받는 저작물이므로 무단 전재와 무단 복제를 금합니다.

IT 비즈니스를 위한
이메일 영어표현사전

지은이   Akira Kurahone, Travis T. Kurahone
펴낸이   정규도
펴낸곳   (주)다락원

1판 1쇄 발행 2005년 9월 30일
1판 15쇄 발행 2014년 11월 25일
2판 1쇄 발행 2016년 5월 30일
2판 2쇄 발행 2018년 1월 3일

책임편집   장의연
디자인   장선숙

다락원 경기도 파주시 문발로 211
내용문의: (02)736-2031 내선 520
구입문의: (02)736-2031 내선 250~251
Fax: (02)732-2037
출판등록 1977년 9월 16일 제300-1977-23호

저자 및 출판사의 허락 없이 이 책의 일부 또는 전부를 무단 복제·전재·발췌할 수 없습니다. 구입 후 철회는 회사 내규에 부합하는 경우에 가능하므로 구입문의처에 문의하시기 바랍니다. 분실·파손 등에 따른 소비자 피해에 대해서는 공정거래위원회에서 고시한 소비자 분쟁 해결 기준에 따라 보상 가능합니다. 잘못된 책은 바꿔 드립니다.

값 18,000원

- 이 책은 「이메일 영어표현사전」의 개정판입니다.

ISBN 978-89-277-0075-3 13740

http://www.darakwon.co.kr

- 다락원 홈페이지를 방문하시면 상세한 출판정보와 함께 동영상 강좌, MP3자료 등 다양한 어학 정보를 얻으실 수 있습니다.

IT 비즈니스를 위한
이메일 영어표현사전

Dictionary of E-mail Expressions for the IT Industry

Akira Kurahone, Travis T. Kurahone

Preface 머리말

영어로 쓴 자료를 읽거나 회화를 간단하게 구사하는 데 큰 문제가 없는 사람이라도, 막상 비즈니스 이메일을 영어로 작성하려면 어렵게 느끼기 마련입니다.

이럴 때면 '바로 찾아보고 참고할 수 있는, 실전 예문이 가득 실린 지침서'가 절실하기 마련이죠. 이 책은 그런 직장인을 위해, 영문 이메일에서 늘상 쓰는 표현을 모아 정리한 것입니다. 직장에서 일하며 마주칠 수 있는 상황을 146개로 나누어 영문 이메일에 써먹기 좋은 기본 구문과 다양한 활용 표현을 실었습니다. 1,200여 개가 넘는 예문은 비즈니스 업무의 현장감을 살리기 위해 한국과 미국을 거점으로 하는 가상 IT 기업을 무대로 내용을 통일하였는데, 대부분의 표현 패턴은 IT 업계뿐 아니라 모든 업종에서 두루 사용할 수 있는 것입니다. 또한 원하는 표현을 바로 찾아서 쓸 수 있도록 사전적 쓰임새를 고려하여 상세한 목차와 인덱스 기능을 덧붙였습니다.

이 책이 독자의 가까운 곳에서 성공적인 영문 이메일을 쓰는 데 도움이 되기를 바랍니다.

Akira Kurahone
Travis T. Kurahone

How to use 이 책 100% 활용하기

찾기 쉽고 따라 쓰기 편한 이 책의 구성을 소개합니다. 먼저 차례를 보고 당장 필요한 비즈니스 상황을 고릅니다. 페이지를 따라 가서 내게 맞는 상황인지 확인하고, 샘플 이메일을 찾아 읽어봅니다. 그런 후에 〈이 문장으로 SEND!〉에서 쓸만한 표현을 골라 샘플 이메일과 조합해 쓰면 끝! 패턴으로

146개 비즈니스 상황
필요한 상황을 찾아 어떤 표현을 사용할 것인지 확인합니다.
또한 이러한 상황에서 의사소통할 때 주의할 점도 알려줍니다.

이메일 샘플
원하는 표현을 쓰는 데에 가장 대표적인 문장을 소개합니다.
제목과 인사말, 맺음말 등 하나의 완벽한 이메일을 보여주고 있어, 필요한 말만 바꿔 그대로 사용할 수 있습니다.

이 구문 하나로 OK!
샘플 이메일에 사용된 패턴 문장을 소개하고, 이를 응용해서 쓸 수 있게 추가 표현을 배웁니다. 패턴 안에 각자 상황에 맞는 말을 넣으면 영어 이메일 쓰기도 어렵지 않습니다.

99 완곡하게 의문 제시하기

상대방에게 질문을 하거나 의문을 제시할 때 부드럽게 묻는 표현이다. '~에 대해 의문이 있다'는 식으로 걱정되는 사안에 대해 언급하면 이쪽의 염려를 전하고 확인이나 수정을 촉구할 수 있다.

이런 방법은 어떨까요?

Subject	Take some time.
From	Bob@darakwon.com
To	abc@darakwon.com

I'm wondering if we could complete the development project by the end of January as we originally agreed with WiFi Co.

Thank you,
Bob Reid

위피 사와 당초 합의한 1월 말까지 이 개발 프로젝트를 완료할 수 있겠습니까?

I'm wondering if you could tell me .
~을 알고 계십니까?

- how to solve this problem
  이 문제를 어떻게 해결할지
- what to we should do
  우리가 무엇을 해야 하는지
- anything that might help me at tomorrow's job interview
  내일 면접에 도움이 될 만한 것을

돌려 쓸 수 있는 〈이 구문 하나로 OK!〉와 영어 글쓰기 실력을 높여줄 〈이 표현으로 UP!〉까지 꼼꼼히 읽으면 샘플이 없어도 혼자 이메일을 쓸 수 있을 정도의 실력까지 갖게 됩니다.

이 문장으로 SEND!

물론 버그는 모두 수정하고 싶습니다만, 이런 종류의 버그를 수정하는 데 시간이 얼마나 걸리는지 알고 계십니까?
Of course, we would like to get rid of all the bugs, but do you have any idea about how long it will take to fix this kind of bug?
• get rid of ~을 제거하다, 없애다

잭빗 사가 이전한 장소는 알고 계시는지 궁금합니다.
I wonder if you could tell me where the XacBit Co. has moved to.

빌 게이츠 씨가 서버 개발 프로젝트 팀에 도움이 될지 다소 의문입니다.
There is some question as to whether Mr. Bill Gates would be of any help to the Server Development Project Team.

이 문장으로 SEND!
이메일 샘플만으로는 부족하다 싶으면 여기를 보세요.
상황에 알맞은 표현을 찾아 필요한 것만 쏙쏙 뽑아 쓸 수 있습니다.

이 표현으로 UP!

영어 문장 다루기 – 물음표, 따옴표

A 의문문이 마침표로 끝날 수도 있을까? 바르게 쓴 문장을 고르시오.
(1) Could you send me the documents as soon as possible.
(2) Could you send me the documents as soon as possible?
그 문서를 가능한 빨리 보내 주시겠습니까?

B 전체 문장이 의문문이고 인용문이 평서문이라면 의문부호나 마침표는 어디에 붙일까? 바르게 쓴 문장을 고르시오.
(1) Why did you say, "It is out of question"?
(2) Why did you say, "It is out of question."?
어째서 당신은 "그건 문제가 안 된다"라고 말했습니까?

A (1), (2) 쓰는 사람이 순수하게 질문을 하는 의도라면 물음표가 필요하다. 또 정중하게 의뢰하는 경우에도 읽는 사람이 No.라고 말할 여지를 남기기 위해서 물음표를 사용한다. 하지만 의문문의 형태를 취하면서도 실제로는 명령하고 있을 경우에는 물음표가 없어도 된다.
B (1) 이 경우에 마침표는 불필요하고 물음표만 인용문 밖에 붙인다. She said, "Is it out of the question?"("그것은 문제가 되지 않습니까?"라고 그녀가 말했다) 같이 전체 문장이 평서문이고 인용문이 의문문이면 의문부호만 인용문 속에 붙인다.

이 표현으로 UP!
영문 글쓰기에 꼭 도움이 될 팁을 실었습니다.
특히 우리말과는 다른 영어 특유의 표현과 문장부호 관련 팁은 이메일뿐 아니라 다른 영어 문서를 쓸 때도 유용합니다.

CONTENTS 차례

머리말 5 | 이 책 100% 활용하기 6

✱ 영문 이메일의 기본 원칙

1 이메일의 형식　　　　　　12
2 인사말과 맺음말　　　　　14
3 제목 쓰기　　　　　　　　15
4 본문 쓰기　　　　　　　　16
5 서명 쓰기　　　　　　　　18
6 문장부호 쓰기　　　　　　19
7 날짜와 시간 표현하기　　　21
8 이메일 글쓰기　　　　　　23
9 이메일의 표현　　　　　　24
10 답신하기　　　　　　　　26

비즈니스 실무 표현

A 서두 표현
1 감사 표현하기　　　　　　32
2 답장임을 알리기　　　　　36
3 자기 소개하기　　　　　　38
4 추후 연락 약속하기　　　　40
5 후속 메일 보내기　　　　　42
6 늦은 답장 사과하기　　　　44
7 오랜만이라고 언급하기　　46
8 연락 목적 알리기　　　　　48
9 좋은 소식 전하기　　　　　50
10 유감의 뜻 전하기　　　　　52
11 용건만 알리기　　　　　　54

B 맺음말 표현
12 답장 요청하기　　　　　　58
13 부탁 및 안부 전하기　　　　60
14 기꺼이 도움 주겠다고 하기　62
15 정보 제공이나 업무 의뢰하기　66
16 사과하기　　　　　　　　68
17 감사하며 마무리하기　　　70
18 기대감 표현하기　　　　　72

C 메일 송수신
19 파일 첨부하기　　　　　　76
20 파일 압축하기 및 압축 풀기　80
21 파일 첨부 오류 언급하기　　82
22 보낼 곳 확인하기 및 알려주기　84
23 파일 보내는 목적 밝히기　　86
24 메일 수신 및 물품 수령 알리기　88
25 답장 재촉하기　　　　　　90
26 추후에 보낸다고 알리기　　92

D 통지 및 알림
27 보고 및 전달하기　　　　　96
28 사내 여러 사람에게 알리기　98
29 연락 요청하기　　　　　　100
30 메시지 전달하기　　　　　102
31 사무실 개설 및 이전 통지하기　104
32 변경된 주소 및 연락처 알리기　106
33 출장 일정 알리기　　　　　108
34 사무실 휴무 통지하기　　　110
35 담당자 휴가 통지하기　　　112
36 직원 대상 의견 요청하기　　114
37 물건 찾기　　　　　　　　116
38 공지하기　　　　　　　　120
39 홍보하기　　　　　　　　124

E 회의 및 행사

40	회의 및 행사 공지하기	128
41	송별회 공지하기	130
42	회의 및 행사에 초대하기	132
43	참석 여부 확인하기	134
44	초대 수락하기 및 거절하기	138
45	귀빈의 방문 준비하기	140
46	숙박 예약 요청하기	142
47	의제 알리기	144
48	의사록 보내기 및 요청하기	146

F 약속 및 스케줄

49	약속 정하기	150
50	내사 요청하기	152
51	만나는 목적 밝히기	154
52	다른 사람 소개하기	156
53	약속 수락하기 및 거절하기	158
54	약속 장소 정하기	160
55	약속 날짜 정하기	162
56	약속 변경하기	164
57	약속 취소하기	166
58	약속 당일의 절차 확인하기	168
59	만남 후 후속 메일 보내기	170
60	일정 전달하기	172
61	진척 상황 확인 및 보고하기	174
62	문제 보고하기 및 해결 촉구하기	176

G 정보 수집

63	정보 제공 요청하기	180
64	관심 표시하기	182
65	정보 제공 거절하기	184
66	추가 정보 요청하기	186
67	소개 요청하기	188
68	문의처 알리기	190
69	정보의 출처 확인하기	192
70	정보의 출처 밝히기	194
71	적임자 추천하기	196

H 주문, 문의 및 응대

72	주문 및 예약하기	200
73	문의에 답하기	202
74	중지, 취소 및 변경하기	204
75	요청 수락하기	206
76	요청 거절하기	208
77	내용 확인하기	210
78	주요 내용 상기시키기	214
79	사용 허락받기	216
80	불만 표현하기	218
81	클레임 대응하기	220

I 도움 및 조언 요청

82	도움 요청하기	224
83	관계자의 협력 요청하기	226
84	먼저 도움 제안하기	228
85	특정 업무 의뢰하기	230
86	업무 협조 재촉하기	232
87	조언 요청하기	234
88	조언하기	236
89	강하게 권고하기	238
90	조언 수용하기	240
91	상대방의 지시 요청하기	242
92	구체적으로 지시하기	244

J 의견 주고 받기

93	완곡하게 요구하기	248
94	완곡하게 허가 요청하기	250
95	필요성 호소하기	252
96	승인하기 및 허가하기	254
97	승인 거부하기	256
98	염려나 불안감 표하기	258
99	완곡하게 의문 제시하기	260
100	확신 나타내기	262
101	의견 구하기	264
102	의견 전달하기	266
103	의견 제시 거절하기	268
104	계획 및 목표 전달하기	270

105	희망 및 기대감 전달하기	272
106	주의 환기시키기	274
107	중요성 지적하기	276
108	중요성 강조하기	278
109	중요성 부인하기	280
110	이유 설명하기	282
111	조심스럽게 확신 표현하기	284
112	확실성 단언하기	286
113	가능성이 높음을 나타내기	288
114	가능성이 낮음을 나타내기	290

K 동의, 반대 및 타협

115	찬성하기	294
116	전면적 지지 표명하기	296
117	기본적 지지 표명하기	298
118	부분적 합의 나타내기	300
119	완곡하게 반대 표명하기	304
120	반대 의견 나타내기	306
121	반대 의견 강조하기	308
122	대안 제시하기	310
123	제안에 반대하기	312
124	제안에 전면적으로 반대하기	314
125	재고 요청하기	316
126	타협안 제시 및 수용하기	318
127	타협안 거절하기	320
128	조건부로 수용하기	322

L 문제 발생

129	문제점 지적하기	326
130	문제점 경고하기	328
131	놀라움 표현하기	330
132	실망감 표현하기	332
133	오해 해소하기	334
134	오류 통보하기	336
135	사과하기	338

M 인사 및 채용

136	전직 및 전근 인사하기	342
137	감사 메일 보내기	344
138	인재 추천하기	346
139	채용 여부 통지하기	348

N 병결 및 부고

140	병결 연락하기	352
141	사원의 부고 알리기	356
142	애도의 뜻 표하기	358

O 감사, 축하 및 격려

143	감사 표현하기	362
144	칭찬하기	364
145	축하하기	366
146	격려 및 위로하기	368

IT 업계 관련 표현

1	셀링 포인트 강조하기	372
2	구체적 효용성 홍보하기	373
3	내용 문의하기	374
4	상세한 기술 정보 확인하기	375
5	상황 파악하기	377
6	요구 사항 전달하기	378
7	기능 추가 및 변경하기	379
8	기한 연장 요구하기	380
9	개발자의 기술과 자격 나타내기	382
10	고객 문의에 답하기	383
11	작동 환경 관련	385
12	개발 환경 관련	386
13	웹 애플리케이션 관련	387
14	데이터베이스 관련	388
15	네트워크 관련	390

Index · 키워드 찾기 392

영문 이메일의 기본 원칙

1 이메일의 형식
2 인사말과 맺음말
3 제목 쓰기
4 본문 쓰기
5 서명 쓰기
6 문장부호 쓰기
7 날짜와 시간 표현하기
8 이메일 글쓰기
9 이메일의 표현
10 답신하기

*1 이메일의 형식

이메일의 기본 형식을 지킨다. 영어 이메일에는 우리말 메일과는 다른 고유한 형식이 있다. 간결하고 신속한 것이 이메일의 특징이자 미덕이지만, 업무를 위한 연락인 만큼 최소한의 형식은 지키는 것이 좋다.

이메일의 기본 형식

To _받는 사람_	jbrown@gmail.com
CC _참조_	Kim@darakwon.com
BCC _숨은 참조_	
Subject _제목_	Thank you for the file!

Dear Ms. Brown, ─ 인사말

I'm writing to thank you for the file you sent me. It was really nice of you to think of sending it to me, and it turns out to be just the one I needed! I really appreciate it, and if possible, I hope to see you soon. ─ 본문

Best Regards, ─ 맺음말
Kim Hana ─ 서명

> 브라운 씨께
> 보내주신 파일에 대해 감사드리고자 메일을 씁니다. 파일을 제게 보낼 생각을 하다니 정말 친절하시군요. 그 파일은 제게 딱 필요했던 것이었습니다. 정말 감사드리고, 가능하면 곧 뵙고 싶습니다.
> 김하나

이메일 포맷 구성요소

To _ 받는 사람
To에는 받는 사람의 이메일 주소를 쓴다.

CC _ 참조
Carbon Copy의 약자로, A에게 보낸 메일을 B, C, D에게도 동시에 보내는 기능이다. A에게 메일을 보낼 때 CC란에 다른 사람들의 주소를 세미콜론(;)이나 쉼표(,)로 분리해서 쓰면 A, B, C, D 모두 같은 메일을 받을 수 있다. BCC(숨은 참조) 기능과는 달리 CC 기능으로 보내는 이메일은 수신인이 누구인지 서로 알 수 있다. 참고로 carbon copy는 과거 타자기를 사용하던 시절에 복사본을 만들기 위해 종이 사이에 먹지(carbon paper)를 끼워 썼던 것에서 유래했다.

BCC _ 숨은 참조
Blind Carbon Copy의 약자. CC 기능으로 보낸 메일임을 받는 사람에게 알리고 싶지 않을 때 사용한다. BCC로 메일을 보내면 수신자는 그 메일을 자기 외에 누가 또 받았는지 알 수 없다.

Subject _ 제목
이메일의 제목이다. 제목은 Information이나 Your e-mail과 같이 막연하게 쓰기보다, 제목만 읽어도 내용을 짐작할 수 있도록 구체적으로 쓰는 것이 좋다.

이메일 본문 구성요소

인사말 _ Greeting
'Dear+Mr.(Ms.)+받는 사람의 성' 형태가 기본이다. 친한 사이라면 Dear나 경칭을 생략하고 이름만 써도 좋다. 업무용 서신에서는 Dear Sir/Madam도 곧잘 사용한다.

본문 _ Body
특별한 규칙이나 형식이 정해져 있지는 않다. 그러나 이메일에서 중요한 것은 신속·간결이므로 최대한 간단명료한 문장으로 쓰는 게 좋다. 문어적이고 격식을 갖춘 문체 대신 일상적인 구어체를 사용한다.

맺음말 _ Closing
본문을 끝낸 후에 인사처럼 쓰는 말이다. 특별한 뜻은 없고 '감사합니다' 정도로 보면 된다. Sincerely yours, Sincerely, Best regards, Regards, With best wishes, Best wishes, Yours, As ever, Cheers 등이 흔히 쓰는 맺음말이다.

서명 _ Signature
이메일의 맨 마지막에 보내는 사람의 이름이나 연락처, 기타 관련 데이터를 첨부하는 것을 말한다. 여기에는 보내는 이의 소속 부서, 소속 기관, 전화번호, 팩스번호, 이메일 주소, 홈페이지 주소 등을 필요에 따라 추가한다.

*2 인사말과 맺음말

인사말과 맺음말을 구분해서 사용한다. 인사말과 맺음말에 주의하자. 상대방과 친분이 있을 때, 업무적인 관계일 때, 받는 사람이 남자일 때 혹은 여자일 때 등의 상황에 따라 인사말과 맺음말을 달리 사용한다.

인사말 _ Greeting

Dear Mr. Gatesbox,

Dear 다음에는 성만 쓰는 것이 일반적이다. 받는 사람이 여성인 경우는 Mrs., Miss, Ms.를 붙이는데, 최근에는 결혼 여부에 상관없이 Ms.를 많이 쓴다. Mrs.나 Miss를 사용하면 사생활 침해로 인식하는 경우도 있으므로 주의하는 것이 좋다.

Dear Bill,

서로 잘 아는 친한 상대에게 보낼 때는 경칭을 생략하고 이름만 쓸 수 있다. Dear Mr. Bill Gatesbox 같이 이름과 성을 함께 쓰지 않는다.

Dear Manager Thomas,

Mr.나 Mrs. 같은 경칭이 아니라 Manager, President, Professor 같은 직책명을 사용하는 경우도 많다.

맺음말 _ Closing

일반적인 경우

Sincerely,
Sincerely yours,
Best regards,
Best wishes,

— 친한 사이나 그렇지 않은 사이 모두에게 사용해도 무방하다. 적용범위가 넓다.

가족이나 친지

Yours,
Warmly,
Best,

— 가족이나 아주 친한 상대일 때 사용한다.

어려운 상대

Yours truly, — 정중한 느낌을 준다.

공식적인 경우

Respectfully,
Respectfully yours,

— 공식적인 느낌을 준다.

*3 제목 쓰기

제목만 봐도 용건을 알 수 있게 한다. 제목(subject)은 용건이 무엇인지 알 수 있게 쓰자. '알립니다' 같이 막연한 제목은 상대방이 바쁘면 그냥 지나쳐 버릴 수도 있다. 특히 긴급을 요하는 메일이나 중요한 메일은 용건을 제목란에 명기하는 것이 좋다.

좋은 제목의 예

회의를 3시로 변경할 수 있을까요?
Regarding the meeting, could we reschedule for 3:00 please?

진척 상황 보고서를 오늘 중으로 보내주십시오
Please send your progress report by the end of the day.

상품 리스트에 관한 문의
Some questions about your product list

정오표 송부
Sending you the errata

차기 회의에 관한 연락
About the next meeting

마케팅 스터디 모임 관련 연락
About the study group meeting on marketing

우리의 스케줄에 관해 논의 요망
Would like to discuss our scheduling

[중요 공지사항] 파일 공유 서버가 이번 주말에 정지됩니다
[Important Notice] The shared file server will be down this weekend.

[긴급] 버그 수정이 순조롭지 않습니다
[Urgent] The bug fix doesn't work properly.

[재송부] 최신 재고표 송부
[Resent] The latest inventory list

*4 본문 쓰기

본문은 단도직입적으로 시작한다. 우리말 비즈니스 메일에서는 첫머리에 '△△사의 ○○입니다. 평소 저희 회사에 많은 관심을 보여주셔서 감사합니다'와 같은 인사를 넣는 경우가 많은데, 영어 이메일에서는 용건부터 시작해도 실례가 되지 않는다. 또한 메일이 길어지지 않도록 하는 것도 중요하다. 용건은 메일 한 통 당 한 건으로 압축하자. 그러는 편이 나중에 편지함에서 필요한 용건의 메일을 찾기도 쉽다.

포맷 모듈의 버그에 대한 건입니다 ✕

Dear Mr. Croft, ── 특별한 인사 없이 바로 시작한다

About the bug found in the Message Format module, please check the cut_elements_out function, which starts line 15 of the format_message.c file. As you can see, the third argument is missing. Therefore, please change the following line:

struct rec *cut_elements_out (struct rec *root, char line)

to

struct rec *cut_elements_out (struct rec *root, char line, char *delimiters)

Please send the fixed file to Mr. Smith by 3:00 p.m. today (8/4). Thank you very much for your help.

Best regards,
Kim Hana
(Seoul office)
CCed to: Mr. Smith, Mr. Greene, and Mr. Myers

크로프트 씨께

메시지 포맷 모듈에서 발견한 버그에 대해, format_message.c 파일의 15열부터 시작되는 cut_elements_out이라는 함수를 확인해 주시기 바랍니다. 이 함수의 제 3인수가 누락되어 있습니다. 따라서 아래와 같이 수정하여 주십시오.

struct rec *cut_elements_out (struct rec *root, char line)을

struct rec *cut_elements_out (struct rec *root, char*delimiters)로

오늘(8월 4일) 오후 3시까지 수정된 파일을 스미스 씨에게 메일로 보내주시면 감사하겠습니다.

김하나(서울 사무소)

스미스 씨, 그린 씨, 마이어스 씨에게 CC로 전송됐음.

● 이 메일에서는 처음부터 '~모듈에서 발견한 버그 수정을 요망한다'는 용건을 간단하게 전하고 있다. 또한 CC(참조)로 여러 명에게 보낼 때에는 본문에도 누구에게 보냈는지 밝히면 상대방도 알기 쉽다.

서명 쓰기

영문 이메일용 서명을 만들어두고 사용한다. 이메일의 가장 끝에 삽입하는 '서명'은 일반적으로 이메일용 프로그램에 여러 형태로 등록할 수 있다. 그 중에서 영문 이메일용 서명을 마련해 두면 영문 이메일을 쓸 때 편리하다. 다만 실수로 평소에 사용하던 한글 서명을 사용하는 일이 없도록 주의하자.

서명의 예

이름과 회사명만 간단히
Steve Meridan
CrossWay Co.

이름과 회사명만 간단히 명기한다.

일반적인 경우
Spike Rogers, Chief Engineer
System Development
BitPower Co.

이름, 직위, 부서, 회사명을 명기한 일반적인 서명이다.

모든 정보 제공
Dongsu Kim
Chief Research Associate
Network Development Group
R&D Center Communication System Division
AquosTech Co.
+82-2-580-4321 (direct)
+82-2-580-5555
+82-2-580-0123 (fax)
dongsuKim@AquosTech.com
http://www.AquosTech.com

회사의 전화번호, 팩스번호, 이메일 주소, 회사의 홈페이지 URL까지 명기하여 명함을 대신하는 서명이다.

*6 문장부호 쓰기

문장부호와 스페이스를 적절하게 사용한다. 스페이스나 쉼표, 세미콜론, 콜론, 마침표 사용에도 규칙이 있다. 단락과 단락 사이는 한 줄을 비우는 것이 원칙이다.

로렌스 씨 소개로 메일 드립니다

Dear Mr. Conner, ← 쉼표

My name is Lee Sumin. Currently I am working for XacBit Co. I am writing this e-mail because I was introduced to you by Mr. Lawrence.

Before I started working for XacBit Co., I was a senior programmer at WiFiPlus. My responsibilities included: ← 콜론 managing a team of five programmers for system development; ← 세미콜론 coordinating the development of multi-team projects; ← 세미콜론 supervising in-house open source projects.

I attended Brown University and graduated in June 2005 with a B.S. in Computer Science. I am proud of the skills and experience I have as an engineer; ← 세미콜론 I am confident that I can be an asset to your organization.

I am attaching a detailed resume and hope you will consider me for the position of Chief Engineer.

I look forward to hearing from you.

Sincerely yours, ← 쉼표
Lee Sumin

코너 씨께

저는 이수민이라고 합니다. 현재 저는 잭빗 사에서 일하고 있는데 로렌스 씨의 소개로 이메일을 드립니다.

잭빗 사에서 일하기 전, 저는 위피플러스에서 상급 프로그래머로 일했습니다. 제 업무는 시스템 개발을 맡은 다섯 명의 팀을 관리하고 멀티 팀 프로젝트의 개발을 지휘하며 사내 오픈 소스 프로젝트를 감독하는 것이었습니다.

저는 2005년 6월에 컴퓨터 공학 학사학위를 받고 브라운 대학을 졸업하였습니다. 저는 엔지니어로서의 제 기술과 경험에 자부심이 있으며 제가 귀사에 꼭 필요한 존재가 될 것이라고 자신합니다.

자세한 이력서를 첨부하오니 수석 엔지니어 직책에 저를 고려해 주시기 바랍니다.

답장을 기다리겠습니다.

이수민 드림

● 인사말(Dear Mr.~)과 맺음말(Sincerely yours 등) 뒤에는 쉼표를 넣는 것이 일반적이다. 콜론은 항목을 열거할 때 외에도, 인용할 때나 앞의 문장을 받아 설명할 때에 사용한다. 세미콜론은 and 같은 접속사 대신 동격의 문구나 문장을 이을 때 쓴다. 문장에서 쉼표, 세미콜론, 콜론 뒤에는 한 칸을 비운다.

이 표현으로
UP!

직급 · 직책을 나타내는 영어 표현

서구에서는 직급을 중요하게 여기지 않기 때문에 세분화해서 쓰지 않는다. 따라서 한국식 직급을 영어로 그대로 옮기기는 힘들다. 여기에는 대략적인 직급 표현을 소개하니 상황에 따라 융통성 있게 사용하자.

- 과장   manager
- 부장   general manager
- 부국장 assistant director
- 이사, 국장 director
- 부사장 vice president
- 사장   president
- 임원   senior manager

*7 날짜와 시간 표현하기

시간 표현을 정확히 사용한다. 비즈니스 메일에서는 날짜 등 시간 표현을 정확히 쓰는 것이 매우 중요하다. 자주 쓰는 시간 및 날짜 표현을 소개하니 반드시 익혀두자.

날짜와 시간을 나타내는 표현

올해	초에	at the beginning of this year
	중반에	in the middle of this year
	말에	around the end of this year
월	초에	at the beginning of the month
	중순에	in the middle of the month
	말에	at the end of the month
다음 달	초순에	in the early part of next month
	중순에	in the middle of next month
	하순에	in the latter part of next month

오늘 안으로	today
다음 주 중에	in the next week
며칠 안으로	in the next couple of days

| 10월 10일 이후(10일 포함) | on or after October 10 |
| 10월 10일 이후(10일 불포함) | after October 10 |

| 정오 전후에 | sometime before or after 12:00 (sometime before or after 12:00 noon) |

| 저녁 6시 이후 | after 6:00 in the evening |
| 아침 8시까지 | until 8:00 in the morning |

날짜와 시간을 나타내는 표현

오전 10시부터 밤 9시까지		from 10:00 in the morning until 9:00 in the evening
		(from 10:00 a.m. until 9:00 p.m.)
1/4분기	초에	at the beginning of the first quarter
	말에	at the end of the first quarter
연	초에	at the beginning of the year
	말에	at the end of the year

이 표현으로

시간을 나타내는 기타 표현

- 회계 연도 초에 — at the beginning of the fiscal year
- 회계 연도 말에 — at the end of the fiscal year
- 회계 연도 상반기 — the first half of the fiscal year
- 회계 연도 하반기 — the second half of the fiscal year
- 근무 시간 — operating hours
- 한국 시간 — Korea time
- 중국 시간 — China time
- 현지 시간 — local time
- (미)동부 표준시 — EST(Eastern Standard Time)
- (미)중부 표준시 — CST(Central Standard Time)
- (미)산악부 표준시 — MST(Mountain Standard Time)
- (미)태평양 표준시 — PST(Pacific Standard Time)
- 이번 주까지는 (시간이) 걸린다 — It takes until the end of this week.
- 연 내에 완성하다 — complete by the end of the year
- 시간이 허락하면 — if time permits
- 신제품 발매까지는 — until the release of the new product
- 타사에 뒤처지지 않도록 — not to fall behind the other companies
- 타사보다 먼저 — ahead of the other companies
- 현 시점에서는 — as of now
- 가까운 미래에 — in the near future

이메일 글쓰기

격식을 갖춰 정중하게 쓰기

격식을 갖춰 정중하게 쓴다. 업무상 이메일을 보낼 때에는 친한 사이라 해도 최소한의 격식을 갖춰 글을 쓰는 것이 예의다. 영어에는 높임말이 없다고 해도 친구 사이에서나 쓸 만한 격의 없는 표현은 피해야 한다. 또한 영어에 익숙하지 않은 사람이 독특한 표현으로 개성을 드러내려 하다가는 오해를 불러 일으킬 수도 있다. 가능하면 평이하고 정중한 표현을 사용해서 필요한 내용을 정확히 전달하자.

격식을 갖춘 글쓰기의 예

Mr. Cladwell, if you have some time to spare, I would like to meet you again and listen to your explanation of the new e-mail delivery server that you described to me the other day. What time will be convenient for you? If it is all right with you, I would like to visit your office sometime this week.

클래드웰 씨, 시간을 좀 내주시면 한 번 더 만나 뵙고 일전에 말씀하신 새로운 이메일 송신서버에 관해 설명을 듣고 싶은데, 언제쯤이 편하십니까? 괜찮으시면 제가 이번 주 중에 귀사로 찾아뵈었으면 합니다.

격식에 맞지 않는 글쓰기의 예

Hey Scott, about the new e-mail delivery server you told me about the other day. I wanna meet you in person and ask you about its details and all, you know? How about sometime this week? I can come over.

스콧, 일전에 네가 말한 새로운 이메일 송신서버 말인데, 한 번 만나서 자세한 내용을 이것저것 물어보고 싶은데 어떻겠니? 이번 주 중은 어때? 내가 그쪽으로 갈게.

*9
이메일의 표현

거만한 느낌을 주는 표현은 피한다. 특정 영어 표현이 갖는 뉘앙스를 잘 몰라 본의 아니게 거만하거나 강압적으로 느껴지는 문장을 쓸 때가 있다. 한국인이 특히 자주 틀리는 표현을 알아두고, 이메일을 쓸 때 주의하자.

추천하는 표현과 피해야 할 표현

had better는 I와 함께

학교 영어 시간에 부드럽고 공손한 어조라고 배웠던 표현이 문제가 될 수도 있다. 그 한 예가 had better다. I 이외의 주어 뒤에서는 had better가 '~하는 편이 좋다'는 완곡한 의미가 아니라, 거만하고 고압적인 뉘앙스로 들릴 수 있다.

Yes, **I had better** fix this bug by next week. (O)
그래, (내가) 이 버그를 다음 주까지는 해결하는 게 좋겠다.

Yes, **you had better** fix this bug by next week. (X)
그래, (네가) 이 버그를 다음 주까지 해결하는 게 좋겠다. — '네가 해결하는 것이 좋겠다'는 결국 '해결하라'는 뉘앙스를 준다.

가벼운 제안에는 Why don't you를 쓰자

'~해야 한다고 생각합니다'라고 가볍게 제안할 때 should를 쓰는 것은 좋지 않다. should에는 '의무·당연'의 뉘앙스가 있기 때문이다. 대신에 Why don't you~?를 사용하면 상대방이 이쪽의 제안을 기분 나쁘지 않게 받아들일 수 있다.

Why don't you leave San Francisco next week? (O)
다음 주에 샌프란시스코를 떠나시는 것이 어떻습니까?

I think that you **should** leave San Francisco next week. (X)
다음 주에 당신이 샌프란시스코를 떠나야 한다고 생각합니다.

please ask로 부탁하자

'(제삼자가) ~하도록 전해주십시오' 같이 간접적으로 부탁할 때, Please tell~을 쓰면 안 된다. tell에는 명령하거나 가르치고 지시하는 뉘앙스가 있기 때문이다. 대신 '요청하고 부탁하는' 뉘앙스가 있는 ask를 사용하자. 또한 부탁하고자 하는 내용을 의문문으로 표현하면 더욱 부드러운 어조가 된다.

Please ask John to call me at 82-3-5555-1234. (O)

존에게 82-3-5555-1234로 저에게 전화 달라고 전해주세요.

Could you ask John to call me at 82-3-5555-1234? (O)

존에게 82-3-5555-1234로 저에게 전화 부탁한다고 전해 주시겠어요? ── 의문문을 사용하여 부드럽게 전달할 수 있다.

Please tell John to call me at 82-3-5555-1234. (X)

존에게 82-3-5555-1234로 저에게 전화 달라고 전하세요.

*10 답신하기

답신이 짧을 때는 한줄로 끝낸다. 상대방이 보낸 장문 메일에 대해서 한 마디로 충분히 대답할 수 있는 경우는, 상대방의 이메일을 그대로 인용하고 한줄 답신만 달아도 충분하다. 또한 상대방이 여러 질문을 할 때에는 상대방의 원본 메시지에 대답이나 코멘트를 삽입하여 보내는 것이 편리할 수도 있다. 이렇게 하면 곧바로 답신 메일을 보낼 수 있으므로 시간과 수고를 덜 수 있다.

한줄 답신 표현

말씀하신 대로 실행하겠습니다.
I will do as you said.

원하시는 대로 하겠습니다.
I will do as you want me to do.

지시에 따르겠습니다.
I will follow your instructions.

설명해주신 절차대로 시행하겠습니다.
I will carry out the steps you described.

제가 혼동한 것을 분명하게 정리해 주셔서 감사합니다. 이제 이해했습니다.
Thank you for clarifying my confusion. I understand it now.

네, 귀하가 말씀하신 일시와 장소는 저도 좋습니다.
OK, I'm fine with the date and place you suggested.

이하 찬성합니다.
I can agree with this.

이 문제에 대해 알려주셔서 감사합니다. 귀하가 말씀하시는 내용 잘 알겠습니다.
Thank you for drawing my attention to the problem. Now I see your point.

정보를 주셔서 감사합니다.
Thank you for the information.

이하의 내용에 동의합니다.
On this, I agree with you. (With this I agree.)

● 영어에서는 직접목적어를 생략하는 경우가 드물다. 따라서 그냥 '잘 알겠습니다'라고 쓰기보다는 명확하게 '~에 대해 이해했습니다', '희망하시는 내용에 따르겠습니다'와 같이 목적어를 구체적으로 써야 의사소통에 차질이 없다.

상대의 답장에
코멘트 넣기

의견 부탁합니다　　　　　　　　　　×

> The following is my summary of how to gather customers' e-mail addresses on our Web page. Since there are things that I cannot decide by myself, your comments are appreciated.

> Personal information fields:
> Of course, we need "province," "age," and "gender" fields, but do we also need the "name" and "street address"?

We probably don't need them because people don't like to fill in too many fields. —— 답장을 보내는 사람의 코멘트

> News Letters:
> Should we ask the customers to choose if they want news from us?

I think that we should.

> 다음은 웹 페이지에서 고객의 이메일 주소를 어떻게 수집할지에 대한 저의 요약입니다. 저 혼자서는 결정할 수 없는 사항이 있으므로 코멘트를 써 주시면 감사하겠습니다.

> 개인정보 부분:
> 물론 '도'와 '연령', '성별'을 쓰는 난은 필수적이지만, '이름'과 '도로명 주소' 난도 필요할까요?

사람들은 너무 많은 공란을 채우는 걸 싫어하니까 없어도 될 것 같습니다.

> 뉴스레터:
> 고객들이 우리가 보내는 뉴스레터를 받을지 말지 선택하게 해야 할까요?

반드시 그렇게 해주세요.

비즈니스 실무 표현

- **A** 서두 표현
- **B** 맺음말 표현
- **C** 메일 송수신
- **D** 통지 및 알림
- **E** 회의 및 행사
- **F** 약속 및 스케줄
- **G** 정보 수집
- **H** 주문, 문의 및 응대
- **I** 도움 및 조언 요청
- **J** 의견 주고 받기
- **L** 동의, 반대 및 타협
- **L** 문제 발생
- **M** 인사 및 채용
- **N** 병결 및 부고
- **O** 감사, 축하 및 격려

A 서두 표현

1. 감사 표현하기
2. 답장임을 알리기
3. 자기 소개하기
4. 추후 연락 약속하기
5. 후속 메일 보내기
6. 늦은 답장 사과하기
7. 오랜만이라고 언급하기
8. 연락 목적 알리기
9. 좋은 소식 전하기
10. 유감의 뜻 전하기
11. 용건만 알리기

1 감사 표현하기

영문 이메일에서 정해진 서두 표현이 있는 것은 아니지만, 서두 표현으로 자주 쓰는 몇 가지 패턴이 있다. 그 중에서도 '~해 주셔서 감사합니다'와 같이 감사의 뜻을 표현하면서 메일을 시작하는 방식을 많이 쓴다.

문제점을 알려 주셔서 감사드립니다   ✕

Subject	Thank you!
From	hana@darakwon.com
To	jino@wellsoft.com

Thank you for letting us know about the problems with our sever software yesterday. As for the bugs you pointed out, please give us a couple of months because we will certainly fix them when we release the next version.

Sincerely yours,
Kim Hana

> 어제 당사 서버 소프트웨어의 문제점을 알려 주셔서 감사합니다. 지적해 주신 버그는 다음 버전 발매 시에 반드시 수정하겠으니 2~3개월 기다려 주시기 바랍니다.

이 구문 하나로 **OK!**

Thank you for 명사 / 동사ing . ~에 감사합니다.

- prompt reply 빠른 답변
- advice 충고
- your call 전화
- suggestion 제안
- thoughtfulness 배려
- information 정보
- business proposal 사업 제안서

- taking time 시간을 내 주셔서
- letting me 내가 ~하게 해 주셔서
- helping me 저를 도와 주셔서
- sending me ~을 보내 주셔서
- offering me ~을 제공해 주셔서
- visiting me 저를 방문해 주셔서
- reminding me 상기시켜 주셔서

이 문장으로
SEND!

프로젝트 회의 개최안에 대해 신속히 답변해 주셔서 감사합니다.

Thank you for your prompt reply to my suggestion of setting up a project meeting.

• prompt reply(= quick reply) 빠른 답변

메일로 귀중한 조언을 해 주셔서 감사드립니다.

Thank you for your e-mail, in which you gave me some important pieces of advice.

3월 8일 보내주신 프로젝트 그룹회의의 개최 제안 메일, 감사합니다.

Thank you for your e-mail of March 8, in which you suggested a project group meeting.

전화 주셔서 감사합니다. 문의하신 내용은 상사와 상의하여 빠른 시일 내에 메일로 답신 드리겠습니다.

Thank you for your call. I will discuss the question you raised with my immediate superior and respond to you by e-mail as soon as possible.

• immediate superior 직속 상사   • as soon as possible 가능한 한 빨리

당사의 비즈니스 모델에 어떤 네트워크 시스템이 가장 좋을지 제안해 주셔서 진심으로 감사드립니다.

I really appreciate your suggestion on which network system would be best for the business model of our company.

귀하의 친절에 어떻게 감사드려야 할지 모르겠습니다.

I don't know how to thank you for your kindness.

이 문장으로
SEND!

저에게 베풀어 주신 호의에 뭐라고 감사드려야 할지 모르겠습니다.

I don't know how to thank you for the hospitality you extended to me.

• extend (은혜, 친절을) 베풀다

저에게 자료를 계속 보내 주셔서 감사합니다.

It was so kind of you to keep me updated with the data.

좋은 말씀 감사드립니다.

Many thanks for your kind words.

귀하가 제공해 주신 정보에 대해 감사의 말씀을 드리기 위해 메시지를 보냅니다.

This message is just to say "thank you" for the information you provided.

링크팩 사의 웹 영상 송출 시스템에 관해 필요한 자료를 얻는 일에 협력해 주셔서 대단히 감사합니다.

We would greatly appreciate your assistance in obtaining the necessary information concerning the Web picture delivery system of LinkPack Co.

정보 주셔서 감사합니다. 바로 착수하겠습니다.

Thank you for your information. I will get on it right away.

• get on 일을 진척시키다

영어 문장 다루기 - 쉼표

A 문장 맨 앞에 But, And, So 등이 오면 뒤에 쉼표를 넣어야 할까? 올바른 문장을 고르시오.

(1) But, the problem is that I have no idea what to do.
(2) But the problem is that I have no idea what to do.
하지만 문제는 내가 무엇을 할지 모르겠다는 거다.

B 두 개의 형용사가 명사를 수식할 때 쉼표가 필요할까? 올바른 문장을 고르시오.

(1) Do you really like the huge oily pizzas at that Italian restaurant?
(2) Do you really like the huge, oily pizzas at that Italian restaurant?
저 이탈리안 레스토랑의 커다랗고 기름진 피자가 정말로 좋아?

C 문장이 종속절로 시작할 때 종속절 뒤에 쉼표가 필요할까? 올바른 문장을 고르시오.

(1) When you finish your work please help me out with mowing the lawn.
(2) When you finish your work, please help me out with mowing the lawn.
일을 마치면 잔디 깎는 것을 도와주세요.

D 다음 문장에서 and나 or로 어구를 연결할 때 쉼표의 위치가 바른 것을 고르시오.

(1) The convention will be held in Seoul, London and Paris.
(2) The convention will be held in Seoul, London, and Paris.
(3) The convention will be held in Seoul and London and Paris.
그 회의는 서울, 런던 그리고 파리에서 열릴 것이다.

A (2)　이 문장에서 But은 삽입구가 아니라 전체 문장의 일부이므로 쉼표는 필요 없다. 참고로, 계약서 같은 공식 문서에서는 문장 처음에 접속사를 사용하는 것은 피하는 것이 좋다.

B (2)　이 문장의 형용사 huge와 oily는 '크기'와 '맛'이라는 서로 다른 특성을 묘사하고 있으므로 쉼표가 필요하다. 예를 들어 Follow the yellow brick road(노란 벽돌길을 따라 가라).라는 문장에서는 yellow brick이 '노란 벽돌'이라는 하나의 특성을 나타내므로 yellow와 brick 사이에 쉼표가 필요 없다.

C (2)　종속절이 문장 앞에 올 때는 끝에 쉼표를 넣는다. 예문처럼 종속절 '일을 마치면'을 강조하고 싶으면 종속절로 문장을 시작한다. '도와주세요'를 강조하고 싶으면 Please help me out with mowing the lawn when you finish your work. 같이 종속절을 뒤에 쓰는 것이 좋다.

D (1), (2)　예전에는 (2)와 같이 and 앞에도 콤마를 썼지만 요즘 신문이나 잡지에서는 주로 (1)처럼 쓴다. 또한 The items required are A, B and C, and D. (필요한 품목은 A, B와 C, 그리고 D입니다.)처럼 B와 C가 세트일 경우에도 접속사 앞에 콤마를 찍는다.

2 답장임을 알리기

'~일자 메일에 대한 답장입니다' 같이 어떤 메일에 대한 답장인지 메일의 서두에 명기하면 상대방이 용건을 알기 쉽다.

7월 21일자 이메일에 대한 답장입니다   ×

Subject	Re : Thank you!
From	hong@darakwon.com
To	jino@wellsoft.com

This is to reply to your e-mail of July 21. We agree with your plan and would like to visit your New York office on Friday, August 15. It would be great if we could discuss how we should proceed with the development project.

Sincerely yours,
Hong Dongsu

이것은 귀하의 7월 21일자 메일에 대한 답신입니다. 저희는 귀하의 계획에 찬성하며, 8월 15일 금요일에 귀사의 뉴욕 사무소를 방문하고자 합니다. 그때 개발 프로젝트를 어떻게 추진할 것인지에 관해 상의했으면 합니다.

이 구문 하나로 **OK!**

This is to reply to _____ . 이것은 ~에 대한 답장입니다.

- **your kind e-mail of March 5**
  3월 5일자 귀하의 친절한 메일
- **your e-mail requesting advice on the project**
  프로젝트에 대한 조언을 구하는 귀하의 메일
- **your invitation to join the XYZ party**
  XYZ 파티에 참석해달라는 귀하의 초대

7월 21일자 이메일에 대한 회신입니다. 문의 주셔서 감사합니다. 저희 회사에 대한 정보를 보내 드립니다.

This is to reply to your e-mail of July 21. Thank you for your inquiry. We are sending you our company information.

● 영어에서 날짜 표기는 월 + 일 + 년으로 한다. (예: July 21, 2016)

7월 10일자 메일에 대해 회신 드립니다. 예상하신 바와 같이 네트워크 관리비가 10월부터 인상 될 예정입니다.

I am writing this message to reply to your e-mail dated July 10. As you may have guessed, your network maintenance service charge is scheduled to increase in October.

● as you may have guessed 예상하신 바와 같이
● maintenance service charge 관리비
● be scheduled to ~하는 것으로 예정되다

Create Action.java 프로그램의 컴파일 에러에 관한 6월 5일자 메일에 관련하여, 현재 프로그 램을 체크하고 있으므로 회답은 2, 3일 기다려 주십시오.

In reference to your e-mail of June 5 about a compilation error in the Create Action.java program, please wait (for our answer) a couple of days because we are now checking the program.

● in reference to(= with regard to / with reference to / with respect to) ~에 관련하여

10월부터 관리비가 인상될 예정이라는 7월 21일자 메일을 확인했습니다만, 이에 대해 질문이 몇 가지 있습니다.

I have received your e-mail from July 21 about the increase in your maintenance service charge, which is scheduled to start in October, and about which I have some questions.

3 자기 소개하기

처음으로 메일을 보내는 상대에게는 자신이 누구이며 어떻게 상대의 메일 주소를 알게 되었는지 먼저 밝히는 것이 예의이다. 갑자기 용건을 설명하면 받는 사람 입장에서는 당황스럽고 불쾌할 수 있으니, 매끄러운 업무 진행을 위해서는 반드시 자기 소개와 함께 메일을 보내게 된 경위를 밝히자.

안녕하십니까 ×

Subject	Hello!
From	Kim Jonghyun <jh203@digipoly.co.kr>
To	Tom Benett <BT0782@gmail.com>

My name is Kim Jonghyun. I am currently working for DigiPoly Co. as an assistant sirector in the System Sales Division, and **I am mainly responsible for** generating system development sales. I am writing this e-mail because I was introduced to you by the regional manager in our New York office.

저는 김종현이라고 합니다. 디지폴리 사 시스템 영업 부문의 부국장으로, 시스템 개발 영업을 담당하고 있습니다. 저희 뉴욕 지사 지역 관리자의 소개로 이렇게 메일을 드립니다.

이 구문 하나로
OK!

I am mainly responsible for ☐.
저는 ~을 담당하고 있습니다.

- the R&D Department 연구개발부
- teaching new colleagues 신입사원 교육
- researching new trends 새 트렌드 연구

이 문장으로
SEND!

안녕하십니까? 저는 리사 마이어스라고 합니다. 귀하의 메일 주소를 당사 수석 엔지니어인 존 워즈워스 씨를 통해 알았습니다.

Hi, I'm Lisa Myers. I got your e-mail address from Mr. John Wordsworth, our chief engineer.

저는 케이유아이 사의 시스템 엔지니어인 김진성이라고 합니다. 레인보우소프트 사 웹페이지의 링크를 통해 귀사 웹사이트를 보고 귀하의 메일 주소를 알게 되었습니다.

My name is Kim Jinsung. I am a system engineer at KUI Co.
I got your e-mail address from your web page, which I found by following a link from Rainbowsoft's Website.

제 소개를 하겠습니다. 제 이름은 글랜 프레슨이고 스타컴 출판사에서 그래픽 디자인팀을 총괄하고 있습니다. 《데일리》지에서 귀사의 구인광고를 보고 연락드립니다.

Please let me introduce myself. My name is Glen Presson. I am in charge of the Graphic Design Team at Starcom Publications. I found your ad in the Daily.

• in charge of ~을 담당하다

저는 안드레아 미첼입니다. 저는 이전에 그룩스 앤 선스 사에서 일했고, 현재는 **IBM**에서 일하고 있습니다. 제가 저희 회사의 영업 부서를 총괄하고 있는 관계로, 귀하에게 연락을 취할 것을 제 상사가 요청했습니다.

I am Andrea Mitchell. I am with IBM now, but I used to be with Grooks and Sons. My boss asked me to get in touch with you as I am in charge of the Sales Department in our company.

• get in touch with ~와 연락을 취하다

4 추후 연락 약속하기

답장이 필요한 메일에는 바로 답장을 보내자. 사정이 여의치 않아 정식 답신이 어려울 경우에는 '일단 메일을 읽었다'는 내용이라도 상대방에게 전하는 것이 좋다.

시간이 걸릴 것 같습니다 ✕

Subject	We need more time.
From	smithj@darakwon.com
To	jino@wellsoft.com

I'm sorry but we need at least a couple of days to package it. I am hoping that we can hand it to you by the end of this week.

Sincerely yours,
Jane Smith

죄송하지만 패키지화하는 데 적어도 2, 3일은 걸립니다. 이번 주말까지는 전해드릴 수 있기를 바랍니다.

이 구문 하나로 **OK!**

I'm sorry but we need at least a couple of days to _____ . 죄송하지만 ~하는 데 적어도 며칠이 걸립니다.

- complete the project successfully 성공적으로 프로젝트를 끝내는
- decide whether to continue or not 계속할지 안 할지 결정하는
- prepare all the data we need 우리가 필요한 자료를 모두 준비하는

이 문장으로
SEND!

준비에 시간이 필요합니다. 2, 3일 기다려 주십시오.

We need time to prepare ourselves. Please wait for a couple of days.

• prepare oneself 준비하다

귀사의 견적은 저희 예산을 다소 초과하고 있습니다. 계약 발주 준비가 이뤄지면 연락드리겠습니다.

It looks like your estimate is slightly over our budget. We will contact you when we are ready to award our contract.

• estimate 견적, 어림, 추정
• be ready to ~할 준비가 되다

지금 바쁜 관계로 약 2시간 후에 메일 드리겠습니다.

I am occupied right now. I will send an e-mail in about 2 hours.

5

후속 메일 보내기

이미 보낸 메일 내용을 보충하거나 업무 상황에 진척이 있을 때, 또는 후일 전달하기로 되어 있던 정보를 보낼 때에는 서두에 이 메일이 무엇에 관련된 것인지를 밝히는 것이 좋다.

조금 전에 보낸 메일의 후속 메일입니다　　×

Subject	Follow up : list sent
From	smithj@darakwon.com
To	jino@wellsoft.com

This is just **a follow-up to** the message I sent earlier regarding your August 11 inquiry about our E300 system series. I'm sending you the list you requested. Thank you.

Sincerely yours,
Jane Smith

이 메일은 당사의 E300 시스템 시리즈에 관한 귀하의 8월 11일자 문의에 관하여 조금 전 보내드린 메일의 후속 메일입니다. 요청하신 리스트를 보냅니다. 감사합니다.

이 구문 하나로
OK!

This is a follow-up to _____.
이것은 ~에 대한 후속 메일입니다.

- our last business proposal 지난번 저희의 사업 제안서
- my last e-mail about the contract 계약서에 관한 지난번 저의 메일
- the message I sent you before 지난번에 제가 보낸 메시지

지난 메일에서도 말씀드렸듯이, 당사는 다음 달에 웹 마케팅 전담 부서를 발족하게 되었습니다.

Like I touched upon in my latest e-mail, we are starting up a new section specializing in web marketing next month.

- touch upon ~에 대해 언급하다
- start up ~을 발족하다, 새로 시작하다
- specialize in ~을 전문으로 하다

진척사항이 있으면 연락해 주실 것을 상기시켜 드리고자 간단히 후속 메일을 보냅니다.

I thought I would send you this brief e-mail as a follow-up to remind you that we want you to keep us posted on any developments.

- follow-up 추가의, 후속의, 속보

어제 보내드린 메일의 후속 메일입니다. 몇 가지 내용을 정리해 드립니다.

This is just a follow-up e-mail to yesterday's e-mail to clarify a few things.

- clarify 명백하게 하다, 뚜렷하게 하다

이 메일은 이전에 알려드린 가격 변동에 대해 상세한 내용을 알려드리기 위한 것입니다.

This e-mail is to provide the details regarding the price changes that we informed you of the other day.

- regarding ~에 대하여
- the other day 일전에(약 일주일 전)

이미 알려드린 바와 같이, 다음 주에 뉴욕 사무소장 존스 씨가 출장차 방문하게 됩니다.

As I have already informed you, Mr. Jones, the manager of the New York office, will visit us on business next week.

6 늦은 답장 사과하기

메일을 받으면 즉시 답장을 보내는 것이 기본이다. 만약 답장이 너무 늦어졌을 때는 사과의 말을 덧붙이는 것이 좋다. 사정이 있었다면 간단히 밝히되, 구구절절 변명을 늘어놓는 것은 피하자.

	답장이 늦어져서 죄송합니다	✕
Subject	I'm sorry.	
From	msjung@darakwon.com	
To	dredfil@yht.com	

Your e-mail dated July 20 was forwarded to me today.
My apologies to you for not responding to your e-mail in a more timely fashion.

Sincerely yours,
Jung Myungsoo

> 7월 20일에 귀하가 보내신 메일이 오늘 제게 전달되었습니다. 좀 더 빨리 답장을 드리지 못한 점 사과드립니다.

이 구문 하나로
OK!

My apologies to you for _____.
~에 대해 사과드립니다.

- the delay in responding 답신이 늦어진 것
- not writing earlier 더 일찍 답장을 드리지 못한 것
- not getting back to you right away 즉시 답장 드리지 못한 점

이 문장으로 **SEND!**

며칠 간 출장으로 사무실에 없었던 관계로 즉시 답장을 드리지 못한 점 죄송합니다.

Because I was out of my office on a business trip for a couple of days, I am sorry I could not respond to your e-mail right away.

● business trip 출장   ● right away 즉시, 바로

제안서를 보내 주셔서 감사합니다. 검토하는 데 예상보다 시간이 걸려 답신이 늦어진 점 죄송스럽게 생각합니다.

Thank you for e-mailing me your proposal. I am sorry that I was unable to reply sooner because it took us longer to review than we had thought.

● be unable to ~하지 못하다, ~ 할 수 없다

일전에 (메일로) 약속드린 대로 귀하의 제안을 검토하여, 요약한 것을 지금 송부합니다. 검토를 마치는 데 예상했던 것보다 시일이 더 걸렸습니다. 죄송합니다.

As I promised the other day (in my e-mail), we have reviewed your proposal, and I am sending a summary to you now. It took us a couple of days longer than expected to complete the review. Please accept our apologies.

더 일찍 답장을 드리지 못해 죄송합니다. 예상치 못한 일이 발생하여 자리를 비웠습니다.

I'm sorry for not writing to you earlier, but something unexpected came up, and it kept me away from my desk.

마지막 순간에 제안서에 변경사항이 생겨 정해진 시간에 보내지 못했습니다. 늦어진 것에 대해 사과드립니다.

There were some last minute changes to the proposal, so we were unable to send it at the expected time. We apologize for the delay.

7 오랜만이라고 언급하기

우리말 메일에서도 오랜만에 보낼 때에는 '그간 연락이 뜸해 미안합니다' 같은 표현을 쓴다. 영어에도 몇 가지 정해진 표현이 있으므로 상대방과의 관계에 따라 구분해서 사용하자.

오랜만에 메일 드립니다   ✕

Subject	This is John.
From	ashj@finesoft.com
To	jino@wellsoft.com

I trust this e-mail finds you well. I will be transferred to the valley this September. It would be great if we could meet for dinner or something somewhere in Mountain View, which is about a halfway point between your Palo Alto lab (laboratory) and my Sunnyvale office. Please let me know what you think.

Best regards,
John Ashcroft

> 건강히 잘 지내고 계시리라 생각합니다. 제가 9월에 실리콘 밸리로 전근을 가게 되었습니다. 팰로 알토에 있는 귀하의 연구소와 제가 있는 서니베일 사무소의 중간 지점인 마운틴 뷰 인근에서 만나 함께 식사라도 했으면 합니다. 의향이 어떠신지 알려 주십시오.

이 구문 하나로 **OK!**

I trust this e-mail finds you well.
건강히 잘 지내고 계시리라 생각합니다.

이 문장으로
SEND!

오랜만에 인사드립니다. 요즘은 어떻게 지내고 계십니까? 저는 지금 캘리포니아 산타클라라에 있는 다이나그리드 사에서 프로그래머로 일하고 있습니다.

I haven't seen you for a long time. How is everything with you these days? Right now, I am working as a programmer for DynaGrid in Santa Clara, California.

빌! 정말 오랜만이에요. 우리가 마지막으로 만난 이후 어떻게 지냈는지 궁금하네요. 잘 지내시죠?

Bill, I haven't seen you for ages and am interested in finding out what you have been up to since our last meeting. How have you been?

제 기억이 맞다면 시카고에서 마지막으로 뵌 것이 적어도 2, 3년 전인 것 같은데요, 그렇죠?

If I recall correctly, it seems like it has been at least a couple of years since I saw you last in Chicago, doesn't it?

• **recall** 회상하다, 떠올리다

우리가 메일을 마지막으로 주고받은 것이 1년 전이란 말입니까? 샌프란시스코의 차이나타운에서 저녁 식사를 함께 한 것이 상당히 오래전이네요, 그렇죠?

Was it a year ago when we last exchanged e-mails? It has been a long time since we had dinner together back in San Francisco China Town, hasn't it?

안녕! 오랜만이에요. 플로리다의 생활은 어때요? 있죠, 저 다음 달에 LA 지사에 가는데, 만날 시간 있을까요?

Hi, long time no see. Do you like it there in Florida? Guess what? I will be visiting our LA branch next month. Can you find some time to get together?

8 연락 목적 알리기

비즈니스 메일에서는 별다른 도입부 없이 곧바로 메일을 보내는 목적, 주제나 지금까지의 경위를 서두에 설명하는 경우도 많다.

귀사의 프로그램에 관한 메일입니다 ✕

Subject	About your program
From	msjung@darakwon.com
To	jino@wellsoft.com

I am sending this e-mail with respect to the Calculate_Date.c program that your company developed. I would like to report that our engineers have found several bugs while they were testing the program.

Sincerely yours,
Jung Myungsoo

이 메일은 귀사가 개발한 Calculate_Date.c 프로그램에 관한 것입니다. 당사의 엔지니어가 프로그램 테스트 중에 버그를 몇 개 발견하였기에 이를 보고드립니다.

이 구문 하나로 **OK!**

I'm sending this e-mail with respect to

☐. 이 메일은 ~에 관한 것입니다.

- your recent TV commercial 귀사의 최근 TV 광고
- the resume you just submitted 귀하가 방금 제출한 이력서
- your newly launched product 귀사의 신상품

프로그램 사이즈를 10퍼센트 축소하자는 최근 제안에 대해 입장을 말씀드리고자 메일을 보냅니다.

I am writing this e-mail to address the recent proposal to trim the program size by 10%.

● **trim** 줄이다, 삭감하다

귀사의 소프트웨어 개발 방법에 대한 불만 사항을 전하고자 메일을 보냅니다.

I am writing this e-mail to express my complaint about the way that your company carries out software development.

● **carry out** 수행하다, 실행하다, 실시하다

이 메일은 저희가 가격을 인하할 의향이 있음을 알려드리기 위한 것입니다.

This e-mail is to inform you that we are willing to grant you a reduction.

● **grant** 주다, 수여하다 ● **reduction** 할인, 삭감

이 메일은 3일 전에 귀사에서 제게 보내신 CallAction.java 프로그램의 소스 코드에 관한 것입니다.

This e-mail is in reference to the source code of the CallAction.java program that your company sent me 3 days ago.

이 메일을 보내는 이유는 Cancel_Application.c 프로그램에 몇 가지 문제가 있음을 알려드리기 위한 것입니다.

The reason I am writing this e-mail is to tell you that we have encountered some problems with the Cancel_Application.c program.

● **encounter** (곤란, 문제점에) 부딪치다

이 짧은 메일은 당사가 데이터베이스 개발을 종료했음을 알려드리기 위한 것입니다.

This brief e-mail is just to inform you that our company has finished developing the database.

9 좋은 소식 전하기

상대방에게 기쁜 소식을 전달할 경우에는 '~을 알려드리게 되어 기쁘게 생각합니다'라는 뜻을 먼저 전한 후에 구체적인 내용을 전한다.

좋은 소식입니다!	✕
Subject	Good News!
From	msjung@darakwon.com
To	jino@wellsoft.com

We are pleased to inform you that you have been awarded the contract to develop a major Web system for our marketing division.

Sincerely yours,
Jung Myungsoo

당사 마케팅 부서의 대규모 웹 시스템 개발 계약을 귀사와 맺게 되었음을 알려드리게 되어 기쁩니다.

이 구문 하나로 **OK!**

We are pleased to inform you that _____.
귀하에게 ~을 알리게 되어 기쁩니다.

- we have decided to offer you the job
  귀하를 그 직책에 채용하기로 했음
- your proposal has been accepted
  귀하의 제안이 받아들여졌다는 것
- you have met this month's sales quota
  귀하가 이번 달 판매 할당량을 채웠다는 것

이 문장으로
SEND!

귀하의 메시지를 직속 상사에 전달하여 향후 대응에 관해 바로 알려드리겠다는 말씀을 전하게 되어 기쁩니다.

I have the pleasure of informing you that I have transmitted your message to my immediate superior and shall keep you informed of whatever action to be taken.

● transmit (물건을) 건네다, 부치다

당신이 리버모어 사의 수석 프로그래머로 채용되었음을 전하게 되어 기쁩니다.

We are happy to inform you that you have been hired as a chief programmer at Livermore Co.

샌 마티오 시의 전화 시스템 개발에 귀사가 저희와 함께 참여하게 된다면 기쁘겠습니다.

We will be glad if your company can join us in developing a telephone system for the city of San Mateo.

오스틴 교수가 귀사의 연구개발을 돕는 일에 긍정적이라는 소식을 접하여 기쁘게 생각합니다.

We are pleased to learn that Professor Austin is positive about assisting your company's R&D efforts.

7월 11일 금요일에 당사 서니베일 사무소에 귀사의 소프트웨어 아키텍트를 맞이하게 된 점을 매우 기쁘게 생각합니다. 당사 웹 시스템에 관한 그분의 식견으로 많은 것을 배울 수 있었습니다.

We had the great pleasure of receiving your software architect at our Sunnyvale office on Friday, July 11. His insight into our Web system was very educational.

● insight 통찰력, 견식, 식견

당사가 개발한 프로그램 전체를 테스트한 결과, 심각한 문제는 전혀 발견되지 않았음을 알려 드리게 되어 기쁩니다.

I am pleased to inform you that all the programs that we created have been tested, and no serious problems have been detected.

10 유감의 뜻 전하기

상대방에게 좋지 않은 소식을 전해야 할 때는 메일을 보내는 입장에서도 마음이 편하지 않다. 실례가 되지 않도록 정중하게 쓰자.

정말로 죄송합니다 ✕

Subject	Please accept our apologies
From	msjung@darakwon.com
To	jino095@gmail.com

Please accept our apologies for the delay in identifying the exact cause of the bug that you reported to us in your e-mail yesterday. We will keep working on it and will let you know by e-mail as soon as we find something.

Sincerely yours,
Jung Myungsoo

어제 알려주신 버그에 대한 정확한 원인 규명이 늦어져 죄송합니다. 작업을 속행하여 발견 즉시 메일로 연락드리겠습니다.

이 구문 하나로 **OK!**

Please accept our apologies for _____.
~을 사과드립니다.

- **sending your package to the wrong address**
  귀하의 소포를 잘못된 주소로 보낸 것
- **canceling our most recent order**
  최근에 넣은 주문을 취소하게 된 것
- **neglecting to tell you about the changes**
  변경사항에 대해 말씀드리지 못한 것

이 문장으로
SEND!

저희가 계산한 고객 데이터베이스 사이즈의 오류를 지적해 주신 7월 11일자 귀하의 메일을 확인하지 못했다는 것을 알리게 되어 매우 유감입니다.

We are very sorry to inform you that we have overlooked your e-mail of July 11 in which you reported to us that we were in error in calculating the exact size of the customer database.

• overlook 못 보고 지나치다, 빠트리고 못 보다

Get_User_Application.c 프로그램의 작성이 지연되고 있는 점, 양해 부탁드립니다.

Please forgive me for taking so long to write the Get_User_Application.c program.

귀사의 연구개발부가 폐쇄된다는 소식을 접하여 안타깝게 생각합니다.

I am sorry to hear that the R&D division of your company is going to be shutdown.

귀하의 8월 9일자 문의에 관해 말씀드리면, 죄송하오나 주문하신 제품이 현재 품절입니다. 상품이 입고되는 대로 보내드릴 예정이오니, 앞으로 일주일 정도 기다려 주시면 감사하겠습니다.

As to your inquiry of August 9, we are sorry that the product you ordered is currently out of stock. We would appreciate it if you could wait another week. We will ship your order as soon as we get it.

• out of stock (일시적으로) 재고가 떨어진

11 용건만 알리기

사내 업무 연락은 외부 거래처와의 연락과는 달리 의례적인 인사말을 생략하고 용건만 명기하는 경우가 많다. 또한 어느 부서의 누구인지 소속과 이름을 제목에 명시하면 연락받는 사람 입장에서 좀더 편리할 수 있다.

개발팀의 톰입니다	✕
Subject	This is Tom from the Development Team.
From	TomJones@darakwon.com
To	all@darakwon.com

> **I would like to report that** it has been brought to our attention that somebody forgot to lock the server room door when he/she left the room last.
>
> 누군가 서버실을 마지막으로 나갈 때 문을 잠그지 않았음을 발견했기에 알려드립니다.

이 구문 하나로 **OK!**

I would like to report that _____.
~을 알려 드립니다.

- the production deadline has been pushed back a week
  생산기한이 일주일 늦춰졌다는 것
- the meeting place has been changed
  회의 장소가 변경되었음
- we exceeded our target sales figures for the month
  우리가 이번 달 목표 판매량을 초과 달성했다는 것

이 문장으로 SEND!

올 여름 알렉스 버틀랜드가 **LA** 사무소로 다시 차출되는 것은 그쪽에 **UML** 전문가가 필요하기 때문인 듯합니다.

It looks like Alex Bertland will be called back to the LA office this summer because they need a UML specialist.

데이터존 사에 또 대규모 계약을 빼앗긴 점을 여러분은 유념하시기 바랍니다.

Everybody, I would like to draw your attention to the fact that we lost a big contract to DataZone Co. again.

우리 서버 그룹이 이미 폰컴 사와 시스템 개발 계약을 체결했기 바라며 이 메일을 쓰고 있습니다.

We are writing with the hope that our server group has already signed the system development contract with PhoneComm Co.

다음 주 도쿄에서 예정된 프로젝트 그룹 회의에 참석해 주실 것을 부탁드리고자 연락드립니다.

We are writing to request your attendance at the project group meeting scheduled in Tokyo next week.

B 맺음말 표현

- **12** 답장 요청하기
- **13** 부탁 및 안부 전하기
- **14** 기꺼이 도움 주겠다고 하기
- **15** 정보 제공이나 업무 의뢰하기
- **16** 사과하기
- **17** 감사하며 마무리하기
- **18** 기대감 표현하기

12
답장 요청하기

메일에서 맺음말 문구가 꼭 필요한 것은 아니지만, 자기 생각을 한마디 덧붙이거나 확인할 때 유용하게 쓸 수 있다. '답장을 기다리겠습니다' 같이 회신을 기대하는 표현을 가장 많이 쓴다.

답장 기다리겠습니다 ✕

Subject	Hello
From	hana@darakwon.com
To	aln190@sunnyvale.com

We are sorry to trouble you with design changes in the authentication module, but **we look forward to your reply to** our inquiry.

Best regards,
Kim Hana

인증 모듈의 설계 변경에 대해 불편을 끼쳐드린 점을 유감스럽게 생각하며, 저희 문의에 대한 답신을 기다리겠습니다.

이 구문 하나로
OK!

We look forward to your reply to _____.
~에 대한 귀하의 답변을 기다리겠습니다.

- **our latest offer**
  우리의 최근 제안서
- **our question concerning the reservations**
  예약에 관한 우리의 질문
- **the possibility of changing the application date**
  응모 날짜 변경 가능성

이 문장으로
SEND!

7월 12일자 문의에 대한 답신을 기다리겠습니다.

I look forward to your reply to our inquiry of July 12.

• look forward to + 명사 ~을 기대하다

베이테크 모듈의 설계 변경에 대해 신속한 회신을 기다리겠습니다.

We look forward to hearing from you about the design changes on the BayTech module as soon as possible.

체크 데이터 모듈이 언제쯤 완성될까요? 신속히 메일로 알려 주시기 바랍니다.

Approximately when will you complete the check data module? Please let us know by e-mail promptly.

• approximately 대략적으로, 대충
• Please let us know... ~을 알려 주십시오

누가 연구개발부 빌 핸슨 씨를 대체하게 될지에 대해 메일로 즉시 회답 주시기 바랍니다.

Please let us know by return e-mail right away who will be replacing Bill Hansen in the R&D division.

• return e-mail 답장, 회답 • replace ~을 대신하다, 대체하다
• R&D(Reaserch and Development) division 연구개발부

데이터 마이닝 시스템의 버그에 대해 가능한 한 빨리 회답 메일 부탁드립니다.

Regarding the bugs in the data mining system: you need to reply by return e-mail ASAP.

13
부탁 및 안부 전하기

한국적 상황에서는 '잘 부탁합니다', '안부 전해 주십시오' 등과 같은 표현을 자주 사용한다. 그러나 영어에는 '잘 부탁한다'는 표현은 없다. 대신 비슷한 뉘앙스를 가진 다른 표현을 써서 의미를 전달해 보자.

다음 번에도 잘 부탁드립니다　　　　　　　　　　　　　×

Subject	Thank you very much.
From	hana@darakwon.com
To	jino@gmail.com

It was a great pleasure working with you for the last two years. **I look forward to** working on your project again in the near future.

Sincerely yours,
Kim Hana

지난 2년 간 함께 일할 수 있어 기뻤습니다. 조만간 귀하의 프로젝트로 또 함께 일할 수 있기를 기대합니다.

이 구문 하나로
OK!

I look forward to _____. ~를 기대합니다.

- **hearing from you as soon as possible**
  가능한 한 빨리 연락 받기
- **seeing you upon your arrival**
  도착하시는 대로 귀하를 뵙기
- **receiving your opinion on the new Web site's format**
  새 웹사이트 포맷에 대해 귀하의 의견을 들을 수 있기

이 문장으로 SEND!

귀사의 지속적인 협조에 감사드립니다. 레이드 이사님께 안부 전해 주십시오.

We appreciate your continued support. Please give my best to Director Reid.

- **best** (편지에서) 안부 인사

당신의 상사이신 게이츠 씨께 안부 전해 주십시오.

Please give my best regards to Mr. Gates, your supervisor.

- **regards** (편지에서) 안부 인사

search_info 프로젝트를 성공적으로 완수하신 것을 축하드린다고 레이몬드 부사장님께 전해 주십시오.

Please convey our congratulations to Vice President Raymond for successfully completing the search_info project.

- **convey** 전달하다, 알리다
- **Vice President** 부사장

친절히 도와주신 것 거듭 감사드립니다. 깁슨 씨께도 안부 전해 주십시오.

Thank you again for your kind assistance. Please give my regards to Mr. Gibson.

귀하를 도울 기회를 갖게 되어 기쁩니다. 빌과 폴에게도 안부 부탁해요.

We appreciate this opportunity to serve you. My best to Bill and Paul.

14 기꺼이 도움 주겠다고 하기

상대방이 요청한 정보나 업무 협조에 대해 제공 의향을 밝힐 때, 호의적인 표현으로 편지를 마무리하면 상대방에게 좋은 인상을 줄 수 있다.

기꺼이 도와드리겠습니다 ✕

Subject	Kim Hana from Darakwon
From	hana@darakwon.com
To	abe@wellsoft.com

I am pleased to send you the names of the files and folders that you requested in your last e-mail. If you need further help from us with this matter, please let us know, and **we will be happy to** assist you.

Best regards,
Kim Hana

지난번 메일로 요청하셨던 파일명과 폴더명을 보내드립니다. 이 건에 관해 저희가 도와드릴 일이 또 있다면 언제든지 말씀해 주십시오. 기꺼이 도와드리겠습니다.

이 구문 하나로 **OK!**

We will be happy to ◻︎◻︎◻︎. 기꺼이 ~해 드리겠습니다.

- **provide you with anything you need**
  필요하신 것은 무엇이든 제공
- **answer all your questions**
  모든 질문에 답변
- **explain the process in detail**
  그 절차에 대해 상세히 설명

이 문장으로 **SEND!**

파손된 파일에 관해서, 복구하는 데 저희의 도움이 필요하면 언제든지 전화 주십시오.

With regard to the damaged files, if you need our help in recovering them, please do not hesitate to call us any time.

- do not hesitate to 언제든 ~하십시오

홍콩에서 프로그래머를 몇 명 채용하는 건에 관련해서, 혹시 저희가 도움이 될 일이 있다면 연락 주십시오.

Concerning your question about hiring a couple of programmers in Hongkong, if we can be of any assistance, please let us know.

월례 프로젝트 매니저 회의 개최에 대해서 문의 사항이 있으시면 **monthly-meeting@open-techweb.co.kr**로 언제든지 연락 주시기 바랍니다.

As for holding monthly project manager meetings, if you have any questions about this matter, please do not hesitate to contact us by e-mail at monthly-meeting@opentechweb.co.kr.

당사의 개발 프로젝트에 관한 문의에 대해서, 정보가 필요하시다면 언제든지 연락 주십시오. 원하시는 기술 정보는 무엇이든 기꺼이 제공해 드리겠습니다.

In response to your inquiry about our development project, if you need any information, please do not hesitate to get hold of us because we will be happy to provide you with any sort of technical information you need.

- in response to ~에 응하여, 답하여
- get hold of (사람에게) 연락을 취하다

계약서가 마음에 들지 않으신다면 기꺼이 귀하의 사무실로 찾아뵙고 변경을 원하시는 부분에 대해 논의하겠습니다.

If you're not satisfied with the contract, I'm willing to come to your office to discuss the changes you would like to make.

이 문장으로
SEND!

귀사와 함께하는 소프트웨어 개발은 저희에게도 언제나 기쁜 일입니다. 궁금한 점이 있으면 언제든지 메일 주십시오.

It is always a pleasure to work with your company in software development. Please feel free to e-mail us if you have questions.

언제든 부담 없이 저에게 연락하세요.

Please feel free to contact me anytime.

Make_Print_Data.c 프로그램의 버그 말씀인데요, 패치 프로그램을 아직 받지 못하셨다면 지체 말고 메일로 연락 주십시오.

Regarding the bugs in the Make_Print_Data.c program, if you haven't received the patch program yet, please do not hesitate to contact us by e-mail.

이 버그에 대해 질문이 있으시면 언제든지 연락 주십시오.

If you have any questions about this bug, please do not hesitate to contact me.

ActionState.java 프로그램에 대해 질문이 있으시면 부담 없이 메일 주십시오.

Please feel free to e-mail me if you have questions about the ActionState.java program.

기재가 더 필요한 경우에는 메일로 연락 주십시오.

Please contact us by e-mail if you need more machines.

Admin_Auth.c 프로그램 설계에 대해 질문이 있으시면 언제든지 메일 주십시오.

Please do not hesitate to send us an e-mail if you have any questions about how the Admin_Auth.c program is designed.

BasicApplication.c 프로그램에 대해 추가 정보가 필요하신 경우에는 연락 주십시오.

If you require any further information about the BasicApplication.c program, please let us know.

• further information(= additional information) 추가 정보, 더 상세한 정보

이 제안에 대해 저희가 도와드릴 일이 있으면 언제든지 알려 주십시오.

If we can be of any assistance with this proposal, please do not hesitate to tell us.

귀사의 작업에 관하여 저희가 도와드릴 일이 있다면 연락 주십시오.

With respect to the development efforts of your company, if there is anything we can do for you, please do not hesitate to tell us.

질문이 있으면 Lisa@NasaSoft.com으로 언제든지 연락 주십시오.

If you have any questions, please do not hesitate to contact me at Lisa@NasaSoft.com.

15 정보 제공이나 업무 의뢰하기

상대방에게 정보를 제공해달라고 하거나 업무를 의뢰할 때는 '~하면 감사하겠습니다'라는 표현을 사용하여 정중하게 내용을 전달하자. 메일 마지막에 의뢰 내용을 다시 한번 완곡하게 확인하는 것도 좋다.

부탁 말씀 전합니다   ✕

Subject	About the source code
From	hana@darakwon.com
To	K.Smith@gmail.com

About the source code of the program you showed me the other day, as it is not available in the Korea branch, **I would be grateful if you** could send me a copy soon.

Best regards,
Kim Hana

일전에 보여 주신 프로그램 소스 코드는 한국 지사에서는 입수할 수 없으므로, 즉시 사본을 메일로 보내 주시면 고맙겠습니다.

이 구문 하나로 **OK!**

I would be grateful if you ☐. ~주시면 감사하겠습니다.

- **would call me immediately**
  즉시 전화해
- **didn't tell anyone**
  아무에게도 말하지 않아
- **could e-mail the file to me**
  그 파일을 제게 이메일로 보내

이 문장으로 SEND!

당사 부산 지사의 웹 서버 설치 견적에 관련하여, 귀사에서 여느 때와 같이 신경 써 주시리라 믿고 미리 감사의 말씀 전합니다.

We thank you in advance for your usual kind attention to the estimate on setting up a Web server at our Busan branch office.

• in advance 미리

저희 부서의 리사가 다음 주에 엘에이를 방문하므로, 베이 에어리어에 머물 동안 귀사의 수석 엔지니어를 소개받을 수 있도록 조처해 주십시오.

Now that Lisa from my division will visit LA next week, please turn your attention to having somebody introduce her to the chief engineer of your company when she is in the Bay Area.

샌프란시스코 국제공항으로 최 박사님을 마중해 주신다니, 귀하의 배려에 감사드립니다.

We would appreciate your having someone meet Dr. Choi at the San Francisco Internationl Airport.

뉴욕 사무소에서 들어온 클레임을 즉시 처리해 주시면 감사하겠습니다.

Your prompt response to the claim from the New York office will be appreciated.

귀사가 구축해 주실 새로운 네트워크 시스템에 대해, 저희의 요청 사항을 메일로 전송하니 이를 지체 없이 고려해 주시기 바랍니다.

As I'm e-mailing our requirements for the new network system that your company will be constructing for us, I hope you will give them your consideration without delay.

제가 3월 10일에 프레젠테이션을 실시할 예정입니다. 이를 위한 자료 파일이 준비되는 대로 한 부를 몬티 폴험 부장님께 메일로 보내 주십시오. 잘 부탁드립니다.

I am scheduled to do a presentation on March 10. When you are ready with the handout file for it, please e-mail a copy of it to Manager Monty Fulghum. Thank you very much for your help.

• handout 유인물, 인쇄물

16 사과하기

메일 마지막 부분에 실수나 잘못에 대해서 사과의 말을 전하는 표현이다. 사과의 표현은 단순·명료하게 하고, 재발 방지에 대한 약속을 덧붙이는 것이 좋다.

죄송하게 생각합니다　　　　　　　　　　　　　　　　　　×

Subject	My apologies
From	hana@darakwon.com
To	abe@wellsoft.com

I'm sending you the bug report you requested. **We are sorry that** we failed to send you this earlier and hope that it did not cause you too much inconvenience.

Best regards,
Kim Hana

> 요청하신 버그 리포트를 보냅니다. 좀더 빨리 전해드리지 못해 죄송합니다. 이 문제로 너무 큰 불편을 겪지 않으셨길 바랍니다.

이 구문 하나로 **OK!**

We are sorry that _____. ~한 점 죄송하게 생각합니다.

- **we had to postpone this morning's conference**
  오늘 아침 회의를 미뤄야 했던
- **our repairperson could not fix your copier**
  저희 수리 기사가 귀사의 복사기를 수리하지 못한
- **we must inform you that your services are no longer required**
  귀사의 서비스가 더 이상 필요하지 않다는 것을 알리게 된

불편을 끼쳐 죄송합니다. 제가 데이터 마이닝 모듈의 중요한 루틴 몇 가지를 소홀히 한 듯합니다.

I am sorry for the inconvenience. It appears that I have overlooked a few critical routines in the data mining module.

혼동을 일으켜 죄송합니다. 저희 측의 대응이 늦어진 점 사과드립니다.

We would like to apologize for the mix-up. We are sorry we couldn't take care of this problem in a more timely manner.

이 문제로 불편을 끼쳐드려 죄송하게 생각합니다.

We are very sorry that we caused this problem and inconvenienced you.

보고가 늦어져 죄송합니다.

I am sorry that I didn't report to you sooner.

이번 문제에 대해 사과 드립니다. 출하 시의 실수가 원인이었습니다.

Please accept our apologies for the problem. It was due to a shipping error.

잘못된 정보를 보내드려 죄송합니다.

I am sorry that I sent you the wrong information.

오해를 불러일으킬 소지가 있는 표현을 해서 죄송합니다.

Please accept my apologies for having used phrases that may have caused some misunderstanding.

손님을 다른 고객과 착각한 것에 대해 사과드립니다. 다시는 그러한 실수가 없을 것입니다.

Please accept my apologies for confusing you with another customer. That kind of mistake will never happen again.

17 감사하며 마무리하기

상대방이 나에게 정보를 제공해 주었거나 기타 업무 협조에 응해 주었다면, 이러한 구체적 내용을 언급한 후에 맺음말에 '~해 주셔서 고맙습니다'라는 감사의 마음을 전하는 것이 좋다.

다시 한 번 감사드립니다 ✕

Subject	Thank you very much.
From	hana@darakwon.com
To	JKLee@gmail.com

Your e-mail was forwarded to me yesterday. **We thank you very much for your help in** getting the information we needed to design our new data mining system.

Best regards,
Kim Hana

귀하의 이메일이 어제 저에게 전달되었습니다. 당사의 새로운 데이터 마이닝 시스템 설계에 필요한 자료 수집에 협력해 주셔서 감사합니다.

이 구문 하나로
OK!

We thank you very much for your help in

☐. ~에 도움을 주셔서 정말로 감사드립니다.

- **processing our applications**
  저희 지원서를 처리하는 데
- **arranging the meeting with the company manager**
  회사 관리자와 약속을 잡는 데
- **reserving our tickets and accomodations**
  티켓과 숙소를 예약하는 데

이 문장으로
SEND!

3월 8일에 보내 주신 프로젝트 그룹 회의 제안 메일 감사합니다.

Thank you for your e-mail of March 8 in which you suggested a project group meeting.

아쿠오스테크 사에 웹 서버를 설치하는 데 협조해 주셔서 감사드립니다.

Thank you for your cooperation in setting up a Web server for AquosTech.

제가 보내드린 메일을 안티클로즈 사 개발부 국장님께 전달해 주신 배려에 감사드립니다.

It was very thoughtful of you to forward my e-mail to the general manager of the development division at AntiClose Co.

당사의 웹 서비스 프로그램의 디버그 방법에 관해 조언 및 협조해 주셔서 대단히 감사드립니다.

I really appreciate all the advice and cooperation you gave me on how to debug our Web service program.

● **debug** (프로그램의) 잘못을 찾아 고치다

제 질문에 빠짐 없이 답해 주셔서 정말로 감사합니다.

Thank you very much for answering all of my questions.

기술적인 용어를 쓰지 않고 문제점을 설명해 주셔서 정말 감사합니다.

I really appreciate the way you explained the problems without using technical terms.

● **term** 말, 용어, 전문어

18
기대감 표현하기

'~을 기대하겠습니다' 같이 향후 상황에 대한 기대감이나 희망을 표시하면서 메일을 마무리하는 것도 상대와의 우호적인 관계 유지에 도움이 될 수 있는 좋은 방법이다.

앞으로도 도움 주시길 기대합니다   ×

Subject	Thank you very much.
From	hana@darakwon.com
To	abe@wellsoft.com

Thank you very much for your e-mail of March 10 and the attached system design document. **We** appreciate your cooperation and **hope to get your continued support on** our development of the image program.

Best regards,
Kim Hana

3월 10일에 보내주신 메일과 첨부된 설계사양서, 고맙습니다. 귀사의 협력에 감사드리며, 앞으로도 저희 이미지 프로그램 개발을 계속 지원해 주시기 바랍니다.

이 구문 하나로 **OK!**

We hope to get your continued support on ☐. ~에 앞으로도 도움 주시길 기대합니다.

- **our request for additional funding**
  우리의 추가적인 투자 요청
- **the future expansion of the R&D Department**
  장래에 연구개발 부서를 확장하는 데
- **assisting this project**
  이 프로젝트를 보조하는 데

이 문장으로
SEND!

워크스테이션을 세 대 주문해 주셔서 감사합니다. 우리가 낸 견적이 이번에는 귀사의 예산범위 내라는 소식을 듣고 매우 기쁘게 생각합니다. 앞으로도 귀사에게 도움이 되기를 기대합니다.

Thank you for your order for those three workstations. We are pleased to hear that our estimate was within your range this time. We look forward to the possibility of serving you again.

• estimate 견적, 어림, 추정 • range 범위, 한도, 한계 • serve 주문을 받다, 제공하다, 만족시키다

차기 개발 프로젝트의 성공을 기원합니다. 머지 않아 귀사와 대규모 시스템을 공동 개발할 수 있게 된다면 저희로서도 기쁠 것입니다.

I wish you complete success in your next development project. It would be our pleasure to be able to co-develop a large scale system with your company in the near future.

• large scale 대규모

다시 한 번 귀하와 한 프로젝트 팀에서 일하게 되길 기대합니다. 그때까지 하시는 모든 일이 잘 되길 바랍니다.

I am looking forward to the day when we can work together on the same project team again. Until then, I wish you the best of luck in everything.

6월 7일 샌프란시스코에서 열릴 프로젝트 그룹 회의에서 뵙기를 기대하겠습니다.

I am looking forward to seeing you at the project group meeting in San Francisco on June 7.

이번 신규 시스템 개발 계약을 저희와 맺어 주셔서 감사합니다. 앞으로도 귀사와의 지속적이고 성공적인 관계를 기대하겠습니다.

Thank you for awarding us the new system development contract. We look forward to a long and prosperous business relationship with you.

• prosperous 번영하는, 순조로운

C 메일 송수신

19 파일 첨부하기	25 답장 재촉하기
20 파일 압축하기 및 압축 풀기	26 추후에 보낸다고 알리기
21 파일 첨부 오류 언급하기	
22 보낼 곳 확인하기 및 알려주기	
23 파일 보내는 목적 밝히기	
24 메일 수신 및 물품 수령 알리기	

19
파일 첨부하기

본문과 함께 첨부파일로 추가 정보를 보내는 경우도 많다. 이때 '첨부한다'는 표현 이외에 단순히 '파일을 보냅니다'라고만 써도 충분하다.

파일을 첨부합니다 ✕

Subject	You'll need this.
From	hana@darakwon.com
To	abe@wellsoft.com

For your information, **I am attaching the** source code **file which** I have sent to all the members of this project team.

Best regards,
Kim Hana

본 개발 프로젝트 팀의 멤버 전원에게 보낸 소스 코드 파일을 첨부하오니 참고 바랍니다.

이 구문 하나로
OK!

I am attaching the file which _____.
~파일을 첨부합니다.

- should help you understand the recent modification
  최근의 변경사항을 이해하시는 데 도움이 될
- contains all the relevant information
  모든 관련 정보를 담고 있는
- includes the complete computer code for the program
  그 프로그램의 컴퓨터 코드가 모두 담겨 있는

이 문장으로 SEND!

어제 요청하신 파일을 본 메일에 첨부합니다.

With reference to the file you requested yesterday, I am attaching it to this e-mail.

• with reference to ~와 관련하여

첨부한 것은 저희 회사의 최신 상품 카탈로그입니다.

Attached is our latest product catalogue.

일주일 전에 요청하신 데이터 파일을 보내드립니다.

I am pleased to send you the data file you requested a week ago.

시스템 개발 계약서 파일을 첨부했습니다.

Please find attached file of the system development contract.

요청하신 스크린 덤프 파일입니다.

Here is the screen dump file you requested.

첨부한 것은 내일 실연에서 사용할 예정인 몇 가지 샘플입니다.

Attached are some samples that we plan to use at the demonstration tomorrow.

• demonstration 실연, 논증

고객님이 3월 15일자 메일에서 요청하신 가격표를 메일로 보내드립니다.

We are pleased to e-mail you our price list as you requested in your e-mail of March 15.

이 문장으로 SEND!

이틀 전에 요청하신 샘플 일람표를 보내드립니다.

I am pleased to send you a list of samples as you requested two days ago.

귀하의 승인을 받고자 출장 일정 다섯 부를 첨부파일로 보내드립니다.

I am sending you the five itineraries as attached files for your approval.

● itinerary 여행 스케줄

당사가 판매하고 있는 서버 시스템과 관련해, 요청하신 자료를 메일로 보내드립니다.

Regarding the server systems that our company is selling, I am pleased to send you by e-mail the information you requested.

당사 제품에 대한 문의와 관련하여, 카탈로그 **PDF** 파일을 별도 메일로 보내드립니다.

In response to your inquiry about our product, I am pleased to send you a PDF file of our catalogue in a separate e-mail.

내일 주문서를 보내드리겠습니다. 받으시는 대로 연락 부탁드립니다.

I am sending my order tomorrow. Please acknowledge receipt of it.

디버그 정보를 보내드립니다. 귀하의 프로그램을 디버그 지시에 따라 컴파일해 주십시오.

I am sending you a set of debugging information. Please compile your program with the debugging instructions.

이 문장으로
SEND!

참고로 윌슨 테일러 씨의 5월 15일자 메일을 첨부합니다. 보시면 이해가 되실 겁니다.

I am attaching for your reference a copy of Mr. Wilson Taylor's e-mail of May 15, which should be self-explanatory.

불소프트 사에서 보내온 견적서 사본 1부를 귀사의 보관용으로 동봉합니다.

I am enclosing a copy of the quotation from BullSoft for your records.

- enclose 동봉하다
- quotation 견적, 인용

참고하시라고, 본 테스트 보고서 사본 1부를 첨부합니다.

A copy of our test report is attached to this e-mail for your information.

20
파일 압축하기 및 압축 풀기

용량이 큰 파일은 압축해서 보낼 때가 많다. 이때 받는 이가 압축 파일의 형식이나 압축을 푸는 방법에 대해 모를 수도 있으니, 설명을 위해 필요한 표현을 알아두자.

압축 파일을 보냅니다   ✕

Subject	You'll need this.
From	billkeller@darakwon.com
To	msjung@gmail.com

Regarding the source code file you requested by e-mail yesterday, its **zip compressed file is attached to this e-mail**. If you cannot expand it properly, please let me know.

Sincerely yours,
Bill Keller

　　귀하가 어제 메일로 요청하신 소스 코드 파일을 zip 형식으로 압축하여 메일에 첨부했습니다. 만일 압축을 푸는 데 문제가 있으면 연락 주십시오.

이 구문 하나로
OK!

The zip compressed file is attached to this e-mail.
zip으로 압축한 파일을 이 메일에 첨부합니다.

이 문장으로
SEND!

당사 상품 카탈로그의 최신 파일을 압축하여 메일로 보내드립니다. 수신이 원활하지 않으면 바로 재송부할테니 연락 주십시오.

I am compressing our latest product catalogue file and e-mailing it to you. If you cannot receive it properly, please let me know so that I can resend it as soon as possible.

• **compress** (파일을) 압축하다

지난주에 보내신 데이터 파일의 압축이 잘 풀리지 않습니다. 압축 포맷은 무엇인가요?

I cannot expand the data file you sent me last week. In what format has it been compressed?

• **expand** 펼치다, 확장시키다, (파일 압축을) 풀다

첨부한 것은 시스템 개발에 관한 계약서 파일입니다. WinZip으로 열 수 있습니다.

Attached is a file of the system development contract. You should be able to open it with WinZip.

ZipIt으로 열리지 않을 경우는 MacLHA를 사용해 보십시오.

If you cannot open it with ZipIt, please try it with MacLHA.

요청하신 스크린 덤프를 압축했습니다만, 한 번에 보내기에는 여전히 용량이 큽니다. 파일을 세 개로 쪼개어 세 번에 나누어 보내겠습니다.

Although I have compressed the screen dump you requested, its file size is still too large to send it in one chunk. I will segment it into 3 files and send them as three separate mails.

• **chunk** 큰 덩어리, 상당한 양   • **segment** 분할하다, 가르다

첨부 파일을 보내 주셔서 감사합니다. 다만 당사 시스템은 30MB 이상인 메일의 수신이 원활하지 않으므로 파일을 압축하여 다시 보내 주시면 감사하겠습니다.

Thank you for the attached file. Unfortunately, as our system cannot handle any e-mail whose size exceeds 30 megabytes, I would appreciate it if you could send me a compressed file of it.

21 파일 첨부 오류 언급하기

실수로 파일을 잘못 보내거나 파일을 첨부하지 않고 메일만 보낼 때도 있다. 이러한 실수가 있을 때는 바로 대처하는 것이 좋다.

잘못된 파일을 보냈습니다 ✕

Subject	Sorry. Please read this again.
From	billkeller@darakwon.com
To	SYKim@gmail.com

Please excuse me as I made a mistake and sent my previous e-mail without attaching the file I wanted you to take a look at. I am going to resend it now.

Sincerely yours,
Bill Keller

실수로 귀하에게 보여드릴 파일을 첨부하지 않은 채 방금 전 메일을 보내 죄송합니다. 지금 다시 보내드립니다.

이 구문 하나로
OK!

Please excuse me as _____. ~해서 죄송합니다.

- I sent you the wrong e-mail by mistake
  실수로 다른 메일을 보내서
- I neglected to include my phone number in my previous e-mail
  이전 이메일에 제 전화번호 쓰는 걸 깜빡해서
- I mistakenly forgot to send you all the files you requested
  요청하신 파일을 전부 보내는 것을 깜빡 잊어서

이 문장으로

전에 보낸 메일에 첨부한 파일은 잘못된 것입니다. 본 메일에 첨부한 파일을 사용하십시오.

The file I sent in my previous e-mail is the wrong one. Please use the file attached to this e-mail instead.

저는 이 메일에서 귀사가 말씀하신 개발 프로젝트 건에 관련되어 있지 않으므로 첨부 파일은 당사 월넛 크릭 사무소로 보내주시기 바랍니다.

As I am not involved in the development project you are talking about in this e-mail, please send the attached file to our Walnut Creek office.

이 메일에 첨부된 파일이 제게 왔습니다. 이것은 귀하에게 보내진 것 같으니 확인해 주시기 바랍니다.

I have received the file attached to this e-mail. It seems that it was intended for you. Please confirm.

● intend 의도하다, 지정하다

8월 12일자 메일에 첨부하셨다는 파일을 찾아보았으나 제 컴퓨터에서는 찾을 수 없습니다. 다시 한 번 보내 주시겠습니까?

Regarding the file you said you attached to your e-mail of August 12, as I cannot find it on my machine, can you send it again?

10월 15일에 귀하의 메일을 받았습니다만, 언급하신 파일이 첨부되지 않았습니다. 확인해 보시고 연락 바랍니다.

I received an e-mail from you on October 15 without the attached file you were talking about. Please investigate, and give me some advice.

22
보낼 곳 확인하기 및 알려주기

이메일이든 일반 우편이든 뭔가를 주고 받을 때는 주소나 이메일 주소를 정확히 확인해야 한다. 이럴 때 쓸 수 있는 표현을 알아 보자.

메일 주소를 알려 주세요 ✕

Subject	I need Bill Kennedy's e-mail address.
From	Lisa@NasaSoft.com
To	Sean@Nasasoft.com

> I need to send the draft minutes of our project meeting on September 11 to Bill Kennedy of BitPower Co. If you know his e-mail address, **please** let me know **as soon as possible**.
>
> Sincerely yours,
> Lisa Myers
>
> 비트파워 사의 빌 케네디 씨 앞으로 9월 11일에 개최된 프로젝트 회의의 의사록 원고를 보내야 합니다. 그의 메일 주소를 알고 계시면 가능한 한 빨리 알려 주시기 바랍니다.

이 구문 하나로 **OK!**

Please _____ as soon as possible.
가능한 한 빨리 ~해 주세요.

- **give me his new phone number**
  그분의 새 전화번호를 알려
- **provide me with his address**
  그분의 주소를 알려
- **send me her contact information**
  그분의 연락처를 알려

이 문장으로 SEND!

스마트프로 웹을 주문해 주셔서 감사합니다. 재고 물품이 있으므로 이번 주 중에 발송 가능합니다. 상품을 받으실 주소와 전화번호를 회신해 주십시오.

Thank you for your order of a SmartPro Web. As we have it in stock, we can ship it this week. Please indicate your shipping address and phone number by return e-mail.

● have in stock 재고가 있다

레이드 씨, 만일 다음 달에 저희 사무소를 방문하실 일이 있다면 교통비 견적서를 expenses@PlazaSoft.com으로 보내 주시기 바랍니다.

Mr. Reid, if you are going to visit our office next month, please send your fare quotations to this office at expenses@PlazaSoft.com.

● quotations 견적, 시세

출장 비용 환불을 희망하시는 분은 정산 전표를 저에게(moneyman@ABC.com) 보내 주십시오. 다만 영수증이 있는 건에 한해 청구 가능합니다.

Those of you who want to get your travel expenses reimbursed need to send your account forms to me(moneyman@ABC.com). FYI: all claims must be substantiated by receipts.

● reimburse (비용을) 갚다, 변제하다
● FYI(= for your information) 참고로
● substantiate 입증하다

23 파일 보내는 목적 밝히기

메일로 파일이나 정보를 보낼 때, 별다른 설명 없이 보내는 것은 좋지 않다. 사전에 언급이 있었더라도 무엇을 위해, 왜 보내는지를 반드시 밝힌다.

승인을 받기 위해 파일을 첨부합니다　　　　　　　　　　　　　×

Subject	A file attached : for your approval
From	billkeller@darakwon.com
To	marketing2@darakwon.com

The attached file is for your approval. Check it out, and let me know the result as soon as possible.

Sincerely yours,
Bill Keller

첨부한 파일은 귀하의 승인을 받기 위한 것입니다. 체크하시고 가능한 한 빨리 저에게 결과를 알려 주십시오.

이 구문 하나로
OK!

The attached file is for _____.
첨부한 파일은 ~을 위한 것입니다.

- **your personal use only**
  개인적인 사용만
- **future reference**
  나중에 참고하기
- **you to share with everyone in your department**
  귀하의 부서 사람들과 함께 보시기

이 문장으로
SEND!

참고하시라고 당사의 웹사이트 주소를 보내드립니다.

I am sending our Web site address for your reference.

참고하시라고 저희 프로젝트 보고서를 첨부합니다.

I am attaching our project report for your information.

당사 보관용으로 귀사에서 작성하신 7월 25일자 버그 리포트 사본을 한 통 더 보내주시면 감사하겠습니다.

Regarding the bug report you compiled on July 25, I would be glad if you could provide us with an additional copy for our records.

귀사의 11월 17일자 메일에 따라, 지금부터 귀사 보관용 프로그램을 보내드리려고 합니다.

With reference to your e-mail of November 17, I am going to send a program from now on, which are for your records.

이 정보를 보내드리는 것은 귀하의 의견을 구하기 위해서입니다.

The reason why we are sending this information to you is that we want you to give us some comments.

이 내용을 고려해 주십사 메일을 전달해 드립니다.

I am forwarding this e-mail for your consideration.

참고 자료로 이 메일을 전달해 드립니다.

This e-mail is forwarded to you for your reference.

24 메일 수신 및 물품 수령 알리기

상대가 보낸 메일이나 물건을 받았을 때는 감사의 마음을 전하는 의미에서라도 잘 받았다는 확인 메일을 꼭 보낸다.

보내신 메일 잘 받았습니다 ✕

Subject	Thank you for your e-mail.
From	billkeller@darakwon.com
To	M.Jones@gmail.com

Thank you very much for your e-mail of July 23. We are really interested in your proposal. I will have my staff review it carefully before I get back to you.

Sincerely yours,
Bill Keller

7월 23일에 보내 주신 메일 감사합니다. 귀하의 제안은 매우 흥미로운 것이었습니다. 저희 직원들에게 내용을 신중히 검토하게 한 후 다시 연락 드리겠습니다.

이 구문 하나로 **OK!**

Thank you very much for _____.
~에 정말로 감사합니다.

- **giving me such a nice present**
  그런 멋진 선물을 주신 것
- **sending that book to me**
  그 책을 저에게 보내 주신 것
- **taking the time to buy the gift for me**
  저를 위한 선물을 사는 데 시간을 써 주신 것

이 문장으로 SEND!

일전에 제가 전화로 발송을 요청했던 **CD-ROM**이 오늘 도착했습니다. 신속하게 처리해 주셔서 감사드립니다.

Today, I received the CD-ROM whose shipment I requested on the phone the other day. Thank you for taking care of it right away.

어제 제가 받은 귀하의 메일에는 스미스 과장님이 저희에게 바라고 계신 것이 무엇인지 설명되어 있어서 대단히 도움이 될 것입니다.

Your e-mail which I received yesterday will help me a lot because it explains what Manager Smith wants us to do.

보내주신 메일을 확인했는데, 서니베일에 3일 간 체재하실 예정이라는 것을 확인하고 싶습니다. 맞습니까?

Now that I have received your e-mail, I would like to confirm that you plan to stay in Sunnyvale for three days. Is this correct?

• confirm 확인하다, 확증하다

참고로 오늘 아침에 노드피어 사의 팀 존스톤 씨가 보내신 메일을 받았음을 알려드립니다.

FYI, I want to inform you that I received an e-mail from Mr. Tim Johnston of NodePeer this morning.

• FYI(= for your information) 참고로

대량으로 주문하면 할인이 된다는 확인 메일을 쿨클릭 사로부터 받았습니다.

I received an e-mail from CoolClik which confirms that they can offer us discount prices if we place our orders in bulk.

• in bulk 대량으로

25
답장 재촉하기

이메일을 보내고 꽤 시간이 지났는데 상대방이 답신을 보내지 않을 때 가볍게 연락을 재촉하는 표현이다. '~에 보내드린 메일 확인하셨습니까?' 같이 간접적으로 묻는 것도 한 방법이다.

연락 기다립니다 ✕

Subject	I'm waiting for your e-mail.
From	Dan@darakwon.com
To	B.Willson@wellsoft.com

I sent you an e-mail on August 12 concerning the possibility of us using the program your company recently developed. **As we haven't heard from you yet,** I would appreciate it very much if you would be kind enough to contact us as soon as possible.

Sincerely,
Dan Presson

8월 12일에 귀사가 최근 개발하신 프로그램의 사용 가능성에 대해 메일로 연락드렸습니다. 아직 답신이 도착하지 않았으므로, 가능한 한 빨리 연락 주시면 감사하겠습니다.

이 구문 하나로 **OK!**

As we haven't heard from you yet, _____.
아직 답장을 못 받았으므로, ~.

- we will not proceed with your order until you confirm it by phone
  확인 전화 주시기 전까지 귀하의 주문을 진행하지 않을 것입니다

- we request that you contact us as early as possible
  최대한 빨리 저희에게 연락주실 것을 요청합니다

- we must assume that you never received our e-mail
  저희가 보낸 이메일을 받지 못하신 것 같습니다

테스트 개시 시기를 묻는 11월 4일자 메일을 받으셨는지 궁금합니다. 받으셨다면 바로 답신 바랍니다.

Regarding when to start testing, I wonder if the e-mail I sent on November 4 ever reached you. If you have already received it, please respond right away.

• **reach** 도착하다, 도달하다

7월 10일에 보내드린 시스템 관련 메일에 대해, 귀사의 회답이 아직 도착하지 않아 테스트 작업에 들어갈 수 없습니다. 회신 부탁드립니다.

As for the system, we can't start testing it yet because we haven't received your reply to the e-mail I sent on July 10. Please let us know by return e-mail.

이 문제에 관해 제가 메일을 보내는 것이 이번으로 세 번째입니다. 귀사의 해결책을 3일 이내에 알려 주십시오.

This is the third time that I have e-mailed you about this problem. Please let us know your solution within three days.

처음 보내드린 메일을 받지 못하신 듯하니, 이 메일이 도착하면 수신 여부를 알려 주십시오.

Because it seems that you didn't receive the first e-mail I sent you, could you let us know by return e-mail if this e-mail reaches you?

그럴 리가 없습니다. 제가 7월 4일 보낸 메일은 받아 보셨습니까?

That can't be right. Did you receive my e-mail of July 4?

26 추후에 보낸다고 알리기

보낼 정보나 물품이 있지만 지금은 보낼 수 없거나 따로 보내야 할 때, '추후에 별도로 보내겠습니다'라는 의미로 다음과 같은 표현을 쓴다.

추후에 다시 보내겠습니다 ✕

Subject	About the system specifications
From	billkeller@darakwon.com
To	amber@wellsoft.com

As for further details with regard to the system specifications of your new data mining program, I will send you what **I have on my hard disk today and will send you** the rest **separately in about a week.**

Sincerely yours,
Bill Keller

귀사의 새로운 데이터 마이닝 프로그램 사양에 대한 더 상세한 정보와 관련하여, 오늘은 제 컴퓨터에 있는 정보를 보내고 약 일주일 후에 나머지를 별도로 보내겠습니다.

이 구문 하나로 **OK!**

I will send you ☐ separately in about a week.
약 일주일 후에 따로 ~을 보내겠습니다.

- **anything else that arrives**
  도착하는 다른 것 모두
- **the most recent suggestions**
  가장 최근의 제안서
- **the rest of your order**
  주문하신 나머지 것

이 문장으로 SEND!

어떤 프로그램이 제대로 작동하지 않는지 알려 주시면 추후에 새 사본을 보내드릴 수 있습니다.

If you can tell me which program isn't working properly, I can send you a new copy of it at a later date.

귀사의 인트라넷에 현재 어떤 문제가 있는지 연락해 주시면, 손상된 파일의 사본을 나중에 보내 드리겠습니다.

Please let us know what is happening with your intranet system so that we can send you a copy of the collapsed file at a later time.

● **collapsed** 무너진, 붕괴된, 좌절된

그린 국장님이 소집하신 프로젝트 회의에서 다룰 주제들을 별도 메일로 보내니 검토 바랍니다.

In regard to the project meeting called by Director Greene, I will send the topics in a separate e-mail for your consideration.

지금은 가격 및 할인 일람표만 보내드립니다. 발송 수수료는 추후에 보내드리겠습니다.

I am now sending you a list of prices and discounts only. A list of shipping and handling costs will follow.

● **shipping and handling cost** 발송 제 경비(운임, 우편요금, 보험, 포장비 등이 포함된 총 경비)

기술 파일을 본 메일에 첨부하고, 영업 스프레드시트 파일은 내일 따로 보내드리겠습니다.

I am attaching a technical file and will send a sales spreadsheet file in a separate e-mail tomorrow.

월터가 작성한 프로그램 사본을 받았으므로, 다음 주에 사본을 우리 사무소로 보낼 수 있습니다.

Now that I have received a copy of the program that Walter wrote, I can send a copy to our office next week.

D 통지 및 알림

- 27 보고 및 전달하기
- 28 사내 여러 사람에게 알리기
- 29 연락 요청하기
- 30 메시지 전달하기
- 31 사무실 개설 및 이전 통지하기
- 32 변경된 주소 및 연락처 알리기
- 33 출장 일정 알리기
- 34 사무실 휴무 통지하기
- 35 담당자 휴가 통지하기
- 36 직원 대상 의견 요청하기
- 37 물건 찾기
- 38 공지하기
- 39 홍보하기

27 보고 및 전달하기

상황을 정확하게 전달하는 일은 업무상 연락의 기본이다. 이메일은 한꺼번에 여러 사람에게 정보를 전달할 수 있고, 또한 내가 보내는 즉시 상대방이 받을 수 있으므로, 필요한 정보가 있으면 이메일로 관계자에게 신속하게 알린다.

좋은 소식을 알립니다 ✕

Subject	The system's working properly.
From	rmller@darakwon.com
To	all@darakwon.com

I am sorry that it took a little longer than we expected to make the new Web service work. However, **I am happy to report to you that** the new system is up and running without a hitch today.

Sincerely yours,
Robert Mueller

신규 웹 서비스 가동에 예정보다 시간이 걸려 죄송합니다. 그러나 오늘 새 시스템이 가동되어 순조롭게 작동하고 있음을 보고하게 되어 기쁩니다.

이 구문 하나로
OK!

I'm happy to report to you that _____.
~라는 것을 알리게 되어 기쁩니다.

- we have repaired all of your problems
  귀하의 문제점을 모두 수리했다
- the campaign was a complete success
  캠페인이 완벽한 성공작이었다
- the item you ordered will be delivered by this afternoon
  주문하신 상품이 오늘 오후까지는 배송될 것이다

이 문장으로 SEND!

뉴욕 컨퍼런스에 **10명 이상** 참가하시면 입장료를 대폭 할인받을 수 있다는 사실을 알려드리게 되어 기쁩니다.

I'm pleased to inform you that if more than 10 people are going to participate in the New York Conference, you may get a substantial discount on the admission fee.

● **substantial** 상당한 (양의), 많은

신규 웹 서비스가 원활히 가동되고 있음을 알려드리게 되어 기쁘게 생각합니다.

I am pleased to inform you that the new Web service is running fine.

아쉽게도 사내 웹 시스템 상태는 아직 개선되지 않았습니다.

I regret to report to you that the condition of the in-house Web system has not improved.

안타깝게도 신규 웹 서비스가 갑자기 정지되었음을 알려드립니다.

I am sorry to inform you that the new Web service just crashed.

● **crash** (시스템)이 갑자기 작동을 멈추다

수석 엔지니어인 헨리 월든 씨가 뉴욕 본사로 복귀했음을 알려드립니다.

This is to inform you that Mr. Henry Waldon, the chief engineer, has gone back to the New York headquarters.

● **headquarters** 본부, 본사, 사령부

불량품에 대한 당사의 환불 규정을 알려드리고자 합니다.

I would like to inform you of our refund policy on defective products.

● **defective** 결함이 있는, 불완전한

28 사내 여러 사람에게 알리기

최근에는 사내에 공고할 내용이 있으면 인트라넷 게시판이나 전체 이메일로 알리는 것이 일반적이다. 이렇게 공고할 일이 있을 때에는 다음과 같은 표현을 써 보자.

알립니다   ✕

Subject	To whom it may concern
From	billkeller@darakwon.com
To	all@darakwon.com

To Whom It May Concern,

We are pleased to inform you that we will be offering an introductory computer course next month. This course is designed for senior employees who are approximately 40 – 50 years old.

Sincerely yours,
Bill Keller

> 관계자 여러분, 다음 달에 컴퓨터 입문 강좌를 개설합니다. 이 코스는 4-50대 사원분들을 대상으로 합니다.

이 구문 하나로
OK!

We are pleased to inform you that _____.
~을 알리게 되어 기쁩니다.

- everyone in the office will receive a bonus
  사무실의 전원이 보너스를 받을 것
- the company has just signed a new deal with the ABC Co.
  회사가 ABC사와 새로운 계약을 지금 막 체결했다는 것
- the Sales Department set a record for this month
  영업부가 이달의 기록을 세웠다는 것

당사 웹사이트에 새 온라인 매장이 개설되었음을 알립니다.

I would like to announce the opening of a new online store at our Web site.

브렛 그랜트 씨가 우리 사무소의 수석 엔지니어로 승진했음을 알리게 되어 기쁩니다.

I am pleased to announce that Mr. Brett Grant has been promoted to chief engineer of our office.

출장 여비에 관한 이하의 변경 사항이 **2017년 5월 30일**부터 모든 사무소에 적용됨을 알립니다.

This is to announce that the following changes in travel expenses will go into effect at all offices on May 30, 2017.

• go into effect 유효하게 되다

다음 주 월요일부터 환불 절차가 다음과 같이 변경되오니 주의 바랍니다.

Please make note of the following changes in reimbursement procedures, effective Monday next week.

• make note 주의하다, 유념하다

경영 합리화를 위한 당사의 새 방침에 따라, 프로그래머를 세 명 감원할 것입니다.

In line with our new policy of streamlining operations, we are letting 3 programers go.

• in line with ~와 일치하여, 조합하여
• streamline operations 운영 규모를 합리화하다

지난주 프로젝트 회의의 결정에 따라 다음과 같은 사항이 변경됩니다.

In accordance with the decisions reached at the project meeting last week, the following changes will be implemented.

• in accordance with ~에 따라서, 일치하여
• implement 이행하다, 실시하다

29 연락 요청하기

상대방에게 일의 진척이나 업무에 대한 의견 등을 알려 달라고 부탁할 때에는 '~에 대해 알려 주십시오' 같은 표현을 사용한다.

테스트 여부를 알려 주십시오 ✕

Subject	To whom it may concern
From	billkeller@darakwon.com
To	jino@wellsoft.com

About the system that we have been developing for BullSoft, **please inform us if** you have tested the automatic transaction program that SpeedStream created. If you haven't, I will have Frank White do it.

Best regards,
Bill Keller

당사가 개발 중인 불소프트 사의 시스템에 대해, 스피드스트림 사가 제작한 자동 거래 프로그램을 귀사에서 테스트하셨는지 알려 주십시오. 아직 하지 않으셨다면 프랭크 화이트 씨가 테스트하도록 조치하겠습니다.

이 구문 하나로
OK!

Please inform us if ☐. ~라면 우리에게 알려 주십시오.

- **you encounter any problems**
  어떤 문제점이 생긴다

- **your computer is unable to run the program**
  귀하의 컴퓨터로 그 프로그램을 실행할 수 없다

- **you need to change the default settings**
  기본 설정을 변경해야 한다

이 문장으로
SEND!

내일 프로젝트 회의를 개최하실 것인지 알려 주십시오.

Please inform us whether or not you are holding the project meeting tomorrow.

차기 회의에 대해 귀하가 편하신 날짜를 제게 직접 알려 주십시오.

Regarding the next meeting, please advise me directly of convenient dates for you.

제 시스템 설계에 대한 귀하의 의견을 가능한 빨리 알려 주시겠습니까?

Will you let me know your comments on my system design ASAP?

가능한 한 빨리 이 메일 내용을 당신 프로젝트 멤버 전원에게 반드시 알려 주기 바랍니다.

I want you to ensure that the contents of this e-mail are brought to the attention of your project members as soon as possible.

귀사의 개발 프로젝트 지연과 관련해 그 이후 상황을 계속 알려 주시겠습니까?

As to the scheduling delay of your development project, will you please keep us informed on what takes place?

계약 123A와 관련해 레인보우소프트 사의 요구를 가능한 한 빨리 알려 주시겠습니까?

Regarding Contract 123A, will you let us know RainbowSoft's requirements as soon as possible?

다음 주 브레인스토밍 회의의 의제에 주제를 추가하실 프로젝트 관리자는 켈러 씨에게 알려 주시기 바랍니다.

Any project manager who has additional topics which should be included in next week's brainstorm meeting agenda, please e-mail them to Mr. Keller.

● **agenda** 협의사항, 의사일정

30 메시지 전달하기

다른 사람으로부터 받은 메시지를 제삼자에게 전하거나, 내가 다른 사람에게 메세지를 남기는 등의 상황은 사무실에서 자주 발생한다. 이때 쓸 수 있는 표현을 알아 보자.

전언이 있습니다 ✕

Subject	A message from the director
From	Dan@darakwon.com
To	brown@darakwon.com

I have a message from Director Lisa Jackson in the Cupertino office **that** you need to inform everyone on your project team of the contents of Bug Report 123.

Sincerely,
Dan Presson

쿠퍼티노 사무소 리사 잭슨 국장님이 전하시는 말씀입니다. 귀하의 프로젝트 팀 멤버 전원에게 버그 리포트 123의 내용을 숙지하라고 통보하라고 하십니다.

이 구문 하나로 **OK!**

I have a message from your boss that _____.
당신 상사께서 ~라고 전해 달라고 하십니다.

- you should call him on his cell phone
  그분 핸드폰으로 전화하시라고
- you need to bring the files to the meeting
  회의에 그 파일들을 가져오라고
- he won't be back in the office until tomorrow
  내일까지는 사무실에 오지 않을 거라고

이 문장으로
SEND!

결국 저는 내일 부산 사무소로 돌아갈 수 없게 되었다고 브라운 씨께 전해 주십시오.

Please inform Mr. Brown that I won't be able to be back in the Busan office tomorrow.

화이트 씨가 제게 보낸 메일에 귀사와 연락이 잘 되지 않는다고 적혀 있었습니다.

In an e-mail I received from Mr. White, he wrote that he has been having difficulty contacting your company.

• have difficulty -ing ~하기 어렵다

싱크컴 사의 상급 프로그래머가 보내 온 메일에 의하면, 귀하께서 웹서비스 개발에 즉시 착수해 주셨으면 한다고 합니다.

In the e-mail I received from the senior programmer at SyncCom Co., he was saying that he wants you to get started on developing the Web service right away.

테리 레이몬드 씨가 6월 15일에 뉴욕을 출발하여 6월 18일에 **LA**로 돌아올 예정임을 당신에게 전해달라고 부탁하셨습니다.

Mr. Terry Raymond asked me to tell you that he is planning to leave New York on June 15 and return to L.A. on June 18.

배리 포터 수석 엔지니어가 다음 주 도쿄에서 열리는 미팅에 참석할 예정이므로, 그때 만나 뵙기를 기대한다고 전하라고 하셨습니다.

Mr. Barry Porter, the chief engineer, asked me to communicate to you that he will be attending the meeting in Tokyo next week and looks forward to seeing you there.

31 사무실 개설 및 이전 통지하기

사무실 개설이나 이전 연락 같이 여러 거래처에 알려야 할 변경 정보는 일반우편보다 이메일로 연락하는 것이 효율적이다. 가급적이면 이러한 변경은 사전에 미리 연락해두는 것이 좋다.

사무실을 이전합니다 ✕

Subject	About our new office
From	Lisa@Nasasoft.com
To	jino@wellsoft.com

I am pleased to inform you that the staff at Mountain View will be moving to new accommodations on May 12, 2017.

Address: 6855 Sunset Road, San Jose, CA, 95024

Telephone: (408) 980-3232 Fax: (408) 980-3210

Best regards,
Lisa Myers

마운틴 뷰 임직원이 새로운 사무실로 2017년 5월 12일 이사할 예정임을 알려드립니다.
주소: 6855 Sunset Road, San Jose, CA, 95024
전화: (408) 980-3232 팩스: (408) 980-3210

이 구문 하나로 **OK!**

I'm pleased to inform you that _____. ~을 알립니다.

- **our company is moving to a new location as of June 22**
  6월 22일부로 저희 회사가 새로운 곳으로 이사하게 되었음

- **you can reach me at my new office number at 205-3673 starting tomorrow**
  내일부터 저의 새 사무실 번호 205-3673번으로 연락 가능함

- **the Marketing Department is now located on the third floor**
  마케팅 부서는 이제 3층에 위치한다는 것

이 문장으로

2017년 7월 22일 월요일부터 서울 사무소의 전화번호가 82-2-734-1234에서 82-2-734-3210으로 변경됨을 알려드립니다.

I would like to advise you that as of Monday, July 22, 2017, the telephone number of the Seoul office will change from 82-2-734-1234 to 82-2-734-3210.

당사의 캘리포니아 사무소가 산타 클라라 시에 개설되었습니다.

I am pleased to inform you that our California office has opened in Santa Clara, California.

당사 사무실을 이전했으나 주소 이외의 연락처는 변경되지 않았습니다.

Although our office has been moved to a new location, all the communication details other than the postal address remain unchanged.

● postal address 주소

저희 프로젝트 그룹 부서에 전화가 증설되었습니다. 번호는 (408) 6789-0123입니다.

An additional telephone line has been installed at our project group section. Its number is (408) 6789-0123.

32 변경된 주소 및 연락처 알리기

연락처 변경은 주로 이직했거나 근무지 또는 소속이 바뀌어 메일 주소나 전화번호가 변경되었다는 내용일 것이다. 여기서는 개인 연락처 변경에 관한 표현을 살펴보자.

이직하였습니다

Subject	About my new office
From	Lisa@EdgePeople.com
To	jino@wellsoft.com

I will quit EdgePeople as of October 20 and will start working for CoolClick from November. **My new e-mail address will be Myers@CoolClick.com.** I would appreciate it if you would substitute this for the old one in your address book. Incidentally, my other contact information is as follow:

1234 Brokaw Road
Santa Clara, CA 95052
(408) 989-8765
Thank you for your attention.
Best regards,
Lisa Myers

> 10월 20일부로 에지피플 사를 퇴사하고 11월부터 쿨클릭 사에서 근무하게 되었습니다. 저의 새 메일 주소는 Myers@CoolClick.com입니다. 가지고 계신 주소록을 수정해 주시면 감사하겠습니다. 그 밖의 연락처는 다음과 같습니다.
> 1234 Brokaw Road,
> Santa Clara, CA 95052
> (408) 989-8765

My new e-mail address will be Myers@CoolClick.com.

저의 새 메일 주소는 Myers@CoolClick.com입니다.

제 메일 주소가 **J_Nagan@SyncCom.com**으로 변경되었습니다.

Please note that my e-mail address has changed to J_Nagan@SyncCom.com.

Andrea@DynaGrid.com이 제 새로운 메일 주소이므로 주소록 변경을 부탁드립니다.

Now that I have a new e-mail address (Andrea@DynaGrid.com), I would appreciate it if you would update your address books.

현재 이전·신규 메일 주소 두 군데로 메일을 수신하고 있지만, 이전 주소는 **7월 19일부터 사용이 중지됩니다**.

Although I am receiving e-mail at my new and old addresses right now, the old address will no longer be active as of July 19.

앞으로 메일은 새로운 주소인 **Greene@abc.com**으로 보내주십시오. **7월 25일부터 이전 메일 주소는 사용이 중지됩니다**.

Please send your e-mail to my new e-mail address, which is Greene@abc.com from now on. I will stop using the old address after July 25.

33 출장 일정 알리기

출장으로 부재 중임을 사내에 알리거나 사외 관계자에게 '부재중이라 연락할 수 없다'고 전할 때, 또는 임시 연락처를 알릴 때 활용할 수 있는 표현을 알아 보자.

출장으로 사무실을 비웁니다   ✕

Subject	I'll be out of the office.
From	Myers@CoolClick.com
To	abc@CoolClick.com

I just want to inform you that I will be visiting the Sunnyvale office from March 10 to 15 to talk with Mr. Chris Burton, who will soon succeed Ms. Pamela Hedding as the chief engineer in charge of the Development Group. During this period, you can reach me at (408) 555-1234.

Best regards,
Lisa Myers

이번에 파멜라 헤딩 씨의 업무를 인계 받아 수석 엔지니어로서 개발 그룹을 책임질 크리스 버튼 씨와 협의하기 위해 3월 10일부터 15일까지 서니베일 사무소로 출장을 가게 되었습니다. 이 기간 중에는 전화 (408) 555-1234로 연락주시기 바랍니다.

이 구문 하나로 **OK!**

I just want to inform you that ☐. ~을 알립니다.

- I'll be out of the office all next week
  다음 주 내내 사무실을 비운다는 것
- I will be on a business trip from August 10 – 20
  8월 10일부터 20일까지 출장 중임
- due to my outside duties, I will be out of my office all day
  외근으로 하루 종일 사무실에 없을 것임

이 문장으로 **SEND!**

커트 과장님은 현재 출장 중이라, **8월 25일** 이후 출근할 예정입니다. 참고로 출장 일정은 다음과 같습니다.

Manager Curt is out of town on a business trip right now. He is expected to return after August 25. Incidentally, his itinerary is as follows:

• incidentally 덧붙여 말하자면

브라이언 화이트 씨는 오늘부터 **5일간** 출장차 캘리포니아 리치몬드를 방문하는 관계로 당분간 출근하지 않습니다. 돌아오시는 대로 제안한 내용을 전해드리겠습니다.

Bryan White will be visiting Richmond, CA from today on a five-day business trip and is not expected to be back for some time. I will pass your suggestions to him as soon as he returns to the office.

• pass 전달하다, 넘겨주다

제 출장 일정은 다음과 같습니다. **3/10~15 LA** 사무소, **3/16~17** 샌 마테오 사무소, **3/20~23** 레드몬드 사무소

My itinerary is as follows: 3/10–15 at the LA office, 3/16–17 at the San Mateo office, and 3/20–23 at the Redmond office.

제가 **12월 10일**부터 **2017년 1월 10일**까지 장기 출장차 사무소를 비우는 관계로 메일 연락이 불가능하기에 이를 알려드리고 싶습니다.

I just wanted to let you know that from December 10 through January 10, 2017, I will be out of my office on an extended business trip and will be unavailable by e-mail.

• extended 장기간에 걸친

34 사무실 휴무 통지하기

크리스마스 휴가나 연말연시, 여름휴가 등 사무실 휴무에 관한 통지를 할 때 쓰는 표현이다. 한국에서는 휴가철에 회사 전체가 일제히 휴무하는 경우도 많으므로 반드시 알아두자.

사무실 휴무 안내입니다	✕
Subject	Office holiday hours
From	Myers@CoolClick.com
To	abc@gmail.com

The Palo Alto **office will be closed** during the Christmas holiday period. The dates of closure are Dec. 25 – Jan. 1, 2017. Standby staff will be available during this period to deal with your urgent needs. You may call (408) 532-2551 and speak to a representative to request assistance.

Best regards,
Lisa Myers

팰로 알토 사무소는 크리스마스 휴가로 12월 25일부터 2017년 1월 1일까지 휴무입니다. 이 기간 중 긴급 업무를 처리하기 위한 직원이 대기할 것입니다. 용건이 있으시면 (408) 532-2551로 연락해서 도움을 요청하십시오.

이 구문 하나로 **OK!**

Our office will be closed _____.
~ 저희 사무실이 휴무입니다.

- for repairs from Tuesday to Thursday 화요일부터 목요일까지 수리로 인해
- during the New Year's holiday 설 연휴 기간에
- on Monday from 11 a.m. – 2 p.m. 월요일 오전 11시부터 오후 2시까지

이 문장으로 SEND!

이 기간 중 24시간 긴급 서비스를 이용해 주십시오. 전화번호는 82-2-5432-9876입니다.

During this period, please use our 24-hour Emergency Services. The phone number is 82-2-5432-9876.

하계 휴가 기간 중 대기 요원은 각 과장이 재량에 따라 지명하기로 합의했습니다.

As for the standby staff for the annual summer holidays, it has been agreed that they will be chosen by managers at their discretion.

• discretion 재량

회사 휴무 기간 중, 긴급 요원으로 근무하게 된 분들은 직속 상사와의 조율에 따라 대휴를 쓸 수 있습니다.

If you are placed on the standby roster during the company-wide holiday period, you may take an alternative day off by arrangement with your immediate superior.

• roster 근무자 명단, 당번표

당사 LA 사무소는 사옥 리모델링으로 인해 2016년 12월 18일부터 2017년 4월 13일까지 폐쇄됩니다.

Our LA office will be closed from December 18, 2016 to April 13, 2017 for remodeling.

3월 한 달 사무실이 문을 닫는 동안 긴급한 연락에 대응하기 위해 사원을 배치하겠습니다.

While our office is closed throughout March, the office will be manned to attend to urgent messages.

• man 인원을 배치하다

35 담당자 휴가 통지하기

앞서 나온 '사무실 휴무 통지'가 회사 차원이라면, 다음은 개인이 보내는 휴가 연락 내용이다. 평소 업무상 자주 연락하는 사람들에게는 휴가 일정을 알리고 대체 연락처를 첨부하자.

휴가를 갑니다	
Subject	I'm going on a holiday.
From	Myers@CoolClick.com
To	abc@gmail.com

During the company-wide summer holiday from Tuesday, July 22 to Friday, July 25, **I will be on leave for** vacation and will not be reading my e-mail. As I don't want my mailbox to overflow, I would appreciate it if you refrain from sending e-mail to me as much as possible.

Best regards,
Lisa Myers

회사 여름휴가 기간인 7월 22일(화)부터 7월 25일(금)까지 휴가인 관계로 메일을 확인할 수 없습니다. 이 기간 중 메일 수신함의 용량이 초과될 수도 있으므로 가능하면 제 앞으로 메일을 보내지 않으시면 감사하겠습니다.

이 구문 하나로 **OK!**

I will be on leave for _____.
저는 ~(으로 인해) 자리를 비울 것입니다.

- personal reasons 개인적 사유로
- vacation from July 25–30 7월 25일부터 30일까지 휴가로
- the months of October and November 10월과 11월 동안

저는 모레부터 휴가로 일주일간 자리를 비웁니다.

I will be away on vacation for one week starting the day after tomorrow.

저는 다음 주에 휴가로 자리를 비웁니다. 제 연락처는 다음과 같습니다.

Next week I will be going away for the holidays. My contact information is as follows:

제 부재 중에는 피트 윌리엄스 씨가 각종 연락을 담당할 것입니다. 그의 메일 주소는 **Pete@SilcotSoft.com**입니다.

While I am away, Pete Williams is responsible for handling my correspondence. His e-mail address is Pete@SilcotSoft.com.

• correspondence 연락, 통신, 서신왕래

9월 12일부터 18일까지 휴가로 자리를 비우신다면, 휴가 기간에 연락할 주소와 전화번호를 오늘 중으로 제게 보내 주십시오.

If you will be away between September 12 to 18 on vacation, please let me know your contact address and phone number today.

다음 주 토요일 저는 리눅스 사용자 파티에 참가하기 위해 사무실 자리를 비우게 되었음을 알립니다.

I am delighted to inform you that I will be away from the office next Saturday to attend a Linux user party.

36
직원 대상 의견 요청하기

직원 간의 정보 및 의견 교환에 인트라넷(기업 내부 전용 네트워크)의 의견 게시판을 이용할 경우가 많다. 이때 유용한 정보나 의견을 요청하는 표현을 알아 보자.

의견을 부탁드립니다 ✕

Subject	We need your advice.
From	Myers@CoolClick.com
To	all@CoolClick.com

My idea is to increase our system development sales volume by lowering our call-out charges for engineer. **If you have any advice or suggestions regarding** this, **please let me know.**

Best regards,
Lisa Myers

엔지니어의 호출 파견 요금을 인하하여 시스템 개발 영업 매출을 늘리자는 것이 제 생각입니다. 이에 대한 의견이나 제안이 있으면 알려주십시오.

이 구문 하나로 **OK!**

If you have any advice or suggestions regarding _____, please let me know.
~에 관련하여 의견이나 제안이 있으시면 저에게 알려 주십시오.

- the proposed plan 제안된 계획
- the future construction of our new research facility 장차 우리 새 연구 시설의 건설
- which applicant should be hired 어떤 지원자를 채용할지

이 문장으로
SEND!

이 건에 관한 의견을 주시기 바랍니다.

Please let me know your comments on this.

현재 그리드 컴퓨팅에 관해 조사하고 있습니다. 관련 서적 및 웹 페이지에 대해 어떤 정보든 보내 주시면 정말 감사하겠습니다.

I am currently trying to find information on grid computing. I would really appreciate any information you could send me regarding where I should look to find books and Web pages about it.

최신 모바일 기술에 관한 자료 입수에 관심을 가지고 있습니다. 자료를 갖고 계신 분은 제게 보여 주시겠습니까?

We are interested in obtaining information concerning the latest mobile technology. Could anyone who has information about it let me take a look at it?

수퍼링크 사의 바질 트론먼 씨로부터 다음과 같은 문의가 있었습니다. 짐작이 가는 게 있으신 분은 메일로 연락해 주십시오.

We have the following inquiry from Mr. Bazil Tronman of SuperLink. If it rings a bell, please contact us by e-mail.

● ring a bell 생각나게 하다

37 물건 찾기

사내에서 물건을 잃어버렸거나 분실물을 습득했을 때, 또는 필요한 물건이 있을 때, 전 직원을 대상으로 이메일을 보낼 수 있다.

남는 프린터를 찾습니다　　　　　　　　　　　　　　　　　×

Subject	We need a printer.
From	Myers@CoolClick.com
To	all@CoolClick.com

Everybody, if you have a printer in your section that you can let us use, **please let me know.**

Best regards,
Lisa Myers

여러분, 우리에게 빌려주실 수 있는 프린터가 부서 내에 있다면 연락 주십시오.

이 구문 하나로
OK!

Everybody, if you have ▭, please let me know. 여러분, 만약 ~이 있다면 저에게 연락 주세요.

- a problem with your computer
  컴퓨터에 문제
- any comments about the new regulations
  새 규칙에 대해 의견
- a desk which no one is using right now
  현재 사용하지 않는 책상

이 문장으로
SEND!

임시 직원이 한 명 증원되어 PC가 필요합니다. 현재 사용하지 않는 PC 가진 분 계십니까?

We have a new temp staff member and need a PC for her. Does anybody have a PC that is not being used right now?

• temp staff 임시직원

여분의 모니터 중에 저희가 쓸 만한 것이 있으면 연락 주십시오.

If you have an extra monitor that you can let us use, please let me know.

지난주에 최신 모바일 기술 관계 자료를 메인 캐비넷에서 꺼내 가신 분은 즉시 반납해 주시기 바랍니다.

Whoever took the technical materials on the latest mobile technology from the main cabinet last week, please return them immediately.

제가 3일 전 사내 우편으로 보낸 CD가 사라져 난처한 상황입니다. 발견하신 분은 제게 메일로 연락 바랍니다.

I am in trouble because I cannot locate the CD that I sent by in-house mail three days ago. Anybody who has found it, please contact me by e-mail.

• locate ~의 장소를 찾아내다

없어진 소포를 찾고 있습니다. 오키드소프트 사의 케이트 머스 국장님 앞으로 보내는 소포입니다. 혹시 여러분이 받으신 우편물에 섞여 있는 것을 보시면 메일로 연락 바랍니다.

I am looking for a postal package that is missing. It is addressed to Director Kate Merse at OrchidSoft. If you happen to see it among the materials delivered to you, please let me know by e-mail.

이 문장으로
SEND!

서버실에서 마이크로소프트 오피스 패키지를 주웠습니다. 잃어버리신 분은 전화 또는 메일로 연락 주십시오.

I found a Microsoft Office package in the server room. If it belongs to you, please contact me by phone or e-mail.

카페테리아에 지갑을 놓고 가신 분은 제게 연락 주십시오.

Anybody who left a wallet in the cafeteria, please contact me.

진행 보고서를 제3시스템 영업 빌딩 내에서 분실했습니다. 발견하신 분은 메일로 제게 알려주십시오.

I lost my progress report in the No. 3 System Sales building. If you find it, please let me know by e-mail.

제2회의실에서 usb 메모리를 발견했습니다. 엑셀 파일이 10개 들어 있습니다. 현재 유실물실에 보관되어 있습니다.

I found a usb flash drive in the No. 2 conference room. It contains 10 Excel files. It is being kept at the lost and found.

넷솔루션 사로부터 받은 최신 진척 보고서가 들어 있는 봉투를 분실했습니다. 매우 중요한 보고서이므로 발견하신 분은 바로 연락 주십시오.

I lost an envelope containing the latest progress report from NetSolution Co. Since it is a very important report, please contact me immediately if you find it.

영어 문장 다루기 – 마침표

A 두문자 약어를 쓸 때 마침표가 필요할까? 올바른 약어를 고르시오.

(1) USA
(2) U.S.A.
(3) FBI
(4) F.B.I.

B 마침표가 붙은 약어로 문장이 끝날 때 마침표와 물음표를 함께 사용해도 될까? 올바른 문장을 고르시오.

(1) Have you ever heard of ABC Ltd.?
(2) Have you ever heard of ABC Limited?
   ABC 사에 대해 들어 보셨나요?

A (1), (3) USA와 FBI는 각각 United States of America(미합중국), Federal Bureau of Investigation(미국연방수사국)의 두문자다. 절대적인 법칙은 없지만 통상적으로 두문자를 쓸 때에는 마침표가 필요 없다. 하지만 U.N.(United Nations)과 같은 예외도 있고 (2), (4)와 같이 쓰는 것도 완전히 틀리다고는 할 수 없다. 다만 격식을 갖춘 문장에서는 두문자 대신 정식으로 단어를 써야 한다는 것을 기억하자.

B (2) Ltd.는 Limited, 즉 '유한회사'의 약자다. 단어를 줄였다는 것을 나타내기 위해 Ltd 뒤에 마침표를 찍어 쓰는데, 문장 끝에 올 때에는 문장의 마침표와 겹치게 된다. 문장 끝에 마침표를 두 번 쓰는 경우는 없으므로 Ltd..로 쓰면 틀린다. (1)처럼 마침표와 물음표를 같이 쓸 수는 있지만 보기에 좋지 않으므로, 가능하면 (2)와 같이 조정해서 물음표만 쓰도록 하자.

38 공지하기

전 직원에게 공지사항이 있을 때에는 인트라넷 공지 게시판에 게시하거나 전 직원에게 메일을 보낸다. 이때 사용할 수 있는 표현을 알아 보자.

공지사항입니다	✕
Subject	A new campaign slogan
From	Myers@OrbisExpress.com
To	all@OrbisExpress.com

Dear Friends,

At the latest Board of Directors **meeting, it was decided that** we need a new campaign slogan to make our corporate image more attractive. Although OrbisExpress has received an incredible response to our current slogan, "Be a good system consultant," we are now ready to move on to the next stage. Please give yourself a chance to show your creative spirit, and submit attractive slogans of your own.

Best regards,
Lisa Myers

사우 여러분,
지난번 임원회의에서 당사의 기업 이미지를 보다 매력적인 것으로 제고하기 위해 새로운 캠페인 슬로건이 필요하다는 결정이 내려졌습니다. 비록 오비스익스프레스 사는 '좋은 시스템 컨설턴트가 되자'라는 현재의 슬로건으로 대단한 호평을 받아왔으나, 이제는 우리가 다음 단계로 한 걸음 더 나아갈 시기입니다. 창의력을 선보일 기회를 놓치지 마시고 멋진 슬로건을 제출해 주실 것을 부탁드립니다.

It was decided at the latest meeting that ☐.
지난번 회의에서 ~가 결정되었습니다.

- we need at least five new employees
  최소한 다섯 명의 신규사원이 필요하다는 것
- our current computers must be replaced
  우리가 현재 쓰고 있는 컴퓨터를 교체해야 한다는 것

여러분 모두가 신규 사업안을 제출해 주시기 바랍니다.

We encourage everyone of you to submit new business ideas.

아이디어가 채택되신 분께는 감사의 뜻으로 기념품을 증정합니다.

To each of you whose idea we decide to use, we would like to present a small gift as a token of our appreciation.

- token 증표, 표시

본 캠페인의 기한은 2017년 6월 17일입니다.

The deadline for this campaign is June 17, 2017.

이번 달을 네트워크 보안 강화 기간으로 정하여, 전사적으로 다음과 같은 활동을 전개하고자 합니다.

As we have designated this month as Network Security Awareness Month, we are planning to carry out the following activities on a company-wide basis:

- designate 지명하다, 선정하다

이 문장으로
SEND!

UML 아침 강좌가 **1월 10일**부터 **2월 20일**까지 매주 월요일에 열립니다. 수강 희망자는 사무국으로 메일 주십시오.

We will be offering an early lecture class on UML every Monday from January 10 to February 20. Those who wish to attend, please contact us at the secretary's office by e-mail.

시스템 개발 그룹은 **2017년 8월**에 열리는 초급 컴퓨터 연수 강좌를 지원하며, **2016년 7월 14일**부터 신청서를 접수합니다. **40~50세**의 상급직 여러분의 많은 신청 바랍니다.

The system development group is sponsoring an introductory computer training seminar in August 2017 and will start accepting applications on July 14, 2016. Senior staff who are 40–50 years old are encouraged to apply.

참가를 희망하시는 분은 **training-seminar@SDGroup.com**으로 연락주십시오.

Those who wish to participate, please contact us at training-seminar@SDGroup.com.

올해 **3월 15일**에 실시될 정기 건강검진을 받으시기 바랍니다.

Please take your annual physical examination, which is scheduled for March 15 this year.

다음의 기술 서적이 새로 들어왔습니다. 보관 장소는 늘 놓아두는 서가입니다.

The following technical books have newly arrived. They are being kept on the usual bookshelf.

2017년판 새로운 회사 팸플릿의 배포 준비가 완료되었습니다. 필요하신 분은 홍보실로 연락 주십시오.

The 2017 corporate brochure is now ready for distribution. Those who would like to have a copy, please contact us at the Public Relations Office.

이 표현으로
UP!

영어 문장 다루기 – 대문자

A 인터넷이라는 의미로 net이나 web 등의 단어를 쓸 때에는 대문자로 시작할까? 표기가 옳은 것을 고르시오.

(1) the Net / the Internet / the Web / the World Wide Web
(2) the net / the internet / the web / the world wide web

B 숫자의 수식을 받는 명사는 대문자로 시작할까? 대문자 표기가 옳은 문장을 고르시오.

(1) The meeting is in Room 101.
(2) The meeting is in room 101.
회의는 101호실입니다.

(3) He is going to be on Flight 205 for London.
(4) He is going to be on flight 205 for London.
그는 런던행 비행기 205편을 탈 예정입니다.

C 한 인물에게 복수의 직함이 있을 때는 대문자로 시작되는 직함을 모두 써도 될까? 표기가 옳은 것을 고르시오.

(1) He has an appointment with Dr. and Governor Jonson.
(2) He has an appointment with doctor and governor Jonson
(3) He has an appointment with Governor Jonson.
그는 의학박사이자 주지사인 존슨 씨와 약속이 있다.

A (1) Net이나 Web은 사이버 스페이스를 가리키는 고유명사이므로 대문자로 시작한다. 하지만 요즘은 I looked it up on the web(나는 그걸 웹 상에서 조사했다). 같이 소문자로 쓰는 사람도 늘고 있다.
B (1), (3) 숫자에 의해 특정 사물이나 사람이 한정되면 고유명사가 되어 대문자로 시작한다.
C (3) 여러 개의 직함을 함께 쓰는 일은 없다. 복수의 직함을 가진 사람을 언급할 때는 가장 명예로운 직함 하나만 사용하는데, 이때 직함은 대문자로 시작한다.

39 홍보하기

회사의 전문 분야나 자신이 맡고 있는 일에 대해 설명할 때 쓰는 표현이다. 업체나 제품의 특성이나 장점을 부각시켜 홍보 효과를 높일 수 있다.

당사는 시스템 개발을 전문으로 합니다

Subject	We specialize in system development.
From	enile@darakwon.com
To	jino@wellsoft.com

We specialize mainly in system development. As for this System Development Project, we would be interested in working together with your company from the basic design phase. We look forward to hearing from you.

Thank you,
Bob Reid

당사는 시스템 개발을 전문으로 하고 있습니다. 이 시스템 개발 프로젝트에서는 기초 설계 단계부터 귀사와 함께 작업하기를 희망합니다. 답장을 기다리고 있겠습니다.

이 구문 하나로 **OK!**

We specialize mainly in _____.
당사는 ~을 전문으로 하고 있습니다.

- **corporate law**
  법인법
- **telecommunications**
  전자통신
- **the marketing and distribution of electronic products**
  전자 제품의 마케팅과 유통

이 문장으로
SEND!

저희 불소프트 사는 획기적인 고객 관리 시스템을 개발했습니다.

We at BullSoft have developed an innovative customer management system.

이것은 웹 마케팅에 매우 유용하고 비용 효과가 높은 판매 지원 툴로, 저희가 자신 있게 권할 수 있습니다.

With its very highly cost-effective performance advantages, it is a very useful sales support tool for Web marketing that we can certainly recommend with confidence.

귀사의 사내 메일 시스템에 웹 메일 익스프레스를 채용하는 것은 어떠신가 하여 연락드립니다.

We are contacting you to inquire whether you would be interested in using Web Mail Express as your in-house mailing system server.

관심이 있으시면 주저 마시고 메일로 문의 주십시오. 제 메일 주소는 **KellyM@CrossWay.com**입니다.

If you are interested, please do not hesitate to inquire by e-mail. My address is KellyM@CrossWay.com.

당사는 리눅스에 정통하므로, 이번 임베디드 시스템 개발 프로젝트에 귀사와 함께 참여하고 싶습니다.

As we are very familiar with Linux, we are really interested in joining your company on this embedded system development project.

E 회의 및 행사

- 40 회의 및 행사 공지하기
- 41 송별회 공지하기
- 42 회의 및 행사에 초대하기
- 43 참석 여부 확인하기
- 44 초대 수락하기 및 거절하기
- 45 귀빈의 방문 준비하기
- 46 숙박 예약 요청하기
- 47 의제 알리기
- 48 의사록 보내기 및 요청하기

40 회의 및 행사 공지하기

회의, 환영회, 간담회 등의 다양한 이벤트 개최를 알리는 표현이다. 어떤 성격의 모임인지에 대한 간략한 설명과 함께, 장소, 날짜, 시간을 정확히 전달한다.

환영회가 열립니다

Subject	A reception for Mr. John Wisemore
From	Myers@CoolClick.com
To	all@CoolClick.com

To Whom It May Concern,

On the occasion of the visit of Mr. John Wisemore of LuxTech to Korea, **a reception will be held** at the Grand Hall in Seoul Hotel on January 17 from 7:00 p.m. to 9:00 p.m. It is hoped that as many senior managers as possible will attend.

Best regards,
Lisa Myers

관계자 여러분,

럭스테크 사 존 와이즈모어 씨의 한국 방문을 맞이하여, 환영회가 서울 호텔 그랜드홀에서 1월 17일 오후 7시부터 9시까지 개최됩니다. 임원 여러분께서는 가능한 한 많이 참석해 주시기 바랍니다.

이 구문 하나로
OK!

A reception will be held ☐.
(~을 위한) 환영회가 열릴 것입니다.

- in honor of Dr. Rick Mitchell's recent medical breakthrough
  최근 릭 미첼 박사의 귀중한 의학적 발견을 기념하는
- to celebrate the fifth anniversary of our firm's founding
  자사 설립 5주년을 축하하는
- for Mr. Johnson as soon as his presentation is finished
  존슨 씨의 프레젠테이션이 끝나는 대로 그분을 위한

이 문장으로
SEND!

엣지피플 사의 댄 프레슨 씨를 환영하는 간단한 오찬회가 열림을 알립니다. 톰 브라운(T_Brown@CoolClick.com) 씨에게 메일로 출석 여부를 알려주시기 바랍니다.

This is to announce that an informal luncheon will be held to welcome Mr. Dan Presson of EdgePeople. Please confirm your attendance by sending an e-mail to Mr. Tom Brown at T_Brown@CoolClick.com.

- luncheon 점심, 오찬 모임

이를 기념하여 11월 25일 오후 7시부터 레돈도 비치의 스피디 조에서 간단한 파티를 엽니다.

To commemorate this occasion, we will have a small party at Speedy Joe's at Redondo Beach on November 25 starting at 7:00 p.m.

- commemorate (중요한 인물이나 사건을) 기념하다

41 송별회 공지하기

동료 직원의 퇴사나 전근 등으로 송별회를 열 때 쓸 수 있는 표현이다. 참석 여부를 알려달라는 내용을 덧붙이는 것도 좋다.

송별회를 엽니다 ✕

Subject	Farewell party
From	Bob@darakwon.com
To	all@darakwon.com

As you probably already know, Manager Adam Larsen will be transferred to our New York headquarters as of April 8, 2017. To commemorate this occasion, **we are planning to have a farewell party** with his friends and acquaintances and are happy to invite you to attend.

Thank you,
Bob Reid

아시다시피 아담 라센 과장님은 2017년 4월 8일부로 뉴욕 본사로 전근가시게 되었습니다. 이를 기념하여 가까운 분들과 함께 송별회를 갖고자 합니다. 여러분의 참석 바랍니다.

이 구문 하나로 **OK!**

_____, we are planning to have a farewell party. ~(로 인해) 송별회를 열 예정입니다.

- **Because Bill Thompson is resigning after twenty-two years on the job**
  빌 톰슨 씨가 22년간의 근무를 마치고 은퇴하기 때문에

- **To celebrate Cindy's five years of service with us**
  우리와 함께 일한 신디의 5주년을 축하하기 위하여

- **Since we'd like to wish Mr. Jennings goodbye before he leaves**
  제닝스 씨가 떠나기 전 그분의 안녕을 비는 마음으로

이 문장으로
SEND!

이번 달 인사 이동으로 미국에 귀국하는 알렉스 버틀랜드 씨의 송별회에 초대하오니 참석해 주시기 바랍니다.

You are invited to attend a farewell party for Mr. Alex Bertland, who will be going back to the U.S. due to this month's personnel changes.

• farewell party 송별회   • personnel change 인사 이동

참석하실 분은 미첼 씨에게 연락하기 바랍니다.

Please advise Mr. Mitchell if you will attend.

불참하시는 분은 메일로 답장을 주시기 바랍니다.

If you are not attending, please respond by replying to this e-mail to indicate your inability to attend.

• indicate 나타내다, 표시하다

앤톤 그린 씨의 송별회와 관련해서, 현재 적당한 장소를 물색 중입니다.

As for Mr. Anton Greene's farewell party, I am looking for a good place now.

빌 핸슨 과장님의 송별회를 열 예정입니다. 참석하실 분은 3월 16일까지 리사 마이어스 씨에게 신청하시고 회비 만원을 내 주시기 바랍니다. 회비에는 식사, 음료, 과장님께 드릴 작별 선물값이 포함되어 있습니다.

We are planning a farewell party for Manager Bill Hansen. If you are interested, please sign up, and pay 10,000 won to Lisa Myers by March 16. This will cover food and drinks and a farewell gift for him.

42 회의 및 행사에 초대하기

미팅, 회의, 파티, 제품 발표회 등 각종 행사에 초대하는 표현이다. 날짜, 장소, 시간과 같은 가장 중요한 내용을 명확하게 기재하고, 가능하면 행사 진행 일정도 첨부하면 좋다.

이벤트에 초대합니다		✕
Subject	New event!	
From	enile@GiantSoft.com	
To	BillHenson@gmail.com	

We are happy to invite you to the product show that GiantSoft will be offering at the Grand Hall on January 22, 2017. The show timetable is as follows:

SHOW TIMETABLE
1:00 p.m. Show opens to guests and special ticket holders
2:00 p.m. Opening speech (Steve Ballfire, GiantSoft)
2:15 p.m. Guest speech (Mr. Bill Gatesbox, Livermore Co.)
2:45 p.m. Presentation of new products
3:15 p.m. Q&A
4:00 p.m. Closing speech (John Ashcraft, GiantSoft)
6:00 p.m. Banquet

We would like to express our great appreciation for your support, which has made this show possible.

자이언트소프트 사가 2017년 1월 22일에 그랜드 홀에서 개최하는 상품 전시회에 귀하를 초대하게 되어 기쁩니다. 쇼는 다음과 같은 일정에 따라 열립니다.

일정표
1:00 p.m. 귀빈들과 특별 티켓 지참자에게 행사 개방 / 2:00 p.m. 개회 연설(자이언트소프트 사의 스티브 볼파이어) / 2:15 p.m. 귀빈 연설(리버모어 사의 빌 게이츠박스 씨) / 2:45 p.m. 신상품 프레젠테이션 / 3:15 p.m. 질의응답 / 4:00 p.m. 폐회 연설(자이언트소프트 사의 존 애쉬크로프트) / 6:00 p.m. 연회

이 행사를 열 수 있도록 도움을 주신 데 대해 깊은 감사를 표합니다.

이 구문 하나로 OK!

We are happy to invite you to ▢.
귀하를 ~에 초대하게 된 것을 기쁘게 생각합니다.

- the grand opening of our department store 우리 백화점의 개점식
- our 10th anniversary celebration 우리의 10주년 기념 행사
- dinner at our house this Friday 이번 금요일 우리집 저녁식사

이 문장으로 SEND!

6월 9일 월요일 오후 2시부터 4시까지 프로젝트 미팅을 개최하오니 참석해 주시기 바랍니다.

You are invited to attend the project meeting which is going to be held on Monday, June 9, from 2:00 p.m. to 4:00 p.m.

7월 15일 화요일 오후 7시부터 개최되는 이사진 회의에 참석하셔서 귀하의 개발 프로젝트 계획을 프레젠테이션해 주셨으면 합니다.

We would like to invite you to present your development project plan at the director's meeting on Tuesday, July 15, from 7:00 p.m.

캘리포니아 주 서니베일에서 개최되는 헬로 월드 프로젝트 10주년 기념 파티에 귀하가 참석해 주시기를 바랍니다.

You are cordially invited to attend the 10th anniversary party of the Hello World Project in Sunnyvale, California.

웹 서비스 개발 프로젝트 그룹에서는 1월 10일 금요일 오후 8시부터 캘빈 알먼 씨 댁에서 새해 파티를 개최하오니, 귀하의 팀도 꼭 참석해 주십시오.

As the Web service development project group is planning a New Year's party at the home of Mr. Calvin Alman on Friday, Jan 10, from 8:00 p.m., your team is cordially invited to attend.

빌 켈러 씨가 마케팅 담당 부사장으로 승진하셨음을 알리며, 그 기념 연회에 당신을 초대합니다.

I am pleased to inform you that Mr. Bill Keller has been promoted to vice president of marketing, and you are cordially invited to attend a banquet to commemorate the occasion.

- commemorate 기념하다, 축하하다

43 참석 여부 확인하기

행사에 대한 상대방의 참석 여부를 확인하는 메일이다. 이때 '참석 여부를 알려주십시오' 같은 직접적인 표현 말고도 '초대장은 받으셨는지요' 같이 묻는 방법도 있다.

참석 여부를 알려 주세요　　　　　　　　　　　　　　×

Subject	Please confirm your attendance.
From	Myers@CoolClick.com
To	K.Moore@CoolClick.com

When you receive this e-mail, **please confirm at your early convenience that** you will be able to attend the next project meeting.

Best regards,
Lisa Myers

　　이 메일을 확인하시면, 차기 프로젝트 미팅 참석 여부를 되도록 빨리 알려 주시기 바랍니다.

이 구문 하나로
OK!

Please confirm at your early convenience that

☐. 되도록 빨리 ~을 알려 주십시오.

- **you intend to stay overnight**
  투숙하실 것인지의 여부
- **which product you want to order**
  어떤 상품의 주문을 원하시는지
- **we will be meeting at 3:00**
  우리가 3시 회의에 참석할 것임

이 문장으로 SEND!

제가 3월 17일에 피어원 사 제품 발표회의 초대장을 첨부하여 보내드린 메일을 받으셨는지요?

Did you receive my e-mail from March 17 in which I attached our invitation to PeerOne's product show?

9월 11일자 메일에 대한 답신을 아직 받지 못했으므로, 차기 상급 프로그래머 회의의 참석 여부를 싱크컴 사의 켈리 그린 씨에게 알려주시면 감사하겠습니다. 참고로 연락처는 **KellyG@SynCom.com**입니다.

Having received no reply to my e-mail of September 11, I would appreciate it if you would confirm your attendance at the next senior programmer's meeting with Ms. Kelly Greene of SyncCom. FYI, her e-mail address is KellyG@SynCom.com.

지난번 보내드린 메일이 도착하지 않은 것 같은데, 당사 비즈니스 쇼의 초대권을 받으셨다면 연락 주시겠습니까?

Would you let us know if the invitation to our business show reached you, as it seems that my latest e-mail has failed to do so?

차기 프로젝트 관리자 회의는 일단 5월 10일 수요일로 예정되어 있습니다. 업무 일정이 허락하는 대로 참석 여부를 알려주십시오.

The next project manager's meeting is tentatively scheduled to be on Wed., May 10. As soon as your work schedule allows, would you please confirm your attendance?

• tentatively 임시로, 시험적으로

회의 예약 시한이 임박했으니 귀하께서 참석하실 수 있는지 없는지 확정해 주시겠습니까?

As the deadline for reservations for the conference is quickly approaching, could you please confirm whether or not you will be able to attend?

이 메일을 받는 대로 기술 세미나 참석 여부를 다음 주소로 가능한 한 빨리 알려 주시겠습니까?

On receipt of this e-mail, will you please send your attendance notice for our technical seminar to the following address at your earliest convenience?

- at your earliest conveninence 사정이 되는 대로 빨리

최종 인원수를 파악하고자 하오니, 10월 31일 이전에 패티 화이트 씨에게 참석 여부를 통지해 주시겠습니까?

In order to finalize the numbers, will you please advise Ms. Patty White as to your attendance before October 31?

- finalize 최종적으로 결정짓다
- prior to ~에 앞서, 먼저

귀하가 이번 주 수요일의 프로젝트 회의에 참석하는지 알고 싶습니다.

I would like to know if you will be attending the project meeting this Wednesday.

이 표현으로 UP!

영어 문장 다루기 – 하이픈

A 두 개의 단어가 만나 복합수식어구가 되는 경우는 항상 하이픈이 필요할까? 바르게 쓴 문장을 고르시오.

(1) This is not a user-friendly computer system.
이것은 사용자 친화적인 컴퓨터 시스템이 아니다.

(2) You wrote a badly-punctuated sentence.
(3) You wrote a badly punctuated sentence.
너는 맞춤법이 엉망인 문장을 썼다.

B '~에서 ~까지'라고 쓸 때 하이픈을 사용할까? 바르게 쓴 문장을 고르시오.

(1) from June 1 to October 10
(2) June 1– October 10
(3) June 1 ~ October 10
6월 1일부터 10월 10일까지

C 복합어를 두 개 연속해서 쓸 때 한쪽 하이픈을 생략해도 될까? 바르게 쓴 문장을 고르시오.

(1) I wrote the mid-and long-term plan.
(2) I wrote the mid-term and long-term plan.
(3) I wrote the mid and long-term plan.
나는 중장기 계획을 썼다.

A (1), (3) 두 개의 단어로 만들어진 복합수식어구에는 기본적으로 하이픈이 필요하다. 다만 최근 기술문서 등에서는 (3)처럼 하이픈을 생략하는 경향이 있다. (2)와 같이 두 단어 중에 첫 번째 단어가 부사면 하이픈이 필요 없다.
B (1), (2) 문장 속에서는 (1)처럼 기호를 사용하지 않고 표기하는 것이 보통이지만, 도표 등 짧고 간결하게 나타내야 할 곳에서는 (2)와 같이 하이픈을 사용하는 것이 적절하다. 영어에서는 시기나 범위를 나타낼 때 물결표(~)를 사용하지 않는다.
C (1), (2) 예전에는 (1)이 옳은 방법이었는데, 읽는 사람의 입장에서 편리한 방법은 아니다. 가능하면 (2)처럼 정식으로 쓰자.

44
초대 수락하기 및 거절하기

초대를 받고 참석할 경우에는 '기꺼이, 꼭' 등 흔쾌히 참가한다는 뜻을 전한다. 불참할 경우에는 서로의 관계가 불편해지지 않도록 정중히 거절한다.

기꺼이 참석하겠습니다

Subject	Thank you for your invitation.
From	Myers@CoolClick.com
To	AndyTomas@CoolClick.com

Thank you for your invitation to the 5th anniversary party of the Web Service Development Division on Tuesday, August 12. **I will definitely attend** with my superior.

Best regards,
Lisa Myers

8월 12일 화요일 웹 서비스 개발 부서의 창설 5주년 기념 파티에 초대해 주셔서 감사합니다. 상사와 함께 꼭 참석하겠습니다.

이 구문 하나로 **OK!**

I will definitely attend your 20th anniversary party. 귀하의 20주년 파티에 꼭 참석하겠습니다.

- It would be my pleasure to attend the reception.
  환영회에 기쁘게 참석하겠습니다.
- I will definately be in attendance at the farewell party.
  송별회에 꼭 참석하겠습니다.

이 문장으로
SEND!

9월 10일 월요일에 인포뱅크 사의 최상층 회의실에서 개최되는 귀사의 창립 10주년 기념 파티 초대에 기꺼이 응하겠습니다.

We are delighted to accept your invitation to the 10th anniversary party of your company, which will be held on Monday, September 10 at the top floor conference room of InfoBank Co.

아쉽게도 4월 28일 수요일 오후 3시부터 열리는 개발회의에는 참석할 수 없습니다.

I regret to inform you that I won't be able to make it to the development meeting on Wednesday, April 28, at 3:00.

6월 25일 수요일에 열리는 '오픈 소스 운동에 관한 토론회'에 초대해 주셔서 감사합니다. 하지만 그날 저녁에 선약이 있는 관계로 참석할 수 없을 것 같습니다.

Thank you for your invitation to the "panel discussion on the open source movement" on Wednesday, June 25; however, I am afraid I must decline as I have a previous engagement that evening.

• previous engagement 선약

애석하게도 6월 26일에는 업무차 시애틀 사무소에 출장을 가게 되어 있어 넷고 사 프로젝트 회의에 참석할 수 없겠습니다.

Unfortunately, I will not be able to attend the project meeting at NetGo Co. on June 26 as I will be visiting the Seattle office on business.

유감스럽게도 회의에 참석할 수 없습니다.

I regret that I will be unable to make it to the meeting.

45 귀빈의 방문 준비하기

높은 직책의 요인이 해외에 출장가거나 타사를 방문할 경우에는 사전 준비가 필요하다. 이럴 때에 일정을 알리고 그 밖의 필요한 사항을 요청할 때 쓰는 표현이다.

부장님의 출장 소식입니다	✕
Subject	About the general manager's trip
From	Myers@CoolClick.com
To	Lee@CoolClick.com

General Manager Robert Mueller **will visit** Sunnyvale during the time of the December management meeting. His itinerary looks something like this: 12/12–15: San Francisco, 12/16–18: Sunnyvale, 12/19–21: New York. Please arrange accommodations for him from the 12th to 18th of December at the Castle Rock Hotel.

Best regards,
Lisa Myers

로버트 뮐러 부장님이 12월 경영회의에 참석하기 위해 서니베일에 출장 가십니다. 일정은 다음과 같습니다.
12/12~15: 샌프란시스코, 12/16~18: 서니베일, 12/19~21: 뉴욕
12월 12일부터 18일까지 캐슬록 호텔에 숙박을 예약해 주십시오.

이 구문 하나로 **OK!**

Our CEO will visit _____.
저희 CEO께서 ~을 방문하실 예정입니다.

- **the San Francisco factory on the morning of the tenth** 10일 아침에 샌프란시스코 공장을
- **several countries in Europe on his next business trip** 다음 출장에서 유럽 몇 나라를
- **sometime during the next few days** 앞으로 며칠 사이에

이 문장으로
SEND!

럭스테크 사의 제이슨 레드우드 씨가 **6월 15일**부터 **20일**까지 우리 부산 사무소를 방문합니다.

Mr. Jason Redwood of LuxTech will be visiting our Busan office from the 15th to 20th of June.

케이트 김 부장님이 프로젝트 회의에 참석하기 위해 버클리에 출장 가십니다. **8월 12일** 오후 **2시**에 누군가가 샌프란시스코 공항으로 마중 나가도록 해 주시겠습니까?

General Manager Kate Kim will be visiting Berkeley to attend the project meeting. Will you please have someone come to the San Francisco airport to pick her up at 2:00 p.m. August 12?

수석 엔지니어 젠 브라운은 **UML** 컨퍼런스에서 새로운 **UML** 설계 컨셉트를 프레젠테이션하기 위해 **11월 11일**에 뉴욕을 방문하여, 현지에서 **3일간** 머물 예정입니다.

Chief Engineer Jenn Brown will visit New York on November 11 and stay there for three days to present his new UML design concept at the UML Conference.

국장님의 상세 여정을 첨부하오니 이에 따라 준비를 진행하여 주십시오.

As I am attaching the director's detailed proposed itinerary, please proceed with these arrangements.

● proceed 진행하다

글렌 롤랜드 사장님의 귀사 오사카 지사 방문은 **4월 13일**에서 **5월 16일**로 연기되었습니다.

President Glen Rolland's visit to your Osaka branch office has been postponed from April 13 to May 16.

● postpone 연기하다, 늦추다

46
숙박 예약 요청하기

행사 참석 차 외부에서 손님이 방문하거나 상사가 다른 도시를 방문할 때, 이쪽에서 직접 숙박을 예약할 수도 있지만, 해당 지역 사정을 더 잘 아는 방문지 쪽 담당자에게 부탁을 할 수도 있다. 이럴 때 쓸 수 있는 표현을 알아 보자.

숙박 예약을 부탁드립니다

Subject	Please reserve accommodations.
From	Myers@CoolClick.com
To	CarolKing@CoolClick.com

Mr. Richard Head plans to visit your Sunnyvale office on December 10 to attend a business meeting and wants to stay there for three days. **I would appreciate it** very much **if you** could arrange accommodations at a hotel near San Francisco International Airport.

Best regards,
Lisa Myers

리처드 헤드 씨가 비즈니스 회의 참석차 12월 10일 서니베일 사무소를 방문, 3일간 머물 예정입니다. 샌프란시스코 국제공항 근처에 숙박을 예약해 주시면 대단히 감사하겠습니다.

이 구문 하나로 **OK!**

I would appreciate it if you _____.
~해 주시면 매우 감사하겠습니다.

- **could reserve a room at the Hilton Hotel for me**
  저를 위해 힐튼 호텔에 방을 하나 예약해
- **would contact the hotel and see if there are any rooms available**
  호텔에 연락해서 남은 방이 있는지 확인해
- **would make a reservation for me at the hotel from May 10-12**
  5월 10일부터 12일까지 호텔을 예약해

이 문장으로
SEND!

6월에 시애틀을 방문할 때 호텔 예약을 도와주시면 대단히 감사하겠습니다.

I would greatly appreciate your assistance in arranging hotel accommodations for me when I visit Seattle in June.

귀사의 산타모니카 사무소에서 도보로 다닐 만한 호텔을 예약해 주시기 바랍니다.

Please arrange accommodations at a hotel located within walking distance from your Santa Monica office.

제 직속 상사인 존스 씨가 시카고에서 열리는 IT회의에 참석합니다. 현지 숙박을 알아봐 주시기 바랍니다.

Mr. Jones, my immediate superior, will be attending the IT Conference in Chicago. Please arrange hotel accommodations for him in the area.

47 의제 알리기

미팅이나 회의의 의제는 참가자에게 사전에 연락하도록 한다. 회의 목적이 무엇인지를 미리 간결하게 전하면 효율적이고 생산적인 회의가 될 수 있다.

다음 회의의 의제를 알려 드립니다 ✕

Subject	Our next agenda
From	Myers@CoolClick.com
To	all@CoolClick.com

The next project group meeting will be held at our office on May 11. **The proposed agenda is** as follows:

Agenda: a) Manning requirements to September 2017
b) Expenditures to September 2017
c) A farewell party for Mr. Keller

It would be appreciated if you would confirm at your earliest convenience whether you will be able to attend this meeting.

Best regards,
Lisa Myers

차기 프로젝트 그룹 회의가 5월 11일에 우리 사무소에서 개최됩니다. 의제는 다음과 같습니다.
의제: a) 2017년 9월까지의 필요 인원
b) 2017년 9월까지의 지출
c) 켈러 씨의 송별회
회의 참석 여부를 되도록 빨리 알려주시면 감사하겠습니다.

이 구문 하나로 OK!

The main agenda of the next meeting is _____ .

차기 회의의 주요 의제는 ~입니다.

- the coming year's budget 내년도 예산안
- the recent hirings and firings in the department 최근 부서 내의 고용과 해고
- ways to increase employee productivity 노동 생산성을 높이는 방안

이 문장으로 SEND!

이번 프로그래머 회의의 주목적은 업무 할당에 관한 현 상황을 검토하고, 필요한 인력 증원에 대해 협의하기 위한 것입니다.

The main purpose of this programmer's meeting is to review the situation regarding job assignments and to talk about the needed additions.

6월 24일 회의의 주 의제는 고객 서비스와 합작 비즈니스 유닛의 합병에 관한 것임을 알립니다.

This is to announce that the main agenda of the June 24 meeting is the merger of the customer service and the collaboration business units.

- merger 합병, 합동
- collaboration 협동, 합작, 공동연구

회의의 의제 초안을 첨부합니다.

I am attaching the draft agenda of the meeting.

차기 그룹 미팅은 4월 20일 오전 9시에 부산 사무소에서 개최하자는 제안이 있었습니다. 다음 주제에 대해 논의할 것입니다.

It has been proposed that the next group meeting should take place at the Busan office on April 20 at 9:00 a.m. We will discuss the following subjects:

의제는 경영 합리화 방안에 관한 것입니다.

The agenda is about how to streamline operations.

48 의사록 보내기 및 요청하기

회의 중에 기록한 회의 진행 과정, 내용, 그 결과 등은 되도록 당일 안으로 정리하여 의사록으로 작성하여 관계자에게 보내는 것이 좋다.

의사록을 첨부합니다 ✕

Subject	The September minutes
From	Myers@CoolClick.com
To	Torres@CoolClick.com

I am attaching the minutes of the September meeting. If you notice any errors or omissions, please advise me.

Best regards,
Lisa Myers

9월 정기회의 의사록을 첨부합니다. 잘못되었거나 누락된 내용이 있으면 연락 주십시오.

이 구문 하나로

I'm attaching the minutes of _____.
~의 의사록을 첨부합니다.

- yesterday's meeting on the newest design proposal
  최신 디자인 제안서에 대한 어제 회의
- last week's conference concerning Mr. Smith's suggestions
  스미스 씨의 제안에 대한 지난주 회의
- Tuesday's meeting about your upcoming trip to Singapore
  다가오는 귀하의 싱가폴 출장에 대한 화요일 회의

이 문장으로
SEND!

영업 관리자 회의 의사록을 완성하여 귀하의 검토를 받고자 본 메일에 첨부하였음을 알립니다.

This is to report to you that the minutes of the sales manager's meeting are now completed and attached to this e-mail for your consideration.

● minutes 회의록, 의사록

수정한 의사록을 첨부하오니, 가지고 계신 것과 대체하여 주시면 감사하겠습니다.

The correctly worded minutes are now attached, and I would be glad if you would substitute this for the one in your possession.

● substitute 대신으로 쓰다, 대신하다
● in one's possession ~가 소유한

죄송합니다. 지난주 프로젝트 회의 의사록 작성에 예상보다 시간이 좀더 걸릴 듯합니다.

I am sorry to report that completing the minutes of the project meeting last week will take a little longer than I thought.

회의가 끝나면 오늘 안으로 의사록을 제게 메일로 보내 주십시오.

When you are done with the meeting, please e-mail me the minutes by the end of the day.

● be done with 끝나다, 마치다

F 약속 및 스케줄

- 49 약속 정하기
- 50 내사 요청하기
- 51 만나는 목적 밝히기
- 52 다른 사람 소개하기
- 53 약속 수락하기 및 거절하기
- 54 약속 장소 정하기
- 55 약속 날짜 정하기
- 56 약속 변경하기
- 57 약속 취소하기
- 58 약속 당일의 절차 확인하기
- 59 만남 후 후속 메일 보내기
- 60 일정 전달하기
- 61 진척 상황 확인 및 보고하기
- 62 문제 보고하기 및 해결 촉구하기

49 약속 정하기

요즘엔 이메일로 많은 업무를 처리하지만, 직접 사람을 만나서 진행하는 일 또한 예나 지금이나 변함없이 중요하다. 관계자와 미팅을 잡기 위해 쓸 수 있는 표현을 알아 보자.

한번 만나 뵙고 싶습니다 ✕

Subject	I would like to see you in person.
From	Kelly@darakwon.com
To	R.Rogers@gmail.com

If it is possible, I would like to see you in person to hear your opinion on this new technology. Please let me know when is convenient for you so that I can come see you at that time.

Sincerely yours,
Kelly Greene

가능하면 한번 만나 뵙고 이 신기술에 대한 당신의 의견을 듣고 싶습니다. 언제가 편하신지 알려주시면 그 시간에 찾아뵙겠습니다.

이 구문 하나로 **OK!**

If it is possible, I would like to see you in person _____. 가능하다면 직접 만나서 ~하고 싶습니다.

- **to go over all the details one last time**
  마지막으로 세부사항을 검토하고
- **to get your advice on our new product**
  우리 신제품에 대한 조언을 얻고
- **to review your most recent employee evaluation**
  당신의 최근 사원 평가를 검토하고

이 문장으로
SEND!

다음 주 초에 뵙고 싶은데 괜찮으신지 모르겠습니다.

I wonder if it would be convenient for you to see me in the early part of next week.

30분 정도 시간을 내주실 수 있겠습니까? 얘기를 나누고 싶습니다.

Could you spare about 30 minutes with me? I would like to talk with you.

한번 만나 뵐 수 있을까요?

Is it possible for me to see you?

3월 10일에 만나서 다음 버전 업그레이드에 대해 논의할 수 있을까요?

Would it be possible to set up an appointment with you on March 10 to discuss the next version upgrade?

● set up an appointment 약속을 잡다

2월 5일부터 3월 7일까지 뉴욕에 머물면서 서버 프로젝트 문제를 상의하고 싶습니다. 제 일정은 편하실 때에 맞추겠습니다.

I plan to be in NY from February 5 to March 7 and would like to consult with you about the problem with the server project.
I am prepared to change my schedule to accommodate yours.

● accommodate 조절하다, 맞추다

다음 주 초에 뵙고 이 프로젝트의 진척 사항에 대해 논의할 수 있겠습니까? 다음 주 일정이 이미 모두 잡혀 있으면, 그 다음 주는 어떠신지요?

Is it possible to set up an appointment with you early next week to discuss the progress for this project? If your schedule is full next week, how about the week after next?

50 내사 요청하기

상대방을 직접 찾아가기 어려울 때는 내사를 부탁하는 경우도 있다. 시간과 장소를 정확하게 알려, 찾아오는 데에 착오가 없도록 하자.

한번 방문해 주시겠습니까?　　　　　　　　　　　　　　　　×

Subject	About our meeting
From	Kelly@darakwon.com
To	AmberAdams@gmail.com

It looks difficult for me to get to your place, but **if you can come to see me at my office,** I can probably spare you about one hour from 6:00 p.m.

Best regards,
Kelly Greene

　　　　귀사로 찾아뵙기는 어려울 듯합니다. 하지만 제 사무실에 와 주실 수 있으면 오후 6시부터 1시간 가량 시간을 낼 수 있습니다.

이 구문 하나로
OK!

If you can come to see me at my office,
☐. 제 사무실에 한번 와 주시면 ~

- I would really appreciate it
  정말로 감사하겠습니다.
- we could go over this month's sales figures
  이달의 판매 현황을 검토할 수 있겠습니다.
- it will save me a lot of time
  제가 시간을 많이 절약할 수 있겠습니다.

이 문장으로 SEND!

11월 17일 월요일에는 시간을 낼 수 있으므로 저희 회사를 찾아 주신다면 좋겠습니다.

Since I am available on Monday, November 17, it would help me a lot if you could come to our place.

내일 당사 회의실을 준비하겠으니 저희 사무실에 와 주시기 바랍니다.

As I will reserve a meeting room for tomorrow, please come to our office.

당사에 모여 말씀 나누는 것이 모두에게 편할 것 같습니다. 번거롭게 해드려 죄송하지만 모두 저희 사무실로 와 주실 수 있겠습니까?

It seems that it is convenient for all parties to get together at our office. I am really sorry to bother you, but can I ask everybody to come to my office?

• bother 귀찮게 하다, 성가시게 하다

6월 23일 월요일에 저희 회사에 오셔서 수석 엔지니어와 면접을 보십시오.

On Monday, June 23, you are invited to come to our office for a job interview with our chief engineer.

5월 19일 월요일에 귀하와 프로젝트 관리자께서 저희 회사에 방문하셔서 이번 개발 계약에 대해 저희와 상의하는 것은 어떨까 생각합니다.

We are wondering if you and your project manager would like to come to my office to discuss the development contract with us on Monday, May 19.

51
만나는 목적 밝히기

약속을 잡을 때는 무엇을 위해 만나고 싶은지 이유를 명확히 밝히는 것이 좋다. 그러면 상대방의 약속 승낙을 받기도 쉽고, 상대방이 자료 등을 미리 준비할 수 있어서 보다 생산적인 만남이 될 수 있다.

신규 서비스에 대해 설명드리고 싶습니다 ✕

Subject	How about Friday?
From	SuminLee@darakwon.com
To	KateBaker@gmail.com

> **I would like to set up an appointment with you so that** I can explain our company's new service to you. How about Friday at 3 p.m.?
>
> Best regards,
> Sumin Lee
>
> 당사의 신규 서비스에 대해 설명 드리기 위해 약속을 잡았으면 합니다. 금요일 오후 3시는 어떠신지요?

이 구문 하나로 **OK!**

I would like to set up an appointment with you so that ☐. ~하기 위해 약속을 잡고 싶습니다.

- **I can get your approval on the new ad campaign**
  새 캠페인에 대해 당신의 허가를 받기
- **we can review the budget figure**
  예산안을 재검토하기
- **I can introduce you to Mr. Burns**
  번스 씨께 당신을 소개하기

이 문장으로
SEND!

귀사를 방문하여 한국의 **P2P** 시장에 대한 의견을 들을 수 있다면 정말 감사하겠습니다.

I would really appreciate it if I could visit you and hear your views on the P2P market in Korea.

● view on ... ~에 관한 의견

크로스웨이 사 대상의 신규개발 프로젝트에 대해서는, 가능하면 다음 화요일에 만나서 의견을 교환하는 것은 어떻겠습니까?

As for the new development project for Crossway, how about getting together, if you could, next Tuesday to exchange our opinions on it?

최근 미국 시장의 경향에 대해 말씀해 주실 수 있을까요?

Is it possible to hear about the recent trends in the U.S. market?

한번 찾아뵙고 최근 보고된 버그의 해결 방법에 대해 상의하고 싶습니다.

I would like to come see you to discuss possible solutions for the bugs that have been recently reported to us.

앞으로 귀사가 어떤 비즈니스 모듈을 개발할 수 있을지 검토하기 위해 찾아뵙고 싶습니다.

I would like to see you to examine what kind of business module your company can develop in the future.

제 후임으로 일을 처리할 사람을 소개해 드리기 위해 찾아뵙고자 합니다.

I would like to see you so that I can introduce you to my successor.

● successor 후임자

몇 주 안에 저희 회사 엔지니어가 웹 서버 설치를 위해 귀사를 찾아뵙겠습니다.

Within the next few weeks, our engineer will visit your company and set up a Web server.

52 다른 사람 소개하기

업무에 도움이 될 수 있는 사람을 소개하거나, 반대로 전문가에게 도움을 구하고자 하는 사람을 소개하는 등의 상황에서 쓸 수 있는 표현을 알아 보자.

당신을 만나고자 하는 사람이 있습니다 ✕

Subject	Mr. Myers wants to see you.
From	Kelly@darakwon.com
To	RobinHill@gmail.com

> Mr. Myers works in the archives section of my company and **wishes to see you if he can**. Since he is responsible for constructing an archive server, I would appreciate it if you would listen to him and give him some advice.
>
> Best regards,
> Kelly Greene
>
> 당사 아카이브 관리실의 마이어스 씨가 가능하면 만나 뵙기를 희망하고 있습니다. 이 분은 아카이브 서버 구축을 담당하고 있으므로 상담에 응해주시면 감사하겠습니다.

이 구문 하나로 **OK!**

He/She wishes to ☐ if he/she can.
가능하다면 그분이 ~하고 싶어 합니다.

- **hear from you**
  당신 소식을 듣고

- **get some time off to meet you**
  귀하를 만나기 위해 시간을 내고

- **get some comments from you**
  귀하의 의견을 듣고

이 문장으로 SEND!

젠킨스 씨, 저희 개발팀의 피트 윌리엄스 씨가 다음 달에 뉴욕에 가니 한번 만나 주시면 그도 기뻐할 것입니다.

Dear Mr. Jenkins, Pete Williams from my development team will be in NY next month and would enjoy meeting you very much.

제 부하 직원 존이 이 문제에 대해 당신의 의견을 듣고 싶어 합니다. 그를 만나실 수 있다면 제가 그에게 연락드리라고 지시하겠습니다.

John, who works for me, wishes to listen to your opinions on this matter. I would appreciate it if you could see him, and if so, I will instruct him to get in touch with you.

• instruct 지시하다, 명령하다

쿠퍼 씨가 오후에 도착하면 그분과 얘기할 시간을 잠깐 내 주시면 감사하겠습니다.

I would really appreciate it if you took a few moments to speak with Ms. Cooper when she arrives this afternoon.

Open UML 사에서 5년간 제 부하 직원으로 일했던 빌 켈러 씨를 소개합니다.

This is to introduce Mr. Bill Keller, who worked for me at Open UML Co. for five years.

53 약속 수락하기 및 거절하기

상대방이 약속을 정하자고 연락하면 곧바로 답신을 한다. 거절할 경우에도 정중한 표현을 사용하여 관계가 어색해지지 않도록 주의하자.

만날 수 있습니다   ✕

Subject	I can meet you.
From	Kelly@darakwon.com
To	m2m@gmail.com

Thank you for your e-mail.

I think I can spare about one hour to meet with you if that is all right with you.

Best regards,
Kelly Greene

메일 감사합니다. 1시간 정도라도 괜찮으시다면 시간을 낼 수 있을 것 같습니다.

이 구문 하나로
OK!

I think I can ⬚. ~할 수 있을 것 같습니다.

- meet you at 2:00
  두 시에 당신과 만날
- find the time to visit your office tomorrow
  내일 당신 사무실을 방문할 시간을 낼
- drop by the Marketing Department for a few minutes if you're not too busy 당신이 너무 바쁘지 않다면 마케팅 부서에 잠시 들를

이 문장으로 **SEND!**

좋습니다. 요청하신 대로 기꺼이 만나 뵙겠습니다.
OK, I will be happy to meet you as you requested.

말씀하신 시간에 기꺼이 만나 뵙겠습니다.
I would be delighted to meet you then you suggested.

물론 만날 수 있습니다. 언제가 좋겠습니까?
Of course, I can meet with you. When do you prefer?
- When do you prefer?(= When is a good time for you? / When would you like to meet me? / What time is convenient for you?) 언제가 (만나기에) 좋겠습니까?

그 시간에는 별다른 예정이 없으니 괜찮습니다.
I can meet you then because I will be free.

당신을 만나는 자리에 저희 회사에서 그 분야를 담당하는 주니어 펠로우 켈러 씨도 동석시키고 싶습니다. 괜찮으신가요?
As Mr. Keller is a junior fellow who is working in that field in our company, I would like to bring him with me to the meeting with you. Would that be all right with you?

정말 죄송하지만 그 주에는 일이 있습니다. 다른 때에 만나면 좋겠군요.
I am very sorry but I will be occupied that week. I hope that I can see you some other time.

만나자는 말씀은 고맙습니다만, 제가 도움 드릴 수 있는 일이 아닌 듯하여 거절하겠습니다.
Thank you for asking me to meet you, but I am afraid I must decline as I don't think I can be of much help.
- decline (정중히) 거절하다

좋습니다. 그렇다면 내일 브라운 씨를 그쪽으로 파견하겠습니다.
OK, in that case, I will send Mr. Brown to your office tomorrow.

54 약속 장소 정하기

만나기로 합의했으면 만날 장소나 시간을 따로 조정한다. 보통 장소를 정할 때에는 이쪽에서 저쪽을 방문할 것인지, 아니면 저쪽에서 이쪽으로 내사할 것인지를 먼저 결정한다.

장소를 정합시다　　　　　　　　　　　　　　　　　　　×

Subject	Which place?
From	Kelly@darakwon.com
To	AmberSmith@gmail.com

Please let me know which place you prefer to get together for the meeting – at your office or mine.

Best regards,
Kelly Greene

어디서 만나는 게 좋은지 알려 주세요. 당신 사무실이 좋을까요, 제 사무실이 좋을까요?

이 구문 하나로
OK!

Please let me know ☐ . ~을 알려 주세요.

- when you'll have time to meet me
  언제 저를 만날 시간이 되실지
- the location of your next meeting
  다음 회의 장소를
- if you prefer talking in my office or the conference room
  제 사무실에서 얘기하는 게 좋은지 아니면 회의실이 좋은지

이 문장으로 **SEND!**

귀사와 당사 중, 어디서든 만날 수 있습니다. 어디가 편하십니까?

We can get together for the meeting either at your office or mine. Which will be convenient for you?

만날 장소를 알려 주십시오.

Please name the place where you want to meet.

어디에서 만날지 알려 주십시오.

Please let me know where we will be meeting.

제가 귀사로 찾아뵙겠습니다.

I will be coming to your office.

저희 사무실로 와 주실 수 있겠습니까?

Is it possible for you to come to our office?

저희 사무실로 와 주신다면 좋겠습니다.

It would help me a lot if you came to our office.

그럼 9월 11일 세종 호텔 로비에서 만납시다.

Then why don't we meet at the lobby of the Sejong Hotel on September 11?

저희를 방문해 주신다면 감사하겠습니다. 주소(위치)는 다음과 같습니다.

I would appreciate it if you could visit us at the following address (location):

55
약속 날짜 정하기

서로에게 편한 날짜와 시간이 한번에 결정되면 좋겠지만, 보통은 이쪽에서 가능한 날짜, 시간을 알리면 상대방과 조율하는 메일을 두세 번 정도 주고 받게 된다. 이럴 때 쓰는 표현을 알아 보자.

다른 날은 안 될까요? ✕

Subject	I can't make it on that day.
From	Kelly@darakwon.com
To	Sharrok@gmail.com

Dear Sharrock,

I understand that August 12 is very convenient for you, but unfortunately **I am afraid** I will be occupied for the whole day. Can you think of a different date that will be convenient for you?

Best regards,
Kelly Green

샤록 씨, 8월 12일이 좋다고 하셨는데, 죄송하지만 그날은 하루종일 시간을 내기 어려울 것 같습니다. 괜찮으신 다른 날을 생각해봐 주시겠어요?

이 구문 하나로 **OK!**

I am afraid _____. 죄송하지만 ~.

- I can't make it at 1:00 today.
  오늘 1시는 안 되겠습니다

- something just came up, so I must postpone our discussion
  갑자기 일이 생겨서, 논의를 미뤄야 하겠습니다

- I'm running late, so I can't see Mr. Jenkins today
  제가 늦어서 오늘은 젠킨스 씨를 만날 수 없습니다

이 문장으로
SEND!

9월 29일 오후 시간은 어떠십니까?

How about sometime in the afternoon on September 29?

적당한 날짜를 몇 개 알려 주십시오.

Can you name a couple of dates that will be convenient for you?

7월 24일 월요일 오후 2시부터 4시 사이에 시간이 빕니다.

I have an opening on Monday, July 24 from 2:00 p.m. to 4:00 p.m.

이번 주는 일정이 다 잡혀 있어서 여유가 없습니다.

I am afraid I am occupied and have no openings this week.

다음 주는 언제든지 좋습니다.

I will be free anytime next week.

다음 시간대 이외에는 언제라도 좋습니다.

I will be available except during the following hours:

다음 주 2월 17일 수요일 3시는 괜찮습니까?

Are you free next Wednesday, February 17, at 3:00?

괜찮으시면 저는 다음 목요일인 2월 18일 4시가 좋겠습니다.

I will be available next Thursday, February 18, at 4:00 if that is convenient for you.

다음 주 2월 19일 금요일 5시에는 시간이 됩니다. 당사 서울 사무소로 와 주실 수 있습니까?

I will be free next Friday, February 19, at 5:00. Can you come to our Seoul office?

56 약속 변경하기

사정이 생겨 약속한 날짜에 만날 수 없을 수도 있다. 약속을 변경할 때는 되도록 가까운 다른 날짜를 제시하고, 약속을 바꿀 수 있는지 확인하는 것이 좋다.

죄송하지만 약속을 변경해야겠습니다 ✕

Subject	Changing our appointment
From	MJLim@darakwon.com
To	abc@gmail.com

I was going to visit you at your Daegu office **tomorrow** night, but I'm afraid I cannot make it. How about the following Tuesday at 4:00 p.m.? I am very sorry for any inconvenience in asking you to make this change.

Best regards,
Lim Mijin

내일 저녁 대구 사무실로 찾아뵐 예정이었으나 어렵게 되었습니다. 다음 주 화요일 오후 4시는 어떠십니까? 약속 변경으로 불편을 끼쳐드려 정말 죄송합니다.

이 구문 하나로
OK!

I was going to visit you tomorrow, _____.
내일 찾아뵐 예정이었지만, ~.

- but because this matter is so urgent, I'd like to see you today
  이것은 몹시 급한 사안이므로 오늘 뵙고 싶습니다

- but if you can wait until Wednesday, that works better for me
  수요일까지 기다려 주실 수 있다면, 저는 그 편이 더 좋을 것 같습니다

- however I can't make it as I won't finish my work until late in the evening
  제가 저녁 늦게까지 일을 끝낼 수 없기에 약속을 지키지 못할 것 같습니다

이 문장으로 **SEND!**

저희 측 사정으로 변경을 부탁드리게 되어 대단히 죄송합니다.

I am very sorry that I am placing my convenience ahead of yours and asking you to make a change.

다음 주라면 제 일정을 조정할 수 있으니, 원하는 날짜를 알려 주시겠습니까?

Could you tell me when you would like to meet next week because I think I can do something with my schedule?

괜찮으시면 다른 날짜를 제시해도 되겠습니까?

If you would be so kind, allow me to suggest an alternative date.

• alternative 다른 방도, 대안

죄송하지만 일이 생겨서 다음 주 화요일에 만날 수 없을 것 같습니다. 4월 15일 월요일 오전 10시로 약속을 변경할 수 있을까요?

I'm afraid that something came up, so I won't be able to meet you next Tuesday. Is it possible to reschedule our appointment for Monday, April 15, at 10:00 a.m.?

오전 11시 대신 9시에 만날 수 있겠습니까?

Do you think it's possible for us to get together at 9:00 a.m. instead of 11:00 a.m.?

크게 불편하지 않으시면, 우리 약속을 3일 오후로 변경하고 싶습니다.

If it's not too inconvenient, I'd like to suggest changing our meeting to the afternoon of the third.

57 약속 취소하기

부득이한 사정으로 약속을 취소해야 하는 경우에는 정중하게 그 이유를 설명하고 상대방의 양해를 구해야 한다.

죄송하지만 약속을 취소해야겠습니다　　　　　　　　　　　　　×

Subject	Sorry, but I must cancel our appointment.
From	Kelly@darakwon.com
To	Henry@darakwon.com

I'm afraid that I must cancel our appointment for Monday, April 20, at 10:00 **because** I have to meet Manager Russell Franklin of the Development Division and explain the bug report for the Data_Input module.

Best regards,
Kelly Greene

개발부 러셀 프랭클린 과장님께 Data_Input 모듈의 버그 리포트에 대해 설명해야 할 일이 생겨, 4월 20일 월요일 10시 약속을 취소해야 할 것 같습니다.

이 구문 하나로 **OK!**

I'm afraid I must cancel our appointment because ☐. ~해서 우리 약속을 취소해야 할 것 같습니다.

- **my team has not prepared all the necessary papers yet**
  저희 팀이 아직 필요한 서류를 다 준비하지 못해서

- **I have to take an unexpected trip out of town**
  제가 갑작스럽게 지방에 가봐야 해서

- **there are a few items I need to speak with my manager about first**
  저희 과장님과 먼저 상의해야 할 사항이 있어서

이 문장으로
SEND!

정말 죄송하지만, 부득이한 사정으로 다음 주 화요일 프로젝트 그룹 회의에 참석할 수 없게 되었습니다.

I am very sorry to inform you that I cannot make it to the project group meeting next Tuesday due to circumstances beyond my control.

죄송하지만, 2월 17일 수요일 3시 약속을 지킬 수 없을 것 같습니다.

I am sorry but I won't be able to keep our appointment for Wednesday, February 17, at 3:00.

급한 용무가 생겨서 다음 주 뉴욕에서 열리는 회의에 참석할 수 없게 되었습니다.

Something urgent came up, so I am sorry that I will be unable to attend the meeting in NY next week.

2월 14일 2시에 수석 프로그래머 에드 깁슨 씨와 만나 새 프로그램의 개발 일정에 대해 의논하기로 되어 있었습니다만, 그날 1시에 유저원 사 스탠리 사장님을 방문해야 해서 약속을 지킬 수 없게 되었습니다.

I was going to meet Mr. Ed Gibson, our senior programmer, on February 14, at 2:00 to discuss the development schedule of the new program, but I am afraid that I have to cancel that meeting because I am going to have to visit President Stanley of UserOne Co. on that day at 1:00.

귀하와의 내일 약속을 취소해야 하는 것을 유감스럽게 생각합니다. 다시 약속을 잡는 것과 관련해 곧 연락 드리겠습니다.

I regret that I must cancel tomorrow's meeting with you. I will contact you soon about rescheduling our meeting.

58
약속 당일의 절차 확인하기

큰 건물에서 사람을 만나려면 보안상 특별한 절차가 필요할 수도 있다. 그럴 경우에 대비해 미리 만나는 방법을 확인해 두는 것이 좋다.

	3층 사무실로 가면 됩니까? ✕
Subject	Should I go to the office on the 3re floor?
From	Kelly@darakwon.com
To	Gold@wellsoft.com

Okay then, I will come visit your place to listen to your view on this project on March 14. **Should I** go directly to the 3F office **on that day?**

Best regards,
Kelly Greene

그러면 3월 14일에 이 프로젝트에 관한 귀하의 의견을 듣기 위해 귀사로 찾아가겠습니다. 그날 3층 사무실로 직접 가면 될까요?

이 구문 하나로
OK!

Should I _____ on that day?
그날 제가 ~하면 될까요?

- **be in the New York office**
  뉴욕 지사로 가면
- **bring the department manager with me**
  부서장과 동행하면
- **prepare all the files you need**
  필요하신 파일을 모두 준비하면

이 문장으로 SEND!

그날 어느 분을 찾아가면 좋을까요?

Who should I visit on that day?

안내 데스크에서 내선 123번으로 연락 주십시오. 로비로 나가겠습니다.

Please dial extension 123 at the reception desk. I will come and meet you at the lobby.

● **extension** 내선 전화, 내선 번호

안내 데스크 직원에게 시스템 개발부의 랠프와 약속이 있다고 말씀하십시오.

Please tell the receptionist that you have an appointment with Ralph in the System Development Department.

● **receptionist** (호텔, 회사의) 접수 직원, 안내 직원

안내 데스크에 성함을 말씀하시면 안내해 드리도록 준비해 놓겠습니다.

I will make arrangements so that the receptionist can show you the way when you tell her/him your name.

5층에 위치한 시스템 영업부로 바로 와 주십시오.

Please come directly to the System Sales Department, which is located on the 5th floor of the building.

● **directly** 곧바로, 직접

다음 주 화요일에 회의실에는 언제 가면 되는지 질문 드립니다.

My only question is when I should come to the meeting room next Tuesday.

59 만남 후 후속 메일 보내기

미팅을 가진 후에는 시간을 내 준 것에 감사하고, 간단히 소감을 덧붙여 후속 메일을 보내는 것이 좋다. 미루지 말고 바로 보내자.

만나 주셔서 감사합니다 ✕

Subject	Thank you very much for your time.
From	Kelly@darakwon.com
To	gold@wellsoft.com

Thank you very much for your time today. Your talk on case studies in e-mail marketing was really informative and educational for us. We hope to make good use of what we learned from you today for the benefit of our project.

Best regards,
Kelly Greene

오늘 시간 내 주셔서 감사합니다. 이메일 마케팅의 도입 사례 연구에 관한 말씀은 매우 유익하고 배울 점이 많았습니다. 오늘 받은 가르침을 꼭 당사 프로젝트에 잘 활용하고자 합니다.

이 구문 하나로 **OK!**

Thank you very much for _____.
~해 주셔서 감사합니다.

- **taking time out of your busy schedule to speak with me**
  저와 얘기 나누기 위해 바쁘신 중에도 시간을 내
- **answering all of my questions in your office today**
  오늘 귀하의 사무실에서 제 모든 질문에 답해
- **showing me the proper procedure to operate the machinery**
  그 기계를 작동시키는 올바른 과정을 저에게 보여

이 문장으로
SEND!

오늘 바쁜 일정에도 불구하고 저희 회사를 찾아 주셔서 감사합니다.

Thank you very much for taking time from your busy schedule to come to our office today.

오늘 우리를 만나 주셔서 감사합니다. 오늘 해 주신 말씀은 대단히 유익했습니다.

Thank you very much for meeting with us today. Your talk was really informative.

● informative 유익한, 도움이 되는

오늘 저와 매우 유익한 토론을 해 주셔서 감사드립니다. 지적하신 점은 향후 제 업무 지침으로 삼겠습니다.

Thank you very much for having a productive discussion with me today. I plan to use what you pointed out as the guiding principles in my future work.

오늘 만날 기회를 주셔서 매우 감사하게 생각합니다. 앞으로 좋은 업무 관계를 맺고 싶습니다.

I am really grateful to be able to meet you today and am looking forward to a good working relationship with you.

오늘 귀하의 의견을 더 상세히 설명하고 생각을 우리와 공유해 주어 정말 감사합니다.

Thank you so much for explaining your opinion in more detail and sharing your thoughts with us today.

60 일정 전달하기

팀 단위로 업무를 진행할 때는 멤버들에게 스케줄을 정확히 전달할 필요가 있다. 받은 메일은 모두 수신함에 저장되기 때문에 이메일을 사용하면 스케줄 관리에 도움이 된다.

일정을 알려드립니다	×
Subject	Here's next month's schedule.
From	Kelly@darakwon.com
To	jino@darakwon.com

Next month's schedule for the production group **looks something like this**: first week – group meetings; second week – designing; and third and fourth weeks – programming.

Best regards,
Kelly Greene

다음 달 프로덕션 그룹의 일정은 대략 다음과 같습니다.
제 1주 – 그룹 미팅, 제 2주 – 설계, 제 3, 4주 – 프로그래밍

이 구문 하나로 **OK!**

Next month's schedule for _____ looks something like this.
~의 다음 달 스케줄은 다음과 같습니다.

- the Marketing Department 마케팅부
- the late shift 야간 근무
- Dr. Simon and his research team 사이먼 박사와 연구팀

이 문장으로 SEND!

그 프로젝트의 대략적인 스케줄은 다음과 같습니다.

The rough schedule for the project is as follows:

● **rough** 대강의, 대충 틀만 잡은

이하 일정에 따라 업무를 진행하오니 협조 부탁드립니다.

Now that we plan to go forward with the project in accordance with the following schedule, your cooperation is appreciated.

링크 프로젝트 그룹의 이번 주 일정은 다음과 같습니다: 월요일~수요일 – 산호세 사무소, 목요일~금요일 – LA 사무소, 토요일 – 레드몬드 사무소

This week's schedule for the Link project group is as follows: Monday through Wednesday, at the San Jose office; Thursday and Friday, at the LA office; and Saturday, at the Redmond office.

프레슨 그룹의 향후 수 주간 일정에는 프로젝트 그룹 미팅 참가, 프로토타이핑 그룹과의 브레인스토밍, 그리고 뉴욕 사무소 방문이 포함되어 있습니다.

The Presson Group's schedule over the next few weeks includes taking part in the project group meetings, brainstorming with the prototyping group, and visiting the NY office.

이번 주의 팀 하디의 스케줄입니다. 그는 수요일과 목요일은 애틀랜타 사무소, 금요일에는 디트로이트 사무소에 있습니다.

Here is Tim Hardy's schedule for the week: he's at the Atlanta office on Wednesday and Thursday, and he's in Detroit on Friday.

61
진척 상황 확인 및 보고하기

프로젝트 리더는 일의 진척 상황을 정확하게 파악하고 있어야 한다. 실무 진행자에게 정기적으로 확인 메일을 보내서 일정에 문제가 없는지 체크하자.

진척 상황을 알려 주세요   ✕

Subject	About the processing
From	Kelly@darakwon.com
To	JasonBrown@wellsoft.com

I want you to keep me informed by e-mail **about** how this development project is going. Please cc the e-mail with your status report to my boss, too.

Best regards,
Kelly Greene

이 개발 프로젝트의 진척 상황에 대해서는 메일로 항시 알려 주십시오. 또 제 상사에게도 상황 보고서를 참조로 보내 주십시오.

이 구문 하나로
OK!

I want you to keep me informed about

☐☐☐☐. ~에 대해 나에게 계속 알려 주기 바랍니다.

- **any changes made to the report**
  보고서에 변경 사항이 생겼는지
- **every person who asks to see me**
  나를 만나고자 하는 모든 사람
- **the changes in the stock price**
  주가 변동

최근 귀사의 프로젝트 진행 상황은 어떻습니까?

How is everything going with your project lately?

본 개발 프로젝트의 현재 진행 상황을 알려 주십시오.

Please inform me on how this development project is going.

작업은 순조롭게 진행되고 있습니다.

Our work is progressing without a hitch.

● **hitch** 급정지, 장애, 걸림

예정보다 다소 늦어졌지만, 3월 16일 마감일은 지키겠습니다.

It is a little behind schedule, but I promise we will make the March 16 deadline.

현재로서는 큰 문제는 없습니다.

Up to now, we haven't encountered any big problems.

● **up to now** 지금까지는, 현재로서는

다행히도 예정보다 조금 빠르게 진행되고 있습니다.

Fortunately, we are a little ahead of schedule.

62
문제 보고하기 및 해결 촉구하기

스케줄이 지연되는 일은 자주 있는 일이다. 문제가 생겼을 때에는 팀원에게 공지하되, 사태 수습을 재촉하기만 할 것이 아니라 원인을 밝혀 해결책을 강구해야 한다. 이럴 때 쓰는 표현을 알아 보자.

진행이 늦어지고 있군요

Subject	We're behind schedule.
From	Kelly@darakwon.com
To	JasonBrown@wellsoft.com

This is the 3rd time I have attempted to contact you with regard to our system development project. Have you taken a look at my e-mail of May 17? As you know, the project is behind schedule. **I would appreciate it if you** went ahead and reexamined the development process (to make the project go faster).

Best regards,
Kelly Greene

우리의 시스템 개발 프로젝트 건으로 연락하는 것이 이것으로 세 번째입니다. 5월 17일에 제가 보내드린 메일 읽으셨습니까? 아시다시피 프로젝트 진행이 늦어지고 있습니다. 서둘러 주시면 감사하겠으며, 속도를 높이기 위해 작업 공정을 살펴보아 주십시오.

이 구문 하나로
OK!

I would appreciate it if you _____.
당신이 ~해 준다면 고맙겠습니다.

- **double-checked the results one more time** 그 결과를 다시 한번 재검토해
- **came to my office so that we could try to solve the problem together** 제 사무실로 오셔서 문제 해결을 위해 함께 노력해
- **managed to do it by yourself** 어떻게든 당신이 직접 처리해

이 문장으로
SEND!

다음과 같은 문제가 발생했습니다.

We have encountered the following problem(s).

현재의 문제점을 명확히 해 주십시오.

Please try to identify the current problems.

프로젝트에 추가 인원이 필요합니다.

We need to add more people to the project.

● **add someone**(= bring in someone) 도입하다, 참여하게 하다

이 상태로는 기한에 맞추기 어렵습니다.

As it stands now, we cannot make our deadline.

● **as it stands** 현 상태로는

지금이 고비입니다. 상황이 더 힘들어질 수도 있겠지만, 부디 끝까지 최선을 다해 주십시오.

Now we are at a crucial point. Although the going may get tougher, please hang on, and give it your best.

● **crucial point** 고비, 중요한 지점 ● **the going** 상황, 형세 ● **hang on** 꾸준히 붙잡고 일하다

6월 27일까지 분석 결과를 요약하여 제출해 주십시오.

Please provide a summary of your analysis by June 27.

● **analysis** 분석, 해석

그 프로젝트에 프로그래머를 더 투입하는 건에 대해 결정할 때까지 시간을 좀더 쓸 수 있을까요? 각 부서간 이해관계에 따른 이견 조정에 상당한 시간이 필요합니다.

Regarding adding more programmers to the project, could I have more time before I make a decision? I need time to adjust for the conflicts of interest between the different sections.

● **adjust** 조절하다, 맞추다, 바로잡다 ● **conflict** 분쟁, 충돌, 마찰, 대립 ● **interest** 이해관계, 이익

G 정보 수집

63 정보 제공 요청하기
64 관심 표시하기
65 정보 제공 거절하기
66 추가 정보 요청하기
67 소개 요청하기
68 문의처 알리기
69 정보의 출처 확인하기
70 정보의 출처 밝히기
71 적임자 추천하기

63 정보 제공 요청하기

업무와 관련된 자료나 정보를 요청할 때 쓰는 표현이다. 어떤 내용의 자료를 언제까지 누구에게 제공하길 원하는지 밝히면 된다.

다시 한번 보내주실 수 있을까요?   ✕

Subject	Could you send it again?
From	Dan@darakwon.com
To	aln190@sunnyvale.co.kr

Regarding the newspaper article you e-mailed me on November 17, it was illegible for some reason. **Could you** please **send** it again today? Thanks a million in advance.

Sincerely,
Dan Presson

> 11월 17일 메일로 보내주신 신문기사를 어떠한 이유에서인지 읽을 수가 없었습니다. 오늘 다시 한번 보내 주실 수 있겠습니까? 대단히 감사합니다.

이 구문 하나로 OK!

Could you send me the information concerning _____. ~에 대한 자료를 보내 주시겠습니까?

- the merger between our two companies
  우리 두 회사간의 합병
- the proposed increase in taxes
  세금 인상안
- next month's campaign
  다음 달 캠페인

이 문장으로
SEND!

귀사의 웹 서비스 관련 자료를 8월 12일까지 보내 주십시오.

Please send me information concerning your Web service no later than August 12.

• **concerning** ~에 관하여 • **no later than** ~까지는, ~에는

《리눅스 저널》지 10월호에 광고 게재된 귀사의 웹 시스템에 관한 상세 정보를 보내 주십시오.

Please send us the details regarding your Web system advertised in the October issue of Linux Journal.

• **regarding** ~에 관해서 • **issue** 발행물, 발행, 발간

그 시스템 사양에 대해 내일까지 알려주시면 감사하겠습니다.

I would appreciate it if you could inform us as to the specifications of the system by tomorrow.

• **as to** ~에 관하여 • **specification** 사양, 명세 사항

귀사의 비즈니스 카탈로그에 관한 자료를 3일 안에 메일로 보내 주실 수 있겠습니까?

Is it possible for you to e-mail me the information concerning your business catalogue within three days?

귀사가 광고하고 있는 서버 시스템에 관한 자료가 있습니까?

Do you have any information regarding the server system that your company is advertising?

웹 서비스 개발 프로젝트 그룹의 리더가 누구인지 알려 주시겠습니까?

Could you tell me who is heading the Web Service Development Project Group?

서울 사무소에서는 그 기술 문서를 입수할 수 없으므로 메일로 보내 주시면 감사하겠습니다.

I would be grateful if you could e-mail the technical document because it is not available in the Seoul office.

64 관심 표시하기

면식이 없는 상대방에게 정보를 요청하기 위해서는 무턱대고 원하는 바를 알리기보다는 우선 상대측에 이쪽의 관심을 표시하는 것이 좋다.

정보를 더 부탁드립니다 ✕

Subject	About your system development
From	P.Davis@gmail.com
To	Dan@darakwon.com

As you may already know, there is a great deal of interest in open source software in Korea now. **I am really interested in** working together with you on the Web service system development that I heard your company has been carrying out as an open source project. Please let me know what is required for an outsider like me to join.

Sincerely,
Peter Davis

이미 알고 계시겠지만, 현재 한국에서는 오픈 소스 소프트웨어에 대한 관심이 매우 높습니다. 저는 귀사가 오픈 소스 프로젝트로 전개해 오셨다는 웹 서비스 시스템 개발을 함께 하는 데 관심이 큽니다. 저와 같은 외부인이 프로젝트에 참가하기 위해 필요한 것은 무엇인지 알려 주십시오.

이 구문 하나로
OK!

I'm really interested in ▢.
저는 ~에 무척 관심이 많습니다.

- working with you on this project 이 프로젝트에서 당신과 함께 일하는 것
- hearing your opinion 귀하의 의견을 듣는 것
- watching a demonstration of your latest invention 귀하의 최신 발명품의 실연을 보는 것

이 문장으로
SEND!

저는 객체 지향 프로그래밍에 관심이 있어 그쪽 방면을 공부하려고 생각하고 있습니다. 《객체 지향 리뷰》지 6월 호에 게재된 부크 씨의 기사를 한 부 보내주시면 감사하겠습니다.

As I am interested in object-oriented programming and want to learn it, I would be very happy if you could send me a copy of Booch's article published in the June issue of Object-Oriented Review.

귀사에서 개발하신 애플리케이션에 상당한 흥미가 있습니다. 제 PC에서도 작동이 가능한지 알고 싶으니, 사용하시는 시스템 사양(CPU나 메모리 등)을 알려 주시면 감사하겠습니다.

As I am really interested in the application you developed, I would be very happy if you would let me know the specs (such as CPU and memory) of the system you are using because I would like to find out whether it can run on my PC.

귀사의 개발 프로젝트에 매우 흥미가 있으므로, 찾아뵙고 얘기를 나누고 싶습니다.

I am very interested in your development project and would like to have a meeting with you to talk about it.

이 개발 프로젝트에 대해 흥미가 있으시면, 만나 뵙고 상의하고 싶습니다.

Regarding this development plan, I would be glad to meet you and talk about it if you are interested.

65 정보 제공 거절하기

상대방이 요구한 정보나 자료를 갖고 있지 않거나 그것을 제공할 권한이 없을 때, 혹은 사정상 제공하기 어려울 때는 부드럽게 거절한다.

죄송하지만 저는 그 자료를 가지고 있지 않습니다	
Subject	Bill Keller from NasaSoft
From	billkeller@nasasoft.com
To	M.Jackson@gmail.com

Regarding how the Database_Connection module is coded, since we are having it developed by LinkPack in NY, **I am afraid that** we don't have the information you requested. If you wish, you can get in touch with them directly. Their e-mail address is info@LinkPack.com.

Sincerely yours,
Bill Keller

Database_Connection 모듈의 코딩 건은 뉴욕의 링크팩 사에서 개발되고 있는 관계로, 죄송하지만 저희는 요청하신 자료를 갖고 있지 않습니다. 원하신다면 링크팩 사에 직접 문의해보시기 바랍니다. 메일 주소는 info@LinkPack.com입니다.

이 구문 하나로 **OK!**

I'm sorry, but I'm afraid ☐. 죄송하지만 ~입니다.

- I don't know the answer to your question
  귀하의 질문에 대한 답을 모릅니다
- I'm not allowed to provide you with that information
  저는 그 정보를 귀하에게 제공할 권한이 없습니다
- the answer to your question is classified
  귀하의 질문에 대한 답은 기밀사항입니다

이 문장으로 SEND!

당사가 서울에서 개발 중인 디바이스 드라이버에 관한 자료는 유감스럽지만 드릴 수 없습니다.

I regret to say that I am unable to e-mail you the information about the device driver we are developing in Seoul.

• **regret** 유감스럽게 생각하다

Date_Conversation 모듈의 메모리 자동 할당 여부에 관해서 저는 알지 못합니다.

I am not sure whether the Date_Conversion module is doing memory allocation by itself.

• **allocation** 〈컴퓨터〉 할당

Date_Modification 모듈의 사양 변경에 대해 저는 전혀 모릅니다.

I am as confused as you are about the specification changes in the Date_Modification module.

도와드리고 싶지만, Export 모듈의 개발 그룹이 어떤 일을 하고 있는지는 저도 전혀 모릅니다.

I wish I could help you, but I don't know anything about what the Export module Development Group is doing.

죄송하오나, Host_Connection 모듈의 테스트 결과를 알려드릴 수 없습니다.

I am sorry, but I can't tell you anything about the Host_Connection module's test results.

66 추가 정보 요청하기

관심이 있는 사항에 대해 추가적인 정보를 요청할 때 쓸 수 있는 표현이다. 어떤 내용에 관계된 추가 정보인지 밝히고, 좀더 구체적으로 알려달라거나 특정 영역을 지목하고 정보를 부탁해도 좋다.

좀더 구체적인 설명을 부탁드려도 될까요?

Subject	Could you be more specific?
From	Dan@darakwon.com
To	Kate@wellsoft.com

With regard to the system requirements for the server software that your company developed last year, **could you be more specific?**

Sincerely,
Dan Presson

귀사가 작년에 개발한 서버 소프트웨어의 시스템 요건에 대해, 좀더 구체적으로 설명해 주시겠습니까?

이 구문 하나로
OK!

With regard to _____, could you be more specific? ~에 관해서, 좀더 자세히 알려 주시겠습니까?

- **your request for more information**
  더 많은 정보를 원하는 당신의 요청
- **your question about the budget**
  예산에 대한 당신의 질문
- **the needs of your department**
  그쪽 부서의 요구

이 문장으로
SEND!

다음 주 미팅에서 다룰 의제에 대한 정보를 메일로 조금 더 보내주시면 감사하겠습니다.

I would be grateful if you e-mailed me a little more information about the topics to be covered at the meeting next week.

● cover (주제를) 다루다

귀하가 메일로 보내 주신 기술 정보, 매우 흥미 깊게 읽어 보았습니다. 더 상세한 내용을 알고 싶습니다.

I have read the technical information you e-mailed me with great interest and want to learn more about it.

신 프로그램 개발과 관련해서 비용과 타임 프레임 워크에 대해 메일 주십시오.

Regarding developing the new program, please let us know by e-mail about its time framework in addition to the cost.

귀사의 웹사이트는 참조하였으니, 제공하고 계신 IT서비스를 포함하여 귀사에 대해 좀더 자세한 사항을 알고 싶습니다.

Now that I have checked your Website, I am interested in hearing more about your company, including the kinds of IT services that you are offering.

현재의 서버 구성을 알려주셔서 감사합니다. 그런데 이 웹 시스템은 어느 정도의 리퀘스트를 동시에 처리할 수 있습니까?

Thank you for letting me know the current server configuration. Incidentally, how many requests can this Web system handle concurrently?

● concurrently 동시에, 함께

67
소개 요청하기

구체적인 정보를 얻기 위해 타사나 관련 업계 사람을 만나고자 할 경우도 많다. 정보를 제공해줄 수 있는 사람을 소개해달라고 부탁할 때 쓸 수 있는 표현이다.

소개를 부탁드립니다 ✕

Subject	Do you know someone who...
From	Dan@darakwon.com
To	andyharris@gmail.com

Could you introduce me to someone who is familiar with the peripherals that are compatible with the devices that we have in our office?

Sincerely,
Dan Presson

> 본 사무소가 소유하고 있는 장비와 호환성이 있는 주변 기기에 대해 자세히 알고 계신 분을 소개해 주실 수 있습니까?

이 구문 하나로
OK!

Could you introduce me to someone _____.
~한 분을 소개해 주실 수 있으십니까?

- **who is comfortable being in an office environment**
  사무실 환경에 익숙한
- **who doesn't mind working long hours**
  오래 근무하는 것을 마다하지 않는
- **whom you believe would be an asset to our company**
  우리 회사에 꼭 필요하다고 생각하시는 인재를

이 문장으로 SEND!

PDF 보안에 밝은 분을 알고 계시면 소개해 주시면 감사하겠습니다. 만나 뵙고 조언을 구하고 싶습니다.

If you know someone who is familiar with PDF security issues, I would appreciate it very much if you could introduce him/her to me. I would like to meet that person to get some advice.

• be familiar with 잘 알고 있는, 정통한

이 계약을 담당하시는 분을 소개해 주십시오.

Please let me know who is in charge of this contract.

C++로 프로그래밍이 가능한 분을 알고 계시면 알려 주시겠습니까?

If you know somebody who can program in C++, can you let me know?

JSE 사의 제임스 넬슨 씨를 아시면 그분의 연락처를 알려 주십시오.

If you know Mr. James Nelson of the JSE Co., please let me know his contact information.

• contact information 연락처

믿을 만한 웹디자인 제작 회사를 알고 계시면 소개해 주십시오.

If you know a reliable Web design production company, please introduce it to us.

• reliable 믿을 수 있는

번거롭게 해드려 죄송하지만 저를 JSE 사의 제임스 넬슨 씨께 소개해 주시겠습니까?

I am sorry to bother you, but can you introduce me to Mr. James Nelson of the JSE Co.?

이 건에 대해서 어느 분께 질문해야 좋을지 알려 주시겠어요?

Can you tell us whom we should ask regarding this matter?

68 문의처 알리기

나에게 문의가 왔지만 내 전문 분야가 아니라서 답변을 할 수 없는 경우가 있다. 이럴 때에는 담당자나 담당 부서의 연락처를 알려주거나, 담당자에게 연락을 부탁한다.

메일 주소는 다음과 같습니다   ✕

Subject	The e-mail address
From	Dan@darakwon.com
To	AllenP@darakwon.com

In his e-mail, Mr. John Smith of the AquosTech Co. has inquired about the technical details of the document system. According to him, he has some questions that he would like to ask the developer directly. **We would appreciate it if** you contact him by e-mail. His e-mail address is as follows: John@Atech.com

Sincerely,
Dan Presson

아쿠오스테크 사의 존 스미스 씨가 다큐멘트 시스템의 상세 기술에 관한 문의를 보내 왔습니다. 개발자에게 직접 묻고 싶은 내용이 있다고 하니 메일로 연락을 취해 주십시오. 메일 주소는 다음과 같습니다.

이 구문 하나로
OK!

We would appreciate it if ⬜⬜⬜.
~하시면 감사하겠습니다.

- **you got in touch with Mr. Asner at 432-5167**
  432-5167로 애스너 씨에게 연락해

- **you contacted someone from the Technical Support Team**
  기술지원 팀에게 연락해

이 문장으로
SEND!

이 건에 관해서는 '연락 창구' 역할을 맡고 있는 JSE사의 로버트 헤이거 씨에게 연락을 해 보시면 어떻겠습니까?

How about getting in touch with Mr. Robert Hager of JSE, who is the "person to contact" in regard to this?

• get in touch with ~와 연락하다

대리점 계약 담당자는 국제업무 개발부의 빌 켈러 씨이므로 그에게 연락을 해 보십시오.

Please get in touch with Mr. Bill Keller of the International Business Development Department, who is in charge of distributor license agreements.

본건에 관한 연락처는 다음과 같습니다.

The contact information in regard to this matter is as follows:

그런 문제는 고객서비스부에서 처리할 것입니다. 모든 불만사항과 클레임은 봅레이드 씨에게 전송해 주십시오.

Please forward all the complaints and claims that you receive regarding this matter to Bob Reid since the Customer Service Division is going to handle them.

• handle 처리하다, 대응하다

급한 용건이 있는 경우에는 바로 국장급 관리자에게 연락해 주시기 바랍니다.

In case of emergency, please get in touch with a director-level manager.

문의하신 내용은 기술지원부의 댄 프레슨 씨가 자세히 알고 있기에 그가 연락을 드리겠다고 합니다.

Concerning your inquiry, Mr. Dan Presson of the Technical Support Division would like to contact you later since he knows about it in detail.

69
정보의 출처 확인하기

정보의 출처는 곧 그 정보의 신빙성을 나타내기도 하므로 출처를 확인하는 것은 중요하다. 정보의 출처는 사람, 회사, 간행물, 웹사이트, 메일링 리스트 등 다양하다. 다음은 특정 정보를 어디에서 얻었는지 알고 싶을 때 쓸 수 있는 표현이다.

이 정보를 어디서 얻으셨나요? ✕

Subject	About the news you sent me
From	Dan@darakwon.com
To	EvaGreen@gmail.com

Thank you for your mail. **If it is okay with you, can you tell me** who you got this news from?

Sincerely,
Dan Presson

메일 잘 받았습니다. 괜찮으시면, 이 소식의 출처를 말씀해 주시겠습니까?

이 구문 하나로
OK!

If it is okay with you, could you tell me
 ❓ 괜찮으시면 ~을 저에게 말씀해 주시겠습니까?

- **how you happened to hear about that**
  그 얘기를 어떻게 들으셨는지
- **who is going to get the promotion**
  누가 승진할지
- **how much of a raise you got**
  (연봉) 인상을 어느 정도 받으셨는지

이 문장으로 SEND!

정보의 출처를 밝혀 주실 수 있겠습니까?

Is it possible for you to reveal the source of this information?

- reveal 드러내다, 폭로하다
- source 원천, 근원

이 정보의 출처와, 정보를 입수할 연락처를 알려 주시겠습니까?

Can you let me know the source of this information and whom I should contact to get it?

아래 리스트의 메모리 제품에 대에 어디에 문의해야 하는지 가르쳐 주시면 감사하겠습니다.

I would appreciate it very much if you could let me know where to send my inquiry about the memory products listed below.

MPEG에 대해 좋은 정보원을 알고 계십니까?

Do you know any good information sources for MPEG?

어떤 출처를 조사해 보면 좋을지 말씀해 주시겠습니까?

Can you tell me which information sources we should look into?

70
정보의 출처 밝히기

'~을 통해 이 정보를 얻었습니다'라고 정보의 출처를 설명하는 표현이다. 특히 모르는 사람에게 연락할 때에는 상대방이 불쾌하게 생각할 수 있으므로 출처를 설명하는 것이 좋다.

정보를 얻은 경위는 이렇습니다 ✕

Subject	About the information
From	EvaGreen@gmail.com
To	Dan@darakwon.com

I learned the name of the sub-directory **from** the senior programmer at Annex Co. in Hayward, CA.

Sincerely,
Eva Green

그 서브 디렉토리 명은 캘리포니아주 헤이워드 시에 있는 아넥스 사의 상급 프로그래머에게 들었습니다.

이 구문 하나로
OK!

I learned the news from _____.
저는 그 소식을 ~에서 들었습니다.

- Grace Kim in the Accounting Department
  회계부의 그레이스 김에게
- watching the evening news
  저녁 뉴스를 보고
- an Internet website that I often read
  제가 자주 보는 인터넷 웹사이트에서

이 문장으로
SEND!

《리눅스 저널》지 편집장에게서 귀사를 소개받았습니다.

Your company's name was given to us by the chief editor of Linux Journal.

• chief editor 편집장

스타컴 사의 레이드 씨가 당신을 소개해 주셨습니다.

I got your name from Mr. Reid of Starcom Co.

지난달 뉴욕에서 열린 회의에서 알게 된 헨리 뮐러 씨에게서 당신의 메일 주소를 받았습니다.

I got your e-mail address from Mr. Henry Mueller, whom I met at the conference in New York last month.

귀사 전화번호는 베이테크 사 웹 페이지에서 알게 되었습니다.

I found the telephone number of your company on the Web page of the BayTech Co.

귀하의 메일 주소는 귀사의 데이터베이스에서 알게 되었습니다.

I got your e-mail address from your company's database.

귀사가 개발 중인 소프트웨어에 대해 서울 렉서스 사의 스탠리 사장님으로부터 들었습니다.

Regarding the software that your company has been developing, I heard about it from President Stanley of the Lexus Co. in Seoul.

71 적임자 추천하기

어떤 정보나 조언을 부탁받았을 때, 나보다 그 방면에 전문가인 사람을 소개해 주기도 한다. 이 경우 소개한 상대방 또한 인맥을 넓힐 수 있으므로 서로에게 도움이 될 수 있다.

소개해 드릴 사람이 있습니다 ✕

Subject	I have someone to introduce to you.
From	Dan@darakwon.com
To	richardparker@gmail.com

I think that Mr. Lester Grant, who heads the Marketing Division, **is more qualified than I am to** answer your questions because he has an excellent background in the field of biocomputers.

Sincerely,
Dan Presson

마케팅 부문의 책임자 레스터 그랜트 씨는 바이오 컴퓨터 분야에 정통하오니 귀하의 질문에 답하기에 저보다 적임자라고 생각합니다.

이 구문 하나로 **OK!**

I think that he is more qualified than I am to _____.
제 생각에는 ~에 저보다 그가 더 적임자입니다.

- **make suggestions regarding the company's future**
  회사의 장래에 대한 제안서를 내기
- **discuss this topic based upon his years of experience**
  그의 경력을 바탕으로 이 주제를 논하기
- **design this product**
  이 상품을 디자인하기

이 문장으로 SEND!

당사의 그리드 컴퓨팅 전문가는 켈러 박사이니, 그에게 메일로 질문해 보시는 것은 어떻습니까?

Why don't you e-mail your question to Dr. Keller because he is our specialist in grid computing?

• specialist 전문가

최신 버그 리포트 파일이 어디에 저장되어 있는가 하는 질문에 대해, 저보다는 개발부 기술 주임 루카스 프레몬트 씨가 대답해 드릴 수 있을 것입니다.

Regarding your question of where the latest bug report file is saved, it seems that Mr. Lucas Fremont, the chief engineer of the Development Division, is more qualified to answer it than I am.

수석 프로그래머 루크 실버스틴 씨가 저보다 잘 알 것 같습니다. 해서 당신의 메일을 그에게 전달하고 질문에 대답해 달라고 부탁했습니다.

I think that Mr. Luke Silversteen, our chief programmer, is more knowledgeable than I. So I forwarded your e-mail to him and asked him to answer it.

• knowledgeable 지식이 많은, 식견이 있는

당신이 개발하고 있는 프로그램을 매튜 호킨스 씨에게 전했습니다. 그 문제에 관해 그가 도와드릴 것입니다.

I passed along the program you are developing to Mr. Matthew Hawkins. I think he will be able to help you on that matter.

당신의 질문에는 제가 답변할 수 없으므로, 프로젝트 리더인 니콜라스 라이트 씨에게 메일로 문의해 보실 것을 권합니다.

I recommend that you ask Mr. Nicholas Wright, our project leader, about your questions by e-mail because I can't answer them.

• recommend 권유하다, 건하다

H 주문, 문의 및 응대

- 72 주문 및 예약하기
- 73 문의에 답하기
- 74 중지, 취소 및 변경하기
- 75 요청 수락하기
- 76 요청 거절하기
- 77 내용 확인하기
- 78 주요 내용 상기시키기
- 79 사용 허락받기
- 80 불만 표현하기
- 81 클레임 대응하기

72
주문 및 예약하기

주문과 예약은 컴퓨터와 이메일 사용이 늘어나면서 가장 자주 접하게 되는 업무 상황이다. 꼭 비즈니스 상황이 아니더라도, 인터넷을 통한 해외 구매가 활발해지는 요즘 꼭 알아두어야 할 주문과 예약 표현을 알아 보자.

주문하고 싶습니다   ✕

Subject	Here is an order.
From	Dan@darakwon.com
To	abc@gmail.com

I would like to order three PCs and two monitors and want you to e-mail me your price list, estimate, and delivery date today.

Sincerely,
Dan Presson

> PC 세 대, 모니터 두 대를 주문하고자 하오니 오늘 가격표, 견적서, 배송일을 메일로 알려 주십시오.

이 구문 하나로
OK!

I would like to order _____. ~을 주문하고 싶습니다.

- **a couple of items from your catalog**
  귀사 상품 목록에서 몇 개의 아이템
- **some new furniture for my office**
  내 사무실용 새 가구
- **more office suppliers since we're running out**
  거의 다 써가기 때문에 사무용품 좀 더

이 문장으로
SEND!

7월 16일 수요일 오후 1시에 수석 엔지니어 신규 개발 프로젝트 프레젠테이션을 실시하므로 PC 한 대와 프로젝터 한 대를 예약해 주십시오.

Please reserve a PC and a projector for the chief engineer for Wednesday, July 16, at 1:00 p.m. for his presentation on a new development project.

수석 엔지니어가 필요로 하는 워크스테이션 주문서입니다.

This is the order sheet for workstations that the chief engineer wants.

● order sheet 주문서

6월 20일 금요일 오전 11시 그렉 노먼 씨의 이름으로 시스템 컨설턴트 10명이 사용할 회의실을 예약해 주시겠습니까?

Could you reserve a meeting room for ten system consultants under the name Greg Norman for Friday, June 20, at 11:00 a.m.?

10월 10일부터 10월 15일까지 4일간 투숙하려고 하는데 싱글룸을 예약할 수 있습니까?

I plan to stay for 4 days from October 10 to 15. Can I make a reservation for a single room?

5월 30일에 1박을 하고 싶습니다. 트윈룸이 있습니까?

I would like to stay at your hotel on the night of May 30.
Do you have a twin room available?

73 문의에 답하기

최근에는 제품 구매나 문의를 전화보다는 이메일로 하는 경우가 많다. 증거가 남기 때문에 정확한 의사소통이 가능하고, 시간에 구애받지 않기 때문이다. 다음은 이메일 문의에 답변할 때 쓸 수 있는 표현이다.

질문 감사합니다

Subject	Thank you for your question.
From	Dan@darakwon.com
To	reed@gmail.com

This is in response to your inquiry about the software that we are selling. We are developing it at our headquarters in Mountain View.

Sincerely,
Dan Presson

당사가 판매하고 있는 소프트웨어 문의에 대한 답변입니다. 그 제품은 당사 마운틴뷰 본사에서 개발하고 있습니다.

이 구문 하나로 **OK!**

This is in response to your inquiry about

_____, 귀하의 ~관련 문의에 대한 답변입니다.

- **the availability of that digital camera**
  그 디지털 카메라의 구입 가능 여부
- **the company's new plan**
  회사의 새 계획
- **our holiday working hours**
  우리 회사의 휴일 업무 일정

이 문장으로
SEND!

어제 메일로 문의하신 프로그램 명칭은 다음과 같습니다.

The names of the programs you inquired about by e-mail yesterday are listed below.

손상된 부품을 받으셨다는 문의에 대해, 당사 부담으로 바로 고객님께 재발송해 드리겠습니다.

In response to your inquiry about the damaged parts you received, we will immediately reship the goods at our cost.

당사가 판매하고 있는 서버 시스템에 대해 요청하신 자료를 메일로 보내드리겠습니다.

Regarding the server system that our company is selling, I am pleased to send you by e-mail the information you requested.

플라자소프트 사가 이 개발 프로젝트에서 우리를 재정 지원하는 건에 대해 그쪽 대답은 **No**였습니다.

With regard to PlazaSoft Co. helping us financially with this development project, their answer was "No."

문의하신 건에 관한 정보는 example.rainbowsoft.com에서 얻을 수 있습니다.

Regarding your inquiry, you can obtain that information at example.rainbowsoft.com.

고객님께서 어제 메일로 요청하신 **CD**는 오늘 발송하겠습니다.

We will ship the CD you requested yesterday by e-mail today.

74
중지, 취소 및 변경하기

회의나 행사 취소부터 프로젝트나 사업 자체의 중단·철수까지, 중지나 취소, 변경 시에 쓸 수 있는 표현이다. 이러한 용건은 너무 무례하지 않게 전달하자.

프로젝트 중지를 알립니다 ✕

Subject	Our project has been cancelled.
From	Dan@darakwon.com
To	jino@gmail.com

As for this development project, we have been experiencing a great number of unexpected problems. Consequently, **we have regretfully decided to** cancel it.

Sincerely,
Dan Presson

이 개발 프로젝트에 관련하여 예상치 않았던 문제가 너무 많이 발생하고 있습니다. 따라서 아쉽지만 중지하기로 했습니다.

이 구문 하나로
OK!

We have regretfully decided to _____.
아쉽지만 ~하기로 했습니다.

- **terminate our contract with your company**
  귀사와의 계약을 종결하기
- **seek another partner to do business with**
  함께 사업을 진행할 다른 파트너를 찾기
- **relieve you of your duties as of now**
  이제 당신을 해임하기

이 문장으로 SEND!

프로젝트 회의가 취소되었으므로 9월 29일 화요일 오후 3시 30분 회의실 사용이 필요 없게 되었음을 알립니다.

This is to inform you that we will not be needing a meeting room on Tuesday, September 29, at 3:30 p.m. since the project meeting has been called off.

● call off (약속 등을) 취소하다

예상치 못했던 일이 발생한 관계로 우리의 향후 계획을 상의하기 위해 제가 소집했던 회의는 취소하겠습니다.

Something unexpected has come up, and I would like to cancel the meeting that I have called to discuss our future plans.

부득이한 사정으로 당사는 귀사와의 공동 개발 프로젝트에서 철수하게 되었습니다.

We have no choice but to pull ourselves out of the co-development project with your company due to problems beyond our control.

● have no choice but to... ~할 수 밖에 없다   ● pull out of 철수하다, 손을 떼다

재정난으로 인해 당사는 어쩔 수 없이 본 프로젝트에서 철수하게 되었습니다.

We have been forced to withdraw ourselves from this project due to financial difficulties.

● be forced to 어쩔 수 없이 ~하다   ● withdraw 철수하다, 손을 떼다

아쉽게도 부득이하게 댈러스 지사를 폐쇄하게 되었음을 알려드립니다.

It is with great reluctance that I send this e-mail to inform you that we have been forced to close our Dallas branch.

제가 어제 주문한 것을 취소합니다. 메일로 확인 연락 주십시오.

Regarding the order I placed yesterday, please cancel it, and confirm this by e-mail.

75 요청 수락하기

제안이나 요청을 받아들일 때에는 '기꺼이', '영광이다' 등과 같은 전형적인 표현을 사용해서 상대방의 의견을 받아들이겠다고 알리면 된다.

제안을 기꺼이 받아들이겠습니다 ✕

Subject	About your kind offer
From	Dan@darakwon.com
To	E.Hills@gmail.com

Regarding your kind offer to provide us with software CD samples, **we** have considered it with the other sections in our company and **are glad to inform you that** our section has been put in charge of it.

Sincerely,
Dan Presson

소프트웨어 CD 샘플을 제공해 주신다는 친절한 제안에 대해, 사내 다른 부서와 검토해 보았습니다. 저희 부서에서 이 건을 일임하게 되었음을 알리게 되어 기쁩니다.

이 구문 하나로
OK!

I am glad to inform you that _____.
~을 알리게 되어 기쁩니다.

- **we are happy to accept your offer**
  귀하의 제안을 기꺼이 받아들인다는 것
- **your request for funding has been approved**
  귀하의 투자 요청이 승인되었다는 것
- **the company agreed to our terms and will be signing the contract later today** 회사가 우리의 조건에 동의하고 오늘 오후에 계약서에 사인할 것이라는 것

이 문장으로 SEND!

제게 요청해 주셔서 감사합니다.

Thank you very much for asking.

꼭 도와드리고 싶습니다.

Let me give you a hand, please.

• give a hand 도와주다

요청해 주셔서 감사하고, 기꺼이 요구에 부응하겠습니다.

We appreciate your asking us and are willing to comply with your request.

• be willing to 기꺼이 ~하다
• comply 응하다, 따르다

사양 변경 건에 대해 잘 알았습니다. 특별한 문제는 없을 것이라 예상합니다.

With regard to the changes in specifications, we understand them now and foresee no particular problems with them.

• foresee 예견하다, 예지하다

당사 제품에 관심을 표하신 9월 11일자 이메일 문의에 감사드립니다.

Thank you for your e-mail inquiry of September 11 in which you expressed your interest in our products.

귀사의 프로젝트에 참여할 수 있게 되어 매우 영광입니다.

We are honored and pleased to be able to join your project.

• be honored to ~하다니 영광이다

76 요청 거절하기

상대의 요청을 거절하는 것은 썩 편한 상황은 아니다. 이럴 때에는 상황에 따라 정당한 이유를 설명하면 상대방도 무리 없이 받아들일 수 있다. 지나치게 미안해하는 것은 좋지 않다. 최대한 간결하게 상황을 설명하고 정리하는 편이 바람직하다.

죄송합니다   ✕

Subject	Our apologies
From	Dan@darakwon.com
To	abc@gmail.com

We regret that our company cannot immediately give the green light to this development project. We will be happy to reconsider it at a later time when our current difficulties have been resolved.

Sincerely,
Dan Presson

유감스럽게도 저희 회사는 이 개발 프로젝트를 즉시 진행할 수는 없습니다. 후일 우리의 현 문제점을 해소한 단계에서 다시 검토하고자 합니다.

이 구문 하나로 **OK!**

We regret that ☐. 유감스럽게도 ~.

- your grant proposal has been rejected
  귀하의 고마운 제안이 각하되었습니다
- we cannot offer you a job at this time
  이번에는 귀하에게 일자리를 제공할 수 없습니다
- we must cut the funding for your research by 30%
  당신의 연구에 대한 투자를 30퍼센트 삭감해야만 합니다

이 문장으로 SEND!

고마운 제안이지만 거절해야 할 것 같습니다. 당사의 사정을 이해해 주시면 대단히 감사하겠습니다.

Thank you for your offer, but we are afraid we must decline it. Your understanding of the circumstances that we are facing is greatly appreciated.

● face 직면하다

아쉽지만 제시하신 계약 조건에는 합의할 수 없습니다. 다른 안을 내 주셨으면 합니다.

Unfortunately, we cannot agree with the conditions that you suggested. We would like you to come up with an alternative plan.

● condition 조건

베어소프트 사와의 보수 계약에 관해서입니다만, 죄송하게도 6개월 연장을 해드릴 수 없습니다.

Regarding the maintenance contract with BareSoft Co., we are sorry to tell you that we cannot grant a six-month extension.

마케팅 부문이 제출한 개발 계획을 충분히 검토한 결과, 다음 달에 진행하는 것은 무리라는 판단을 내렸습니다.

As for the development plan that the marketing division submitted, after careful consideration, we have decided that we cannot go ahead with it next month.

아쉽게도 이번에는 디버그를 도와드릴 수 없습니다.

Unfortunately, I am unable to help you with debugging this time.

77 내용 확인하기

'저희는 이렇게 이해하고 있는데 당신은 어떠십니까?'와 같이 상대방의 요구사항이나 논의한 내용을 확인할 때 사용하는 표현이다.

문제를 확인해 봅시다   ✕

Subject	About your last mail
From	rmller@darakwon.com
To	shannon@gmail.com

Hello! I am Robert from the Customer Support Division. **To confirm what you said in your recent e-mail,** am I correct in assuming that your PC freezes as soon as you try to run IE?

Sincerely,
Robert Mueller

안녕하십니까? 고객지원부의 로버트입니다. 일전의 메일 내용을 확인하자면, 인터넷 익스플로러를 기동시키면 바로 화면이 정지된다는 말씀이십니까?

이 구문 하나로 **OK!**

To confirm what you said in your recent e-mail, _____? 일전의 메일 내용을 확인하자면, ~?

- do you still require a repairperson to visit your office
  귀하의 사무실을 방문할 수리 기사가 여전히 필요합니까
- we will be having lunch together at noon tomorrow
  내일 정오에 함께 점심 먹는 거죠
- you would like to purchase 3 PCs for your office
  사무실에 놓을 컴퓨터 세 대가 필요하신 거죠

이 문장으로
SEND!

확인하고 싶은 것이 있는데, 개발 그룹이 이 프로젝트 전 과정에 관여해야 한다는 말씀이십니까?

I just want to make sure – are you saying that the development group would like to be involved in every phase of this project?

- make sure 확인하다
- phase 단계, 상태, 국면

어제 통화에서 이 프로젝트 제 1단계가 3월 15일에 시작된다고 이해했습니다. 맞습니까?

I understand from our telephone conversation yesterday that the first phase of this project will start on March 15. Is my understanding correct?

이미 나사소프트와 계약을 체결했다고 여겨도 되겠습니까?

Am I correct in assuming that it has already been awarded to the NasaSoft Co.?

- assume ~라고 보다, 추정하다

이 프로젝트의 중요성에 대해 이해를 같이 하고 있음을 확인하고자 합니다.

Let me make sure that we have the same understanding of the significance of this project.

저는 개발 그룹이 댄 프레슨 씨 팀에 프로그래머 세 명을 보낸다고 이해했습니다. 그러면 되겠습니까?

It is my understanding that the development group will send 3 programmers to Mr. Dan Pressons' team. Would that be okay with you?

그리드 프로젝트에 대해 설명해 주신 5월 29일자 메일의 내용을 확인하고자 합니다.

This is to confirm the main points of the e-mail of May 29, in which you explained the Grid Project.

3월 5일부터 10일까지 서울의 퍼스트 호텔을 예약했음을 다시 한번 알려드립니다.

This is to inform you again that we have made reservations for you at the First Hotel in Seoul from March 5 to 10.

데이터 로그를 조사한 결과, 그 버그가 아직 수정되지 않은 것으로 확인되었음을 보고 드립니다.

This is to report that we have checked our data log and found out that the bug hasn't been fixed yet.

다음 주 프로젝트 그룹 미팅에서 당신이 간단한 프레젠테이션을 실시하길 원한다고 생각해도 좋겠습니까?

Am I correct in assuming that you would like to make a brief presentation at the project group meeting next week?

괜찮다면 확인하고 싶은데요, 5월 29일 메일에 설명한 바와 같이, 저희 직원이 서버 개발 프로젝트를 지원할 거라는 말씀이지요?

I would like to make sure, if I may, that our staff will support the server development project as explained in the e-mail of May 29. Am I right?

서울 사무소에서 3월 20일에 실시한 논의의 요점을 확인하자면, 서버 개발 프로젝트에는 도쿄 사무소의 켈리 그린 씨 팀이 참가한다는 말씀이지요?

This is to confirm the main points of what we discussed in the Seoul office on March 20. Ms. Kelly Greene's group in the Tokyo office will take part in the server development project, yes?

이 표현으로 UP!

영어 문장 다루기 – 콜론, 세미콜론

A 콜론과 세미콜론의 쓰임이 맞는 문장을 모두 고르시오.

(1) I like three fruits: apples, pears and grapes.
(2) I like three fruits; apples, pears and grapes.
나는 세 종류의 과일을 좋아한다. 사과, 배, 포도.

B 콜론과 세미콜론의 쓰임이 맞는 문장을 모두 고르시오.

(1) I can't join you: I have lots of homework.
(2) I can't join you; I have lots of homework.
너와 함께할 수 없어. 숙제가 굉장히 많아.

A (1) 콜론은 앞에 나온 개념을 구체적인 예를 들어 설명할 때 사용한다. 그 구체적인 예의 형태는 (1)과 같이 명사를 나열할 수도 있고, George thinks the economy is improving: the Won is strong and unemployment is down(조지는 경제상황이 나아지고 있다고 생각한다. 원화가 강세고 실업률이 낮다). 같이 주어+동사로 된 문장일 수도 있다.

B (2) 세미콜론은 기본적으로 독립된 두 개의 절로 하나의 개념을 설명할 때 사용한다. 쓰는 사람이 세미콜론 다음의 절이 앞 절의 내용을 보충하고 있다고 생각할 때 사용하며, 마침표를 사용해서 두 개의 문장으로 나누어도 문제 없다. 다시 말해 꼭 세미콜론을 써야 하는 상황이 있는 것은 아니고, 마침표를 찍을 수 없는 곳에는 세미콜론도 사용할 수 없다. 세미콜론은 마침표에는 없는 '덧붙이는 말', '보충하는 말'의 뉘앙스를 담고 싶을 때 사용한다고 보면 된다.

78
주요 내용 상기시키기

상대가 이미 알고 있을 사실을 강조하거나 재확인하기 위해 주요 내용을 다시 언급하는 경우에 사용하는 표현이다. '상기시키다'라는 뜻의 동사 remind를 쓰면 쉽게 의미를 전달할 수 있다.

다시 확인해 주시기 바랍니다   ×

Subject	Due date
From	Dan@darakwon.com
To	JasonBrown@darakwon.com

I suppose that you have already taken care of it, but **let me remind you that** tomorrow is the due date to deliver the bulk of product B333 to LinkPack.

Sincerely,
Dan Presson

이미 준비하셨으리라 생각합니다만, 내일이 B333 제품의 링크팩 사 납기일이라는 것을 상기시켜 드리고자 합니다.

이 구문 하나로
OK!

Let me remind you that _____.
~을 다시 알려드리고자 합니다.

- **our offices will be closed for the weekend**
  주말에는 사무실이 문을 닫는다는 것
- **after today, you should speak with Tom, not me, if you have any questions** 오늘 이후로는 질문이 있을 때 제가 아니라 톰에게 물어봐야 한다는 것
- **it is not acceptable to submit reports with so many mistakes**
  그렇게 실수가 많은 보고서를 제출하면 안 된다는 것

이 문장으로
SEND!

관리 계약의 유효 기간은 올해 말까지이니 확인해 주십시오.

Please be reminded that the expiration date of the maintenance contract is the end of this year.

• expiration date 유효 기간

본 개발팀은 다음 달에 **3층**으로 이동한다는 것을 다시 알려드립니다.

This is just to remind you that this project team will be moving to the 3rd floor next month.

프로젝트 회의가 **4층** 회의실에서 열린다는 것을 다시 알려드립니다.

This is just a reminder that the project meeting will be held in the meeting room on the 4th floor.

이 개발 프로젝트에 참여하고 있는 프로그래머는 전원 내일 미팅에 출석하도록 요구받았음을 잊지 마십시오.

I would like to remind you that all programmers who are involved with this development project have been asked to attend tomorrow's meeting.

현 수석 엔지니어인 스파이크 로저스 씨가 다음 달에 월넛 크릭 사무실로 돌아간다는 것 기억하시겠죠? 그를 대신할 엔지니어가 필요합니다.

Do you recall that Spike Rogers, our current chief engineer, is scheduled to go back to the Walnut Creek office next month? We need an engineer to replace him.

이미 아시다시피 신 데이터마이닝 기능 개발의 마감은 **2017년 12월 10일**로 결정되었습니다.

As you already know, it has been decided that the deadline for developing a new data mining function is December 10, 2017.

아마 알고 계시리라 생각됩니다만, 이 문제는 차기 버전업까지는 반드시 대응해 주시기 바랍니다.

As you are probably aware, this problem has to be taken care of by the next version's release.

79 사용 허락받기

다른 회사나 개인이 작성한 제품 이미지나 문서 일부를 사용하고자 할 때에는 미리 저작권자에게 허락을 받아야 한다. 갈수록 지적재산권 침해에 대한 처벌이 강화되고 있으므로, 저작권 관련 내용은 반드시 확인한다.

허락을 받고 싶습니다 ✕

Subject	I need your approval.
From	Dan@darakwon.com
To	freewill@gmail.com

> **I would like to get the permission,** if I may, **to** use the graphical content on our Web site.
>
> Sincerely,
> Dan Presson
>
> 가능하면 그 이미지 파일을 당사 웹 사이트에 게재하는 것에 대해 허가를 받고 싶습니다.

이 구문 하나로 OK!

I would like to get the permission to _____.
~하기 위한 허가를 받고 싶습니다.

- reproduce your article in full
  당신의 기사를 그대로 사용
- let Stanley Barker use your office while you're away
  스탠리 바커가 당신의 부재 중에 당신 사무실을 사용
- leave work a little early this Friday
  이번 금요일에 조금 일찍 퇴근

이 문장으로 SEND!

귀사의 기술 문서 일부를 귀사의 허락 하에 한국어로 번역하여 참고자료로 복제하고 싶습니다.

With your permission, we would like to translate parts of your technical document into Korean and reproduce it as reference material.

- translate 번역하다
- reproduce 복제하다, 전재하다

메모리 제품의 이미지 파일을 저희 팜플렛에 사용하고 싶습니다. 괜찮겠습니까?

We would like to use the image file of your memory products for our pamphlet. Would that be all right with you?

귀사 팜플렛에 게재되어 있는 이미지를 복제하여 한국 시장용 자료와 함께 사용하는 것은 저작권 위반이 될까요?

Would it be copyright infringement for us to duplicate the image content of your product brochure in order to use it with our materials for the Korean market?

- infringement 위반, 위반행위
- duplicate 복제하다

귀사가 저작권을 소유하고 계신 프로그램 일부의 사용 허가를 받고자 메일 드립니다.

I am writing this e-mail to get your permission to use a part of the program to which your company holds the copyright.

- hold the copyright 저작권을 소유하다

귀하의 프로그램 사용을 허가해 주신다면 감사하겠습니다.

I would appreciate it very much if you allowed me to use your program.

80 불만 표현하기

제품이나 서비스에 문제가 있어 불만을 나타낼 때 쓰는 표현이다. 불만을 전할 때에는 비즈니스상의 관계임을 고려하여 냉철하게 표현하되 감정적인 표현은 피한다.

전액 환불을 원합니다   ✕

Subject	We need a total refund.
From	Bob@darakwon.com
To	bill@soft1.com

I regret to say that I'm very disappointed with the performance of your programmers. Consequently, we are requesting a total refund of the payment we made.

Thank you,
Bob Reid

유감스럽지만 귀사의 프로그래머들의 실력에 매우 실망입니다. 따라서 우리가 지불한 비용을 전액 환불해 주실 것을 부탁드립니다.

이 구문 하나로
OK!

I regret to say that I'm very disappointed with

_____. 유감스럽지만 ~에 매우 실망입니다.

- **your attitude**
  당신의 태도
- **your refusal to help us**
  우리를 돕기를 거절한 것
- **the lack of a discount**
  할인이 없다는 것

이 문장으로 SEND!

귀사의 프로그래머들은 벌써 8개월이나 작업을 계속하고 있는데도 아직 이 프로젝트를 완료하지 못했으므로, 이에 불만을 전하고자 메일을 드립니다.

I am sending this e-mail to complain that it has been eight months now since your programmers started working, and they still haven't completed the project.

귀사의 사용자 지원 센터에서 일하는 엔지니어들은 태도가 불손할 뿐 아니라 도움이 되지도 않음을 지적하고자 메일을 드립니다.

I am writing this e-mail to complain to you that the engineers who work at your user support center are not only rude but also unhelpful.

유감입니다만, 이 개발 프로젝트에서의 당신의 업무 실적에는 다소 실망입니다.

I regret to say that I was a little disappointed with your performance while you were on this development project.

유감입니다만, 귀사의 엔지니어들이 제공한 서비스에 실망했음을 전해 드리고자 메일 보냅니다.

It is with reluctance that I am sending this e-mail to inform you that we are very disappointed with the service that your engineers provided us.

이 오픈 소스 UML 설계 도구의 품질은 저희 기대에 크게 못 미칩니다.

Regarding the quality of this open-source UML design tool, I am afraid that it was far below our expectations.

81 클레임 대응하기

고객의 클레임에 대한 초기 대응의 예다. 고객 응대에 있어 가장 중요한 것은 신속한 대응이다. 만족스러운 클레임 대응이 고객의 마음을 얻는 전화위복의 계기가 될 수도 있으니 소홀히 해서는 안 된다.

현재 조사중입니다 ✕

Subject	We're looking into your problem.
From	Dan@darakwon.com
To	ross@gmail.com

Thank you for taking time to let us know about your recent unfortunate experience with one of our products. I am Dan Presson of the User Support Division. **We are looking into the problem you reported and** will get back to you as soon as we find a solution.

Sincerely,
Dan Presson

고객님께서 최근 당사 제품 가운데 하나로 인해 유감스러운 경험을 하신 점을 알려주셔서 감사합니다. 저는 고객 지원부의 댄 프레슨이라고 합니다. 현재 지적해 주신 내용에 대해 조사하고 있습니다. 해결 방법이 밝혀지는 대로 연락드리겠습니다.

이 구문 하나로
OK!

We are looking into the problem you reported and _____. 저희가 현재 말씀하신 사항을 조사중이며, ~.

- will fix it within thirty minutes 30분 내에 고치겠습니다
- will try to find out what's wrong with it 무엇이 잘못됐는지 밝히겠습니다
- will contact you when we have solved it 문제점을 해결하면 연락 드리겠습니다

이 문장으로 SEND!

존, 다음과 같은 불만 사항이 접수되었습니다. 적절한 대응을 부탁드립니다.

John, we have received the following complaint. Please take appropriate action.

● **take action** 조치를 취하다, 처리하다

제임스, 고객의 불만 사항을 메일에 첨부하였습니다. 신속하게 대응해 주시기 바랍니다.

James, I am attaching a complaint that we got from one of our customers. Please respond right away.

오늘 메일로 받은 불만 사항에 대해, 사실 관계를 확인하여 해결책을 조사해 주십시오.

Regarding the complaint we received by e-mail today, please look into the matter and think about a solution.

고객께서 겪고 계신 문제점의 대처 방안을 찾으시려면 다음 URL로 저희 홈페이지를 방문하십시오.

To find out how to deal with the problem you are experiencing, please visit our Web page at the following URL.

고객에게 연락하실 때는 저에게도 참조로 보내 주십시오.

When you try to contact the customer, please be sure to CC me.

이 클레임은 모두 고객서비스 부서를 통하여 대응한다는 것을 기억하십시오.

Please be reminded that we will deal with this claim through the Customer Service Division.

도움 및 조언 요청

82 도움 요청하기
83 관계자의 협력 요청하기
84 먼저 도움 제안하기
85 특정 업무 의뢰하기
86 업무 협조 재촉하기
87 조언 요청하기
88 조언하기
89 강하게 권고하기
90 조언 수용하기
91 상대방의 지시 요청하기
92 구체적으로 지시하기

82
도움 요청하기

업무에 대해 조언을 구하거나 필요한 것을 요청하는 등 상대방에게 도움을 요청하는 표현이다. 혼자서는 해결하기 힘든 일이 있을 때 도움을 청하는 것은 부끄러운 일이 아니므로 정중히 요청하자.

부탁드립니다   ×

Subject	I need a favor.
From	Bob@darakwon.com
To	Hager@darakwon.com

Mr. Hager, I hate to trouble you, but **I would be most grateful if you** would e-mail the name and telephone number of the chief engineer in your department.

Thank you,
Bob Reid

> 헤이거 씨, 번거롭게 해드리고 싶진 않지만, 귀 부서 수석 엔지니어의 성함과 전화번호를 메일로 알려 주시면 감사하겠습니다.

이 구문 하나로
OK!

I would be most grateful if you _____.
~해 주시면 감사하겠습니다.

- **would contact me at your earliest convenience**
  되도록 빨리 저에게 연락해
- **could provide me with the production numbers**
  생산번호들을 저에게 전달해
- **would talk with Mr. Roberts and find a mutually beneficial time for all of us to meet** 로버츠 씨를 만나서 우리 모두에게 알맞은 약속 시간을 알아 봐

이 문장으로 SEND!

이 버그를 수정하는 데 귀하의 경험과 기술, 지혜를 빌려 주시기 바랍니다.

We would like to have the benefit of your experience, skills, and ideas in fixing this bug.

내일 오후 1시에 서버실로 사람을 보내 주시겠습니까?

Would you be so kind as to have someone come to the server room at 1:00 p.m. tomorrow?

이 버그 수정 작업을 도와주십사 부탁드려도 될까요?

Could I ask you to help me out with fixing this bug?

호킨스 씨, 번거롭게 해드리고 싶지는 않지만 프로그램 개발에 어떤 언어를 사용할지 저에게 조언해 주시면 크게 도움이 되겠습니다.

Mr. Hawkins, I hate to trouble you, but it would help a lot if you gave me some advice on which language I should use for the development of this program.

다음 주 캘리포니아에 갈 예정인 루크 실버스틴 씨의 출장 일정을 알아 봐 주시겠습니까?

Could you help us find the itinerary of Mr. Luke Silversteen, who is scheduled to go to California next week?

프로젝트 성공을 위해 도움을 청해도 되겠습니까?

Could I request your help to assure the success of the project?

83 관계자의 협력 요청하기

관계자나 관련 부서에 '여러분의 협조를 부탁 드립니다'라고 업무 협조를 부탁하는 표현이다. would appreciate it if(~해 주시면 감사하겠습니다)를 사용하면 의도를 정중하게 전달할 수 있다.

협조 부탁드립니다	✕
Subject	We need your cooperation.
From	Dan@darakwon.com
To	abc@darakwon.com

Now that the e-mail marketing project has been approved, **we would appreciate it if** we could have your cooperation in carrying it out. I will inform you of the details in a separate e-mail for your consideration.

Sincerely,
Dan Presson

이메일 마케팅 프로젝트가 승인되었으므로, 향후 프로젝트 수행에 여러분께서 협조해 주시면 감사하겠습니다. 상세 내용은 별도의 메일로 연락하겠으니 고려 바랍니다.

이 구문 하나로 **OK!**

We would appreciate it if _____.
~해 주시면 감사하겠습니다.

- you answered our questions as soon as possible
  우리의 질문에 가능한 한 빨리 대답해
- you sent us the requsted file
  요청한 파일을 저희에게 보내
- we could receive your proposal by this evening
  오늘 저녁까지 귀하의 제안서를 보내

이 문장으로
SEND!

이번 문제의 해결을 위해서는 여러분의 전폭적인 협조가 절대적으로 필요합니다. 모든 관계 부서의 도움을 부탁합니다.

Since your unanimous cooperation is absolutely necessary to solve this problem, we appreciate the help of all concerned parties.

- **unanimous** 합의의, 만장일치의
- **all concerned parties** 모든 관계 부서

배송 기간 단축을 위해 협조해 주시면 감사하겠습니다.

We appreciate your cooperation to help shorten the delivery time.

- **shorten** 줄이다, 짧게 하다

영업 1부는 입장자 안내, 2부는 접수를 맡아 주시면 감사하겠습니다.

We would appreciate it if the 1st sales division could steer visitors to show them the way and if the 2nd sales division could take care of the reception.

- **steer** (손님을) 끌다

귀 부서에서도 다음 달 제품 전시회에 전시장 안내 요원을 최소 두 명 보내주시기 바랍니다. 아무쪼록 협조해 주시면 감사하겠습니다.

Please provide us with at least two people who can work as exhibition guides at the product show next month. Your cooperation will be really appreciated.

84 먼저 도움 제안하기

상대방이 도움을 요청하기 전에 먼저 '내가 도울 수 있는 것이 있으면 기꺼이 도와 드리겠다'라고 말할 때 쓰는 표현이다.

기꺼이 돕겠습니다 ✕

Subject	I'd like to help.
From	Bob@darakwon.com
To	Kate@darakwon.com

If there is anything I can do for the development project that you are managing, please let me know.

Thank you,
Bob Reid

귀하께서 관리하고 있는 개발 프로젝트에 관해 제가 할 수 있는 일이 있다면 연락 주십시오.

이 구문 하나로 **OK!**

If there is anything I can do for you, _____.
당신을 위해 제가 할 수 있는 일이 있으면, ~.

- **please feel free to ask for my assistance**
  언제든 도움을 청하십시오
- **it would be my pleasure to help**
  도울 수 있다면 기쁘겠습니다
- **do not hesitate to contact me and let me know what I can do**
  망설이지 말고 연락하셔서 제가 할 일을 알려 주십시오

이 문장으로
SEND!

웹 서버를 설치하는 데 도움이 필요하다면 연락 주십시오.

If you need helping hand in setting up a Web server, just get in touch with me.

• helping hand 도움

부산 사무소에서 가져오기를 희망하시는 것이 있으면, 제가 여기 있는 동안 해당 항목 리스트를 메일로 알려 주십시오.

If there is anything that you want me to bring back from the Busan office, just e-mail me a list of items while I am still here.

프로그래머 고용에 관해 제가 어떤 식으로든 도움이 될 만한 일이 있다면 기꺼이 돕겠습니다.

I would be happy to assist you in any way I can in hiring programmers.

이 개발 프로젝트를 완료하는 데 제가 어떤 식으로든 도움이 될 수 있다면 영광입니다.

It would be a pleasure for me to help you in any way I can in completing this development project.

도움이 된다면, 제가 뉴욕 사무소의 알렉스 버틀랜드 씨 앞으로 추천장을 메일로 보내겠습니다.

If you think it would be helpful, let me e-mail a letter of recommendation to Alex Bertland at the New York office.

당신의 신원 보증을 원하시면 기꺼이 응하겠습니다.

If you want me to vouch for you, I would be happy to do so.

• vouch 보증하다

귀사의 문제를 해결할 수 있는 무료 소프트웨어를 제가 갖고 있으므로, 필요하면 연락 주십시오.

As I have some free software that can solve your problem, please let me know if you are interested.

85 특정 업무 의뢰하기

상대방에게 업무를 의뢰하는 상황은 가장 흔한 비즈니스 상황이다. 의뢰할 때에는 would를 사용하면 정중한 인상을 줄 수 있다.

	메일 주소를 좀 알려 주십시오	✕
Subject	Please let me know his address.	
From	Bob@darakwon.com	
To	abc@gmail.com	

I seem to have misplaced the e-mail address of Manager Paul Jenkins of the Orbis Co. I hate to put you through the trouble, but **would you please** e-mail me his address as quickly as possible?

Thank you,
Bob Reid

오비스 사 폴 젠킨스 과장님의 메일 주소를 잃어버린 것 같습니다. 이 일로 번거롭게 해 드리고 싶진 않지만, 과장님의 메일 주소를 가능한 한 빨리 메일로 알려 주시겠습니까?

이 구문 하나로 **OK!**

Would you please _____ ? ~해 주시겠습니까?

- check the figures again to ensure that there are no mistakes
  수치를 다시 한번 검토하여 오류가 없음을 확인해

- ask your secretary to fax me that file by this afternoon
  비서분께 오늘 오후까지 그 파일을 제게 팩스로 넣어달라고 요청해

- sign the contract and send it to me
  계약서에 사인해서 저에게 보내

이 문장으로 SEND!

광주 지사의 브루스 루퍼트 씨가 지난 밤 맹장염으로 병원에 입원했습니다. 여러분 가운데 한 분께 오늘 병문안을 부탁드려도 되겠습니까?

Mr. Bruce Rupert of the Gwangju office came down with appendicitis last night and was hospitalized in Gwangju. Would one of you be so kind as to go visit him today?

• appendicitis 맹장염

파워링크 사 사장님이 뉴욕에 체류하는 동안 당사 수석 엔지니어를 그분께 소개해 주시면 감사하겠습니다.

It would be helpful if you would introduce the chief engineer of our company to the president of the PowerLink Co. while he is in New York.

이 버그를 수정하는 데 드는 비용의 견적을 메일로 보내 주십시오.

We would like you to e-mail a price estimate to fix this bug.

프랭클린 과장님, 빌 켈러 씨의 메일을 제게 전달해 주시겠습니까?

Manager Franklin, would you forward Bill Keller's e-mail to me?

86 업무 협조 재촉하기

촌각을 다투는 일인 경우에는 긴급한 상황임을 전하며 신속한 대응을 요구한다. 이때는 urgent response(긴급한 답변) 같은 표현을 사용하여 업무 협조를 재촉하면 된다.

빨리 알려 주십시오 ×

Subject	This is urgent.
From	Bob@darakwon.com
To	abc@darakwon.com

As for fixing this bug, **since it** is one of those cases that **requires a very urgent response, please** look into the matter right away, and let us know what you find out.

Thank you,
Bob Reid

이 버그 수정에 대해서인데, 매우 긴급한 대응이 필요한 일이므로 즉시 조사하여 결과를 알려주십시오.

이 구문 하나로 **OK!**

Since it requires a very urgent response, please _____. 시급한 대응을 요하는 일이므로, ~해 주십시오.

- read the report, and make your comments immediately
  보고서를 읽고 즉시 의견을 말해
- do not hesitate in providing your response
  신속하게 답변해
- call me when your meeting is over so that we can determine our course of action
  우리가 행동 방향을 결정할 수 있도록 회의가 끝나는 대로 전화해

이 문장으로
SEND!

매우 긴급합니다. 즉시 이 버그를 수정해 주십시오.

This is extremely urgent. I want you to take care of this bug right away.

긴급히 프로그래머가 세 명 필요합니다. 그 중에 두 명을 즉시 파견해 주시면 감사하겠습니다.

We are in urgent need of three programmers and would appreciate having two of them right away.

럭스테크 사가 요구한 사양 변경에 대해, 즉시 조치를 취해 주실 것을 요청합니다.

Regarding the specification change that the LuxTech Co. requested, I require your immediate action on it.

웹 서버를 즉각 설치할 수 없는 이유가 있다면 메일로 알려 주십시오.

If there is any reason why you cannot set up a Web server right away, please e-mail me.

이 프로젝트를 8월 5일까지 완료하는 것이 급선무입니다.

It is urgent that this project be completed by August 5.

이것은 우리 회사와 협력 업체, 그리고 고객들에게 긴급을 요하는 일입니다.

This is an urgent matter for our company, our partners, and our clients.

귀하의 이력서를 지체 없이 메일로 보내주십시오.

Please e-mail your resume without delay.

87 조언 요청하기

조언을 구할 때는 자신보다 지식이나 경험이 많은 사람에게 부탁할 경우가 많으므로 would be grateful for your advice about(~에 대해 조언해 주시면 감사하겠습니다) 같은 정중한 표현을 사용한다.

조언을 구합니다

Subject	We need your advice.
From	Bob@darakwon.com
To	Franklin@darakwon.com

Dear Mr. Franklin,

A company in Seoul has ported our translation system onto their PC platform and has been marketing it without our permission. **We would be very grateful for your advice about** what action we should take.

Thank you,
Bob Reid

프랭클린 씨, 서울의 한 회사가 당사의 번역 시스템을 우리의 허가 없이 자기들의 PC에 설치하여 판매하고 있습니다. 어떤 방법으로 대응하면 좋을지 조언해 주시면 대단히 감사하겠습니다.

이 구문 하나로 **OK!**

We would be grateful for your advice about _____. ~에 대해 조언해 주시면 감사하겠습니다.

- what we ought to do 우리가 무엇을 해야 하는지
- whether or not we have any right to sue the company
  우리가 그 회사를 상대로 소송을 제기할 권리가 있는지 없는지
- Christopher Byrd's proposal 크리스토퍼 버드 씨의 제안

이 문장으로
SEND!

넷솔루션 사가 보내온 버그 리포트에 어떻게 대응할지에 대해 좋은 아이디어가 있으신지 궁금합니다.

I am wondering if you could suggest some idea(s) on how to respond to the bug report from NetSolutions Co.

Get_Application_data.c 프로그램을 어떻게 디버그할지 귀하의 조언을 구하고자 합니다.

I would like to ask your advice on how to debug the Get_Application_data.c program.

저희 웹 서비스 프로그램 설계에 관해 조언을 해 주신다면 감사하겠습니다.

I would be greatly indebted to you if I could get some advice on the design of our Web service program.

웹 검색 프로그램의 수정에 관해 조언해 주신다면 감사하겠습니다.

Your advice on the Web search program modification would be greatly appreciated.

이 일에 관한 조언을 답신 메일로 부탁드립니다.

Please advise me on this matter by return e-mail.

개발 예산을 축소하는 방법에 대해 메일로 조언해 주시겠습니까?

Could you advise me by e-mail about how to shrink the development budget?

● **shrink** 축소시키다, 줄어들게 하다

88 조언하기

조언은 지시와는 다르다. '이렇게 하면 어떨까요?', '나라면 이렇게 하겠습니다' 같이 의견을 제시하는 형태의 표현을 사용하여 강요나 지시로 느껴지지 않도록 주의한다.

이런 방법은 어떨까요? ✕

Subject	How about this way?
From	Bob@darakwon.com
To	PeterK@darakwon.com

Regarding what action you should take, **our advice is to** take immediate legal action against that company in Seoul.

Thank you,
Bob Reid

귀하가 어떤 조치를 취할 것인가에 관해 저희 생각을 말씀드리자면, 서울의 그 회사를 상대로 즉시 법적 조치를 취하시는 게 좋을 것 같습니다.

이 구문 하나로
OK!

Our advice is to ☐. ~하는 것이 좋을 것 같습니다.

- be patient, and let him make the first move
  참을성 있게 기다렸다가 그의 행동을 두고 보는
- wait three days before you threaten to sue
  고소하겠다고 하기 전에 3일을 기다리는
- accept the offer
  그 제안을 받아들이는

이 문장으로 SEND!

제가 당신이라면 우수한 시스템 컨설턴트에게 연락을 취하겠습니다.

I would get in touch with a good system consultant if I were you.

모든 로그 파일을 저장해 두는 것이 귀사를 위해 가장 좋은 방법이라고 생각합니다.

I think that it would be in the best interest of your company to save all the log files.

방문하시기 전에 실콧소프트 사에 전화를 해 두는 것이 좋을 것 같습니다.

It seems to me that you should call the SilcotSoft Co. before you visit them.

다른 프로그래머를 한 명 더 투입할 것을 제안합니다.

I suggest that we add another programmer.

내일 그 프로그램을 메일로 보내시면 어떻겠습니까?

Why don't you e-mail the program tomorrow?

산타클라라 사무소에 전화하여 피트 윌리엄스 과장님과 상의하시라고 조언해 드립니다.

My advice is to call the Santa Clara office and discuss it with Manager Pete Williams.

저글러넷 사로부터 보다 좋은 제의가 있을 때까지 상황을 두고 보는 것은 어떻습니까?

I advise you to wait and see if you get a better offer from JugglerNet Co.

89
강하게 권고하기

'반드시 이렇게 해야 한다'고 강하게 권유하는 경우도 있다. 이때는 완곡한 표현을 쓰기보다는 직설적으로 단언하여 신뢰감을 전하자.

이렇게 하십시오   ×

Subject   Here's my advice.

From   Bob@darakwon.com

To   abc@darakwon.com

Regarding the bug that disables our automatic transaction function, if WebCom is unable to fix it by March 15, **I strongly advise you to** consult with our corporate attorney immediately.

Thank you,
Bob Reid

당사의 자동 거래 기능을 마비시키는 버그에 관해, 웹컴 사가 3월 15일까지 수정하지 못할 경우에는 우리의 고문 변호사와 상의하실 것을 강력하게 권합니다.

이 구문 하나로
OK!

I strongly advise you to _____.
~하실 것을 강력하게 권합니다.

- **look into all possible actions before you do anything**
  어떤 일을 실행하기 전에 가능한 모든 조치에 대해 알아볼

- **discuss this matter with your supervisor**
  상사와 이 문제를 상의해 볼

- **take action as soon as possible**
  가능한 빨리 조치를 취할

이 문장으로
SEND!

폴 롱맨을 견책하기 전에 부장님과 상의할 것을 강력하게 권합니다.

I strongly advise you to consult with the general manager before reprimanding Paul Longman.

• reprimand 징계하다, 견책하다

보다 성능이 좋은 워크 스테이션을 구입할 것을 강력히 제안합니다.

I suggest strongly that we get a better workstation.

이 서버기는 3년째 사용하고 있으므로, 이제 교체할 시기가 왔다고 확신합니다.

I am convinced that it is about time to replace this server machine because we have been using it for the past three years.

제 생각으로는 이제 우리 회사 웹사이트의 메인 화면 디자인을 업데이트할 시기인 것 같습니다.

In my view, it is about time that we update the top page design of our company's Website.

개발팀의 생각으로는, 이 문제의 유일한 실용적 해결책은 미국인 프로그래머를 한 명 고용하는 것입니다.

In the view of the development team, the only viable solution to this problem is to hire an American programmer.

기존의 레거시 시스템을 업데이트하지 않으면, 귀중한 고객을 적어도 한 명은 잃게 될 것이 분명하다고 생각합니다.

Unless we update our existing legacy system, we will surely lose at least one of our important clients.

90 조언 수용하기

상대방의 조언을 받아들이겠다고 말할 때의 표현이다. 먼저 상대방의 조언이 큰 도움이 되었으며, 이에 감사한다는 표현으로 메일을 시작하면 좋다.

귀하의 조언을 받아들이겠습니다 ✕

Subject	Thank you for your advice.
From	Bob@darakwon.com
To	G.Carter@gmail.com

My development team **has decided to take the advice** of your company's chief engineer **and** is going to change the design of the Web mining system.

Thank you,
Bob Reid

저희 개발 팀은 귀사 수석 엔지니어의 조언을 받아들여, 웹마이닝 시스템 설계를 변경하기로 결정했습니다.

이 구문 하나로
OK!

We decided to take your advice and _____.
우리는 당신의 조언을 받아들여 ~

- will agree to the terms they proposed
  그들이 제시한 조항에 동의할 것입니다.
- will no longer do business with that company
  그 회사와 더 이상 거래하지 않겠습니다.
- will be hiring DPD Solutions Inc. to audit our firm
  우리 회사의 회계 감사를 위해 DPD 솔루션 사를 고용할 것입니다.

이 문장으로
SEND!

개발 계획 변경에 관한 조언에 감사드립니다. 귀하의 조언은 매우 타당하므로 저희는 그에 따를 예정입니다.

Thank you for your advice regarding the development schedule change. We plan to follow it because your advice is quite sound.

실버유닛 사 수석 컨설턴트의 의견을 수용하여 개발 일정을 변경하지 않기로 결정했습니다.

We have decided not to change our development schedule by following the suggestions from the chief consultant of the Silverunit Co.

개발 프로젝트 그룹은 뉴욕 사무소의 제안을 실행하기로 했습니다.

The development project group has decided to carry out the New York office's proposal.

이 버그를 어떻게 수정할 것인가에 관해 켈리 그린 과장님 그룹이 훌륭한 의견을 들려주셨습니다. 이 의견대로 하는 것이 어떨까요?

Manager Kelly Greene's group has made an excellent point with respect to how to fix this bug. Why don't we use it?

• with respect to ~에 관하여, 대하여

우리는 당신이 제안한 대로 개발 계획을 일시 중단하기로 했습니다.

We have decided to put a temporary freeze on the development plan just like you suggested.

• temporary 일시적인
• freeze 동결, 고정, 중지

91
상대방의 지시 요청하기

업무 진행 시 혼자 결정하기 어려운 일은 상사나 의뢰인의 의견이나 지시가 필요하다. 상대방이 무엇을 원하는지 구체적으로 지시받고자 할 때 쓸 수 있는 표현을 알아 보자.

지시를 기다리고 있습니다   ×

Subject	I need your instructions.
From	Dan@darakwon.com
To	jino@darakwon.com

I would like to have your instructions on how to proceed with the new sales contract.

Sincerely,
Dan Presson

새로운 판매 계약 진행에 대해 지시를 부탁드립니다.

이 구문 하나로
OK!

I would like to have your instructions _____.
~(에 대해) 지시를 받고자 합니다.

- **on how to use this product properly**
  이 상품의 적절한 사용법에 대해
- **regarding what project I should work on next**
  제가 다음에는 무슨 프로젝트에서 일해야 하느냐에 대해
- **as to when it's acceptable to visit your company**
  귀사를 언제 방문하면 좋을지에 대해

이 문장으로
SEND!

이 버그를 어떻게 수정할지 결정되는 대로 메일 주십시오.

Please e-mail us as soon as you have made a decision on how to fix this bug.

베스트소닉 사와의 개발 계약에 관해, 연장 희망 여부를 알려 주십시오. 수석 엔지니어와 상의하고자 합니다.

Regarding the development contract with BestSonic Co., please let me know whether you want to extend it because I would like to discuss it with the chief engineer.

프로그래머 채용 건에 관해 귀하의 지시를 기다리고 있습니다.

We await your instructions regarding hiring programmers.

저희 개발팀이 다음 달에 프로토타입 설계에 착수할 수 있도록 귀하께서 되도록 빨리 결론을 내려 주시기 바랍니다.

We would like you to make your decision as soon as possible so that my development team can get on with designing a prototype next month.

이 프로젝트를 어떻게 할까요?

What do you want me to do about this project?

웹 서버 설치에 관해 저희 엔지니어를 귀사로 파견하고자 합니다. 편한 날짜를 말씀해 주시면 감사하겠습니다.

In regard to setting up a Web server, we would like to have our engineer visit your place. We would appreciate it if you would let us know a date that would be convenient for you.

92 구체적으로 지시하기

구체적으로 업무를 지시할 때에는 'My instructions are(나의 지시사항은 ~입니다)' 또는 'I have decided(나는 ~하기로 결정했습니다)' 같은 표현을 사용한다.

Subject	Please visit Kelly.
From	Dan@darakwon.com
To	BBrown@gmail.com

켈리에게 가보세요

Thank you for your e-mail of July 10. With regard to the estimate, **my instructions to you are to** visit Ms. Kelly Greene at the Purchasing Department on July 28. If you have any questions, please let me know.

Sincerely,
Dan Presson

7월 10일에 보내신 메일 감사합니다. 견적에 관해서는 7월 28일에 당사 구매부의 켈리 그린 씨에게 문의 바랍니다. 또 궁금한 점이 있다면 알려주세요.

이 구문 하나로 **OK!**

My instructions to you are to _____.
내가 당신에게 지시하는 것은 ~ 것입니다.

- **read all the related documents before signing the contract**
  계약서에 사인하기 전에 모든 관련 문서를 읽어 보라는

- **consult with me before you purchase anything**
  어떤 것을 구매하기 전에 나와 상의하라는

- **find out all you can from Mark Levin when you meet him**
  마크 레빈을 만나면 그에게서 알 수 있는 것을 모두 알아내라는

이 문장으로 SEND!

이 기능을 사용할 때는 지시를 주의깊게 따르십시오.

When you attempt to use this function, please follow the instructions carefully.

이 버그 수정에 관해 다음과 같이 지시를 내립니다.

Regarding how to fix this bug, my instructions are as follows:

윌리엄스 씨, 뉴욕 사무실에서 개발 프로젝트 수석 엔지니어와 만나 예상 가능한 문제점에 대해 협의할 것을 지시합니다.

My instructions to you, Williams, are to meet with the chief engineer of this development project in the NY office and discuss the foreseeable problems with him.

심사숙고한 결과, 쉘던 토마스 씨를 이 개발 프로젝트의 총괄 책임자로 임명하기로 결정했습니다.

After due consideration I have decided to appoint Mr. Sheldon Thomas as the supervisor of this development project.

- **after due consideration** 충분히 생각한 뒤에
- **appoint** 지명하다, 지목하다
- **supervisor** 감독자, 지휘자

향후 이 애플리케이션에 포함된 프로그램 변경이 있을 시에는 먼저 제 승인을 받아야 하는 것으로 결정했습니다.

It is my decision that all future changes to the programs involved in this application must first be approved by me.

본 개발 프로젝트에 폰컴 사의 도움을 받기로 결정했습니다.

I have decided to ask PhoneComm to help us with this development project.

J 의견 주고 받기

- 93 완곡하게 요구하기
- 94 완곡하게 허가 요청하기
- 95 필요성 호소하기
- 96 승인하기 및 허가하기
- 97 승인 거부하기
- 98 염려나 불안감 표하기
- 99 완곡하게 의문 제시하기
- 100 확신 나타내기
- 101 의견 구하기
- 102 의견 전달하기
- 103 의견 제시 거절하기
- 104 계획 및 목표 전달하기
- 105 희망 및 기대감 전달하기
- 106 주의 환기시키기
- 107 중요성 지적하기
- 108 중요성 강조하기
- 109 중요성 부인하기
- 110 이유 설명하기
- 111 조심스럽게 확신 표현하기
- 112 확실성 단언하기
- 113 가능성이 높음을 나타내기
- 114 가능성이 낮음을 나타내기

93
완곡하게 요구하기

요구 사항이 있을 때 완곡하게 자신의 의도를 전하는 표현이다. 원하는 대로 이행 가능한지 묻거나, 이러한 방향이 낫지 않은지 의견을 묻는 형식으로 전달해 보자.

오늘 안에 마무리해 줄 수 있을까요? ✕

Subject	We need your cooperation.
From	Bob@darakwon.com
To	Raymond@darakwon.com

Mr. Raymond, **would it be possible for you to** work overtime today and finish this program?

Thank you,
Bob Reid

레이몬드 씨, 오늘은 야근을 해서 이 프로그램을 끝내 주실 수 없을까요?

이 구문 하나로
OK!

Would it be possible for you to ⬚ ?
~해 주실 수 있을까요?

- complete this report by the end of the week
  주말까지 이 보고서를 끝내
- ask around and find out who's going to get fired
  주변의 의견을 물어보고 누가 해고될지 알아내
- make two copies of each of these files
  이 파일을 각각 두 부씩 복사해

이 문장으로
SEND!

프로그래머는 두 명보다 세 명을 채용하는 것이 더 좋지 않을까요?

Wouldn't it be preferable to hire three programmers rather than two?

• preferable 오히려 나은, 바람직한

이 프로젝트만큼은 클러스터 사와 함께 일하고 싶습니다.

As far as this project is concerned, I prefer working with the Cluster Co.

귀사가 제출하신 디자인 중, 두 번째가 가장 마음에 듭니다.

Of the designs that your company submitted, I like number 2 the best.

저는 시스템 컨설턴트는 좋아하지 않으니 가능하면 대신 프로그래머를 고용하게 해 주십시오.

As I don't like the system consultant, please let me hire the programmers instead, if possible.

이 개발 프로젝트에 관해서는, 어떤 문제가 발생하든 즉시 제게 보고해 주셨으면 합니다.

As for this development project, I would prefer that you report any problems to me as soon as they occur.

우리는 스피드넷 사의 개발 프로젝트에 프로그래머를 너무 많이 쓰고 있는 것 같습니다.

As for this development project for the SpeedNet Co., it seems to me that we are using too many programmers on it.

94 완곡하게 허가 요청하기

허락받기에 조심스러운 사안에 대해 상사에게 언급할 때에는 단순히 '허가해 주십시오'가 아니라 '허락하신다면'과 같이 조건을 붙여 완곡하게 허가를 구할 수 있다.

허락하시면 버그 리포트를 보내고 싶습니다 ×

Subject	About the bug report
From	Bob@darakwon.com
To	Jackson@darakwon.com

I have been told to explain the bug report at the project manager's meeting. **If I can get your permission,** I would like to e-mail this bug report to all the project managers. Would that be all right with you?

Thank you,
Bob Reid

프로젝트 관리자 회의에서 버그 리포트에 대해 설명하라는 지시가 있었습니다. 허락해 주신다면 이 버그 리포트를 프로젝트 관리자 전원에게 메일로 보내고자 하는데, 어떠신지요?

이 구문 하나로 **OK!**

If I can get your permission, _____.
허락하신다면 ~.

- I'd like to share your ideas with the entire staff
  당신의 아이디어를 전 직원들과 공유하고 싶습니다
- I would like to use you as a reference when I apply for a new job
  제가 새 직장을 구할 때 신원 보증인이 되어 주셨으면 합니다
- I want to visit the Boston office in person to try to solve the problem
  문제를 해결하기 위해 보스톤 사무소를 직접 방문하고 싶습니다

이 문장으로 SEND!

IT 회의 참석차 샌프란시스코로 가도 되겠습니까?

Would it be all right with you if I go to San Francisco to attend an IT conference?

이 프로젝트를 위해 프로그래머 세 명을 채용하는 것을 허락해 주시겠습니까?

May I ask your permission to hire three new programmers for this project?

코먼 국장님께서 괜찮으시다면, 피어원 사와 계약을 맺고자 합니다.

Director Cowman, if it is all right with you, I would like to award the contract to PeerOne Co.

브라운 과장님, 허락해 주신다면 외부로부터의 시스템 불법 침입을 차단하기 위해 방화벽을 설치하고자 합니다.

Manager Brown, I would like to get your permission to set up a firewall to shut off unauthorized access into our system from the outside.

- **shut off** 차단하다
- **unauthorized** 허가받지 않은, 불법의

피어원 사의 오스카 로렌스 씨에게 이 시스템 설계를 보여줄 수 있도록 허가해 주셨으면 합니다.

Please allow me to show the design of this system to Mr. Oscar Lawrence of the PeerOne Co.

95
필요성 호소하기

반드시 관철하고자 하는 사안에 대해서 '정말 꼭 필요하다'는 의향을 전하기 위해서는 직접적이고 강한 표현을 사용한다.

승인을 얻어야 합니다   ✕

Subject	You need approval.
From	Bob@darakwon.com
To	abc@darakwon.com

It is both necessary and important for you to get Mr. Drake Finch's approval before you go ahead and hire five programmers.

Thank you,
Bob Reid

프로그래머 다섯 명을 새로 고용하기 전에 드레이크 핀치 씨의 승인을 얻는 것은 필수적이면서도 중요한 일입니다.

이 구문 하나로
OK!

It is both necessary and important for you to
□□□□□. 당신이 ~하는 것은 필수적이면서도 중요한 일입니다.

- study all possible alternatives before proceeding
  일을 진행하기 전에 가능한 대안을 모두 연구하는
- make a presentation to the board of directors very soon
  조만간 임원회의에서 프레젠테이션하는
- consult me on all important decisions
  중요한 결정에 대해서 나와 상의하는

이 문장으로 SEND!

프로그래머를 다섯 명 더 고용할 필요가 있습니다.

We need to hire five more programmers.

부산 사무소를 출발하기 적어도 24시간 전에는 메일을 보내서 시스템 개발 회의의 결과를 알려주셔야 한다는 것을 절대 잊지 마세요.

Don't forget that you must send us an e-mail and let us know the outcome of the system development meeting at least 24 hours before you leave the Busan office.

첨부한 신청서에 내용을 반드시 기입하여 내게 메일로 반송하세요.

Just make sure to fill out the attached application form and send it back to me by e-mail.

● **fill out** 기입하다, 공란을 채우다   ● **application** 신청서

서버 개발 프로젝트에 대해 프레젠테이션을 하려면 표나 그래프 사용이 필수입니다.

It is necessary for you to use some charts and graphs if you are going to do a presentation on the server development project.

우리도 서버 소프트웨어 시장에 진출하는 일을 고려해야 한다는 것에는 의심할 여지가 없습니다.

There is no question that we must think about getting into the software market.

수석 엔지니어 캘빈 애먼 씨의 추천장을 받으셔야 합니다.

What is necessary for you is to get a letter of recommendation from Mr. Calvin Alman, the chief engineer.

● **a letter of recommendation** 추천장

이 프로젝트는 반드시 성공시켜야 합니다.

We absolutely must succeed in this project.

96 승인하기 및 허가하기

승인 요청에 대해 '~을 해도 좋다'라는 승인 및 허가의 뜻을 나타낼 때에는 '승인하다'라는 뜻의 동사 grant, approve 등을 사용한다.

승인합니다   ×

Subject	They have our permission.
From	Bob@darakwon.com
To	Martin@gmail.com

We have decided to grant the Giant Co. the two-month extension on the original deadline that they requested although we sincerely hope that this will never be needed in the future again.

Thank you,
Bob Reid

자이언트 사가 의뢰한 대로 최초 마감 기한을 2개월 연장해 드리기로 했습니다만, 앞으로 다시는 이런 일이 없기를 바랍니다.

이 구문 하나로
OK!

We have decided to grant ☐. ~하기로 했습니다.

- **your request and have given you more time to complete everything**
  당신의 요청을 받아들여서 모든 일을 완료할 시간을 더 드리기로

- **the contract to the HBC Co.**
  HBC 사와 그 계약을 맺기로

- **you some additional funding for the next quarter**
  다음 분기 동안 귀하에게 추가적인 투자를 하기로

이 문장으로 **SEND!**

8월 12일 서버실 사용을 허가합니다.

I grant you permission to use the server room on August 12.

당신의 잔업 의뢰를 허가하기로 했습니다.

I have decided to grant your request to work overtime.

심사숙고한 결과, 제프 워커 씨를 이 개발 프로젝트에서 제외하기로 했습니다.

After careful consideration, I have decided to let Jeff Walker be removed from the development project.

넷솔루션 사와의 웹 자동 거래 시스템 공동 개발 계획을 승인합니다.

I approve of the plan to co-develop a Web automatic transaction system with NetSolutions Co.

- co-develop 공동 개발하다
- automatic transaction 자동 거래/결제

당신이 뮐러 씨를 해고할 것을 승인합니다.

I hereby give my approval to you to let Mr. Mueller go.

- hereby 이로써, 이 결과

직장을 그만두고 고향으로 돌아가 연로하신 부모님을 모시겠다는 마이어스 씨의 결정에 전적으로 찬성합니다.

I entirely approve of Myers's decision to quit her job and go back to her hometown to take care of her aging parents.

97 승인 거부하기

승인을 거부할 경우에는 유감의 뜻을 전한 뒤 무엇이 문제인지 이유를 설명하면 상대방도 계획을 실현 가능한 방향으로 수정할 수 있다.

유감입니다만 승인할 수 없습니다　　　　　　　　　　　　✕

Subject	Here's our decision.
From	Bob@darakwon.com
To	Grant@darakwon.com

Mr. Grant, as for your assessment that you need to add three more programmers to your system development project, I am afraid I don't share your assessment. Since it seems to be too costly, **I cannot give my approval to** it either.

Thank you,
Bob Reid

그랜트 씨, 시스템 개발 프로젝트에 프로그래머를 세 명 더 추가해야 한다는 당신의 판단에는 동의할 수 없습니다. 비용 또한 과다 소요될 듯하여 승인할 수 없습니다.

이 구문 하나로 **OK!**

I cannot give my approval to your project because _____. ~ 때문에 당신의 프로젝트를 허가할 수 없습니다.

- I believe it has no possibility of success
  성공 가능성이 없다고 믿기
- it is already 25% over its original budget
  이미 당초 예산의 25퍼센트를 초과했기
- I don't see any practical value in what you're doing
  당신이 하고 있는 일에서 전혀 실용적인 가치를 찾을 수 없기

이 문장으로
SEND!

귀사가 요청하신 최초 마감 기한 2개월 연장은 승인할 수 없습니다. 너무 지연되기 때문입니다.

I cannot grant your company the two-month extension on the original deadline that you requested because that is simply too long.

다음 달 샌프란시스코에서 열리는 회의에 당신이 참가하는 것을 허락할 수 없습니다.

You do not have my permission to attend the conference next month in San Francisco.

유감입니다만, 귀하의 개발 계획은 지난주 임원회의에서 승인되지 않았습니다.

I am sorry to say that your development plan was not approved by the board of directors last week.

● the board of directors 임원회의

프로그래머를 새로 고용하자는 귀하의 계획은 예산의 제약으로 승인할 수 없습니다.

Due to budget constraints, I cannot give the green light to your plan to hire new programmers.

● constraint 압박, 제약, 강제

유감이지만, 지난 4월에 귀사와 합의한 마감 기한의 변경은 승인할 수 없음을 알립니다.

I am sorry to inform you that we cannot approve of any changes in the original deadline that we agreed on with your company last April.

98
염려나 불안감 표하기

직접 반대 의견을 주장할 근거가 없거나 그렇게 하지 못할 상황일 때에는 '염려된다'는 표현을 사용하여 간접적으로 반대 의사를 전달할 수 있다.

다소 걱정되는 부분이 있습니다

Subject	I have some reservations.
From	Bob@darakwon.com
To	abc@gmail.com

Regarding the plan that the Web System Development Group has submitted, I think I am very much in agreement with it, but **I have certain reservations about** those matters that we haven't dealt with.

Thank you,
Bob Reid

시스템 개발 그룹이 제출한 계획에 관해 전반적으로 찬성합니다만, 우리가 다루어 보지 않았던 문제에 관해서는 다소 의문이 있습니다.

이 구문 하나로 **OK!**

I have certain reservations about _____.
저는 ~에 대해 다소 의문이 있습니다.

- **the procedure for following Jane's advice**
  제인의 조언을 따르는 절차
- **signing that agreement before our lawyers have fully studied it**
  우리측 변호사들이 철저히 조사해 보기 전 그 동의서에 사인하는 것
- **whether we will be able to finish everything by the agreed time**
  협의한 시간까지 모든 것을 끝낼 수 있을지

이 문장으로
SEND!

웹 서비스 개발 프로젝트가 예정보다 두 달 지연되고 있어 걱정입니다.

It concerns us that the Web service development project is two months behind schedule.

저희 팀은 웹 서비스 개발 프로젝트의 지연을 염려하고 있습니다.

My team is concerned about the delay in the Web service development project.

● be concerned about ~을 걱정하다

이 개발 프로젝트를 어떻게 할지 시간을 들여 생각해 보아야 할 것 같습니다.

It seems to me that we should take some time to think about what to do with this development project.

저의 걱정은 이 협력 관리자가 정말로 소프트웨어 업계를 잘 알고 있는 사람인가 하는 점입니다.

My concern is whether the collaboration manger is someone who really understands the software industry.

많은 고객이 사용자 지원 서비스 부에 대해 늘 불만을 호소해 왔기에 염려하는 것입니다.

It is a cause for concern that many clients of ours have complained about our User Support Service Division.

서버를 세 대 추가하자는 에릭 터너 씨의 제안에 대해 성급한 결론을 내려서는 안 됩니다.

We shouldn't draw any hasty conclusions on Eric Turner's proposal for adding three server machines.

99 완곡하게 의문 제시하기

상대방에게 질문을 하거나 의문을 제시할 때 부드럽게 묻는 표현이다. '~에 대해 의문이 있다'는 식으로 걱정되는 사안에 대해 언급하면 이쪽의 염려를 전하고 확인이나 수정을 촉구할 수 있다.

이런 방법은 어떨까요?

Subject	Take some time.
From	Bob@darakwon.com
To	abc@darakwon.com

I'm wondering if we could complete the development project by the end of January as we originally agreed with WiFi Co.

Thank you,
Bob Reid

위피 사와 당초 합의한 1월 말까지 이 개발 프로젝트를 완료할 수 있겠습니까?

이 구문 하나로

I'm wondering if you could tell me _____.
~을 알고 계십니까?

- **how to solve this problem**
  이 문제를 어떻게 해결할지
- **what to we should do**
  우리가 무엇을 해야 하는지
- **anything that might help me at tomorrow's job interview**
  내일 면접에 도움이 될 만한 것을

이 문장으로 SEND!

물론 버그는 모두 수정하고 싶습니다만, 이런 종류의 버그를 수정하는 데 시간이 얼마나 걸리는지 알고 계십니까?

Of course, we would like to get rid of all the bugs, but do you have any idea about how long it will take to fix this kind of bug?

• **get rid of** ~을 제거하다, 없애다

잭빗 사가 이전한 장소는 알고 계시는지 궁금합니다.

I wonder if you could tell me where the XacBit Co. has moved to.

빌 게이츠 씨가 서버 개발 프로젝트 팀에 도움이 될지 다소 의문입니다.

There is some question as to whether Mr. Bill Gates would be of any help to the Server Development Project Team.

100 확신 나타내기

상대에게 '반드시 ~할테니 안심하십시오'와 같이 확신을 주며 약속할 때에는 assure(확언하다), guarantee(보장하다) 같은 표현을 사용할 수 있다.

약속드립니다   ×

Subject	You have my word.
From	Bob@darakwon.com
To	White@darakwon.com

Regarding hiring programmers, I will await your instructions, and **I assure you that** I will not hire any additional programmers without your approval.

Thank you,
Bob Reid

귀하의 지시에 따라서, 프로그래머 채용 건에 관해 귀하의 승인 없이는 신규 채용을 하지 않을 것을 약속드립니다.

이 구문 하나로
OK!

I assure you that _____.
~을 약속드립니다(틀림없이 ~하겠습니다).

- I will do nothing without your approval
  당신 승인 없이는 아무것도 하지 않을 것

- you will get your package by Wednesday
  수요일까지는 소포를 받으실 것

- our software is 100% satisfaction guaranteed
  우리의 소프트웨어는 100 퍼센트 믿을 수 있다는 것

이 문장으로
SEND!

그 버그는 바로 처리하겠으니 안심하십시오.

Please rest assured that we will take care of the bug immediately.

개발 프로젝트는 모두 순조롭게 진행되고 있으니, 지연에 대해 걱정하실 필요는 전혀 없습니다.

As for the development project, you don't have to worry about it at all as everything is going well with it.

웹 서비스 개발 프로젝트에서 절대로 예산을 초과하지 않을 것을 약속드립니다.

You have my word that we will not go over budget on the Web service development project.

- you have my word that ~을 약속합니다
- go over 초과하다

웹 서비스 개발 프로젝트를 5월 20일까지 틀림없이 완료하겠습니다.

I assure you that we will complete the Web service development project by May 20.

두 번 다시 발송 일정을 지연시키지 않겠습니다.

Let me assure you that we will never again get behind schedule in shipping.

개발 팀이 작성한 사양서대로 업무를 진행할 것을 보장하겠습니다.

I guarantee that the work will be done exactly according to the specifications that the development team created.

101
의견 구하기

'~에 대해 어떻게 생각합니까?'라는 질문을 던지는 것이 의견 교환의 출발점이 될 수 있다. 또한 '~에 대한 의견을 듣고 싶다'라고 직접 표현해도 좋다.

귀하의 의견을 들려주십시오   ✕

Subject	I need your opinion.
From	Bob@darakwon.com
To	Lopez@wellsoft.com

I would like to hear your opinion on whether or not your company intends to make the development group stay in Dallas a little longer.

Thank you,
Bob Reid

귀사가 앞으로 개발 그룹을 댈러스에 좀더 주재시키실 생각이 있으신지에 대해 귀하의 의견을 들려 주십시오.

이 구문 하나로
OK!

I would like to hear your opinion on _____.
~에 관한 귀하의 의견을 듣고 싶습니다.

- **Mr. Jenkins' speech**
  젠킨스 씨의 연설
- **the possibility of expanding our product line**
  우리 생산 라인의 확장 가능성
- **how we can become more efficient**
  어떻게 하면 우리가 더 생산적이 될 수 있는가

이 문장으로 **SEND!**

차기 개발 프로젝트에 대해 위와 같은 구상으로 추진하려고 합니다. 어떻게 생각하시는지 알려 주십시오.

Regarding the next development project, we would like to proceed along the lines described above. Please let me know what you think.

첨부한 버그 리포트에 대해 귀하의 의견을 구하고자 합니다.

I would be interested in finding out your opinion about the attached bug report.

개발 그룹의 최근 활동에 대해, 귀하의 솔직한 의견을 듣고 싶습니다.

I would appreciate your honest opinion about how the development group is doing these days.

저희가 개발한 프로그램에 대해, 부산 사무소의 의견을 듣고 싶습니다.

I am interested in hearing the Busan office's views on the program we developed.

바쁘신데 죄송하지만, 제가 어제 메일로 보내드린 프로그램에 대한 의견을 꼭 들려 주셨으면 합니다.

I hate to trouble you with this when you are busy, but I need to have your opinion on the program I e-mailed yesterday.

저희 회사 컨설턴트인 칼 베케트 씨의 일처리에 대한 귀하의 의견을 듣고 싶습니다.

I am curious to hear your opinion on how our new Senior Consultant Carl Beckett is doing.

102
의견 전달하기

의견을 달라는 부탁을 받았을 때는 '제 생각은 이렇습니다'라고 자신의 생각을 분명히 설명하는 것이 상대방에게 도움이 되는 가장 좋은 방법이다.

제 생각은 이렇습니다   ✕

Subject	My feelings on this matter
From	Bob@darakwon.com
To	abc@gmail.com

My feelings on the matter are that we should not be making exceptions, even for the server development group. And I am convinced that we should tell them to get started immediately.

Thank you,
Bob Reid

본 건에 관한 제 생각은, 서버 개발 그룹이라고 해도 예외를 두어서는 안 된다는 것입니다. 그들에게 즉시 작업을 개시하도록 해야 한다고 믿습니다.

이 구문 하나로
OK!

My feelings on the matter are ☐.
이 문제에 대한 제 생각은 ~입니다.

- that nothing we do will be successful
  우리가 하는 일은 아무것도 성공하지 못하리라는 것
- that we ought to accept the offer with only minimal changes
  변경은 최소화하고 그 제안을 받아들여야만 한다는 것
- that we should give the job to Lisa Jones
  그 일을 리사 존스에게 맡겨야 한다는 것

이 문장으로
SEND!

저는 웹 서비스 프로그램을 스케줄대로 완성시키지 못하는 것에 대해, 디지폴리 사 앞으로 사과의 메일을 보내야 한다고 생각합니다.

From my point of view, we should send an e-mail of apology to the DigiPoly Co. for not being able to complete the Web service program on schedule.

● from my point of view 제 생각으로는

산티아고 사무소에서 세 명의 프로그래머를 서울로 파견하여 우리를 지원해야 한다는 것이 말콤 빌링턴 씨의 의견입니다.

It is Mr. Malcom Billington's opinion that the Santiago office should send three programmers to Seoul to support us.

저로서는 프로그래머를 두 명 추가하는 것은 불필요하다고 생각합니다.

As far as I am concerned, the addition of two programmers is unnecessary.

● as far as I'm concerned 제 생각으로는

제 생각에 그것은 매우 좋은 프로그래밍 방법입니다.

In my opinion it is a very good programming method.

서버 개발 그룹이 제안한 해결 방법에 대해서 귀하를 직접 만나 뵙고 말씀을 나누고 싶습니다.

I would like to meet you and talk about the solution that the sever development group proposed.

103
의견 제시 거절하기

어떤 이유로 인해 자기 의견을 제시하기 어려운 경우도 있다. 그럴 때는 그 거절 이유를 정중히 밝혀야 한다는 사실을 잊지 말자.

죄송하지만 뭐라고 말씀드릴 수 없습니다   ✕

Subject	Sorry, but we can't give you an opinion.
From	Bob@darakwon.com
To	Harris@gmail.com

Regarding the design change of the Web system for PhoneComm, the Project Group hasn't had a chance to form an opinion on it yet, and we are so pressed for time that **we are afraid we cannot give you a constructive opinion.**

Thank you,
Bob Reid

폰컴 사의 웹 시스템 설계 변경에 관해, 아직 프로젝트 그룹의 의견이 모아지지 않은 데다 시간적 여유도 없는 관계로 건설적인 의견을 드릴 수 없을 듯합니다.

이 구문 하나로
OK!

I am afraid I cannot give you a constructive opinion because _____.
~때문에 아쉽지만 건설적인 의견을 드릴 수가 없습니다.

- **I haven't had a chance to read the article yet**
  아직 그 기사를 읽어보지 못했기

- **I have not yet seen his presentation**
  아직 그의 프레젠테이션을 보지 못했기

- **I've been too busy to read any of the updates you've sent me**
  너무 바빠 저에게 보내주신 업데이트 사항을 아직 읽지 못했기

이 문장으로 **SEND!**

공식 문서를 읽어 보지 않았기 때문에, 저희 팀은 의견을 밝힐 입장이 아니라고 생각합니다.

Not having read the white paper, I don't think that our team is in a position to comment.

● white paper 백서(白書), 정식 보고서

제니퍼 존스 씨의 제안에 대해 별다른 의견이 없습니다.

I don't have an opinion on Ms. Jennifer Jones's proposal one way or the other.

오키드 사의 클레임에 대해서는 의견을 말씀드리기 전에 좀더 생각해 보고 싶습니다.

Concerning the Orchid Co.'s claim, I would like to think more about it before giving an opinion.

저는 이 버그 리포트에 관한 자료를 충분히 가지고 있지 못해 건설적인 의견을 말씀드리기 어렵습니다.

I don't have enough information to give a constructive opinion about this bug report.

저는 웹 서버 구축에 대해 의견을 말씀드릴 입장이 아닙니다.

I am not in a position to give an opinion on the Web server construction.

저희는 멀티미디어 프로그램 변경에 대해 의견을 내기가 곤란합니다.

It is difficult for us to comment on the multimedia program change.

104 계획 및 목표 전달하기

계획과 목표를 전달할 때에는 '목적은 ~입니다', '저희는 ~라고 생각합니다' 같이 직설적으로 표현하여 강한 인상을 주어 신뢰감을 높이자.

목표는 5월 15일입니다　　　　　　　　　　　　　　　×

Subject	the 15th of May
From	Bob@darakwon.com
To	abc@darakwon.com

The purpose of this development **plan is to** release a new server software on May 15 of this year as shown in the chart below.

Thank you,
Bob Reid

이 개발 계획의 목표는 아래의 도표에서 보시는 바와 같이, 올해 5월 15일에 새로운 서버 소프트웨어를 발매하는 것입니다.

이 구문 하나로
OK!

The purpose of this plan is to _____.
이 계획의 목표는 ~입니다.

- outline our objectives for the next 8 months
  향후 8개월 동안의 목표의 윤곽을 잡는 것
- determine a way to increase our market share to 15%
  우리의 시장 점유율을 15퍼센트로 높일 방법을 정하는 것
- predict future trends in the market
  시장의 향후 트렌드를 예상하는 것

이 문장으로 SEND!

저희가 해야 할 일은, 당사의 개발 프로젝트 그룹에 대한 에이링크 사의 신뢰를 회복시키는 것입니다.

What we must do is regain the trust of the Alink Co. for our development project group.

• regain 회복하다, 다시 얻다

보다 좋은 서비스를 제공함으로써 매출을 늘리고, 서버 소프트웨어 시장의 점유율을 높이고 싶습니다.

By offering better services, we are hoping to increase our sales volume and take a bigger share of the server software market.

캐런 그린 수석 엔지니어에게 제가 전하고 싶은 메시지는, 이 서버 소프트웨어의 처리 속도를 향상시키는 것이 우리의 최우선 과제라는 점입니다.

The message I want to get across to Ms. Karen Greene, the chief engineer, is that improving the processing speed of this server software is our first priority.

• priority 상위, 상석, 중요

이 제품 담당 팀의 첫 번째 목표는 우리 회사 클러스터 서버 소프트웨어의 시장 점유율을 높이는 것입니다.

The primary goal of this product team is to increase the market share of the cluster server software of our company.

• primary 첫째의, 1순위의

앞으로 2주 이내에 테크 사와의 협상을 완료하는 것이 우리의 목표입니다.

We aim to close the deal with the Tech Co. within the next two weeks.

우리의 활동 목적은 이메일 서버의 처리 속도를 향상시키는 것입니다.

The purpose of our activities is to improve the processing speed of this e-mail server.

105 희망 및 기대감 전달하기

자신의 희망이나 기대를 전달할 때에는 '~일 것이라고 생각한다', '~이 길 기대한다'는 표현을 사용하면 내용을 전하기 쉽다.

	제 생각은 이렇습니다 ✕
Subject	In my opinion
From	Dan@darakwon.com
To	Gina@gmail.com

Regarding Bug Report 123, if I can have my PC repaired by tomorrow, **I have every hope that** I can fix the bug in three days.

Sincerely,
Dan Presson

버그 리포트123에 대해, 제 PC가 내일까지 수리된다면 3일 안에는 반드시 버그를 수정할 수 있을 거라고 기대합니다.

이 구문 하나로 **OK!**

I have every hope that _____.
~할 것이라고 기대합니다.

- we will come to an agreement soon
  곧 우리가 합의에 이를 수 있을
- everything will be finished on time
  모든 일이 정시에 끝날
- you will learn how to do this soon
  당신이 이 일을 하는 방법을 곧 익힐

이 문장으로
SEND!

당신이 웹 서비스 개발 프로젝트에 참가하시는 건에 대해, 이 임무가 마음에 들기를 바랍니다.

Regarding joining the Web service development project, I hope you like this assignment.

귀하의 **PC**가 가능한 빨리 복구되기를 바랍니다.

I hope and pray that you will get your PC back as soon as possible.

클러스터 사가 결정을 번복하고 이 개발 계획을 계속할 가능성이 있다고 생각합니다.

I think that there is some hope that Cluster Co. will reverse its decision and continue with this development plan.

• reverse 번복하다

페스타세븐 사가 저희와 개발 계약을 계속해 주기를 바랄 뿐입니다.

We can only hope that FestaSeven Co. will continue the development contract with us.

자동 거래 시스템 개발 프로젝트에 관해, 노드피어 사와 지속적인 파트너십을 맺을 수 있기를 진심으로 기원합니다.

As for the automatic transaction system development project, it is our sincere hope that we can establish a lasting partnership with NodePeer Co.

언젠가 사무소를 캘리포니아의 샌마테오로 이전하는 것이 저희의 바람입니다.

It is our hope that someday we will be moving our office to San Mateo, California.

106 주의 환기시키기

자신이 말하고 싶은 주제가 있으면 본론으로 들어가기 전에 상대의 주의를 끌어낼 수 있는 표현을 사용하면 좋다. 이럴 때 유용한 표현을 알아 보자.

	이 점에 주의해 주십시오 ✕
Subject	Be careful.
From	Bob@darakwon.com
To	abc@darakwon.com

I understand that you people are debating whether or not the deadline of March 12, 2017, should be extended. **It must be noted that** the DataZone Co. is one of the troublemakers and gets behind schedule frequently.

Thank you,
Bob Reid

2017년 3월 12일 마감의 연장 여부에 관해 논쟁 중이신 듯한데, 데이터존 사는 트러블메이커 중 하나로, 일정이 지연되는 일이 빈번하다는 점에 주의할 필요가 있습니다.

이 구문 하나로 OK!

It must be noted that ☐. ~에 주의할 필요가 있습니다.

- despite your best efforts, you were still unsuccessful
  귀하의 최선의 노력에도 불구하고, 아직까지 성공하지 못했다는 점
- William constantly shows up late for work
  윌리엄은 늘 지각을 한다는 것
- your lawyer has not won a case in several months
  당신의 변호사는 몇 달 간 한 건도 승소하지 못했다는 것

이 문장으로 **SEND!**

저희 **UML** 테크놀로지 사는 시스템 컨설테이션 분야에서 **20**년 이상의 경험을 갖고 있음을 잊지 마시기 바랍니다.

Let me remind you that we at UML Technologies have over twenty years of experience in system consultation.

• remind 생각나게 하다, 상기시키다

다른 개발팀의 계획과 비교할 때 저희 계획이 몇 가지 점에서 우수하다는 사실에 주목해 주세요.

I would like to draw your attention to some of the advantages of our plan over those of other development teams.

중요한 점은, 개발 비용 절감을 위해 오픈소스 소프트웨어를 쓰는 기업이 늘고 있다는 것입니다.

The important point is that more and more companies are using open-source software to cut down on their development costs.

웹 서비스 시장은 아직 상대적으로 작지만 급성장하고 있다는 사실을 잊어서는 안 됩니다.

We should not forget that the Web service market is growing fast although it is still relatively small.

우리 고객의 대다수는 프로그래밍에 대해 거의 알지 못한다는 사실을 간과해서는 안 됩니다.

We should not overlook the fact that the vast majority of our clients has very little knowledge about programming.

• majority 대부분, 절대 다수, 대다수

링크팩 사가 프로젝트를 일정대로 마치지 못한 것은 이번이 처음이 아님을 지적하고자 합니다.

Allow me to point out that this is not the first time the LinkPack Co. has failed to complete a project on schedule.

케리 마샬 씨가 매일 늦게까지 사무실에 남아 야근하고 있다는 사실을 간과해서는 안 됩니다.

We should not overlook the fact that Carrie Marshall stays in the office late in the evening every day and works overtime.

107 중요성 지적하기

사안이 진행되길 바라는 방향이 있으면, 일방적으로 원하는 바를 강요하기보다는 사안의 중요성을 지적하여 상대방의 바른 판단을 요구하는 것이 좋다.

이 점이 중요할 것 같습니다 ✕

Subject	This could prove important.
From	Bob@darakwon.com
To	CarryWhite@gmail.com

When you try to convince the Sunnyvale office on this development plan, **it could prove important to** go through the proper channels.

Thank you,
Bob Reid

이 개발 계획에 관해 서니베일 사무소를 설득하려 하신다면, 적절한 경로를 거치는 것이 중요할 수도 있습니다.

이 구문 하나로
OK!

It could prove important to _____.
~하는 것이 중요할 수도 있습니다.

- **keep copies of all the documents**
  모든 서류의 사본을 보관하는
- **maintain a log of your discussions with the boss**
  사장과 토론한 내용의 일지를 보관하는
- **make notes on any malfuctions that occur**
  일어나는 모든 오작동을 기록해 두는

이 문장으로
SEND!

데이빗 존스 씨가 작성한 개발 계획에 대해 좀더 협의하는 것이 중요하다고 생각합니다.

As for the development plan that David Jones created, I believe that it is important for us to discuss it further.

이 제품을 일정대로 발매하여 우리의 시장 점유율을 넓히는 것이 중요합니다.

It is important to release this product on schedule and expand our market share.

이 개발 프로젝트에서 중요한 것은 이달 말까지 완료해야 한다는 점입니다.

What is important about this development project is to get it done by the end of this month.

매일 진척 상황을 메일로 보고하는 일은 중요합니다.

It is very important that you e-mail your progress report daily.

메일을 보내기 전에 다시 한번 읽어 보는 것은 좋은 생각입니다.

It is a good idea for you to read over any e-mails you write before you send it.

108 중요성 강조하기

사안의 중요성을 매우 강조하고 싶을 때에는 '~이 불가피하다', '꼭 필요하다', '아무리 강조해도 지나치지 않다' 같은 표현으로 내용을 전달한다.

버그 수정은 꼭 필요합니다 ✕

Subject	Fix this bug.
From	Bob@darakwon.com
To	Bill@gmail.com

As we cannot stress enough the importance of fixing this bug, **it is absolutely necessary that** we respond to the claim from the Los Altos office immediately.

Thank you,
Bob Reid

이 버그를 수정하는 일의 중요성은 아무리 강조해도 지나치지 않으므로 로스 앨토스 사무소의 클레임에 즉시 대응해야 합니다.

이 구문 하나로 **OK!**

As we cannot stress its importance enough, it is absolutely necessary that ⬚⬚⬚ .
그 중요성은 아무리 강조해도 지나치지 않으므로 반드시 ~해야 합니다.

- **you do nothing until our repairperson arrives**
  우리 수리 기사가 도착할 때까지 아무것도 손대지 말아야
- **you keep accurate records of all your transactions**
  모든 거래를 정확하게 기록해야
- **we keep an office in Seoul to maintain a presence in Asia**
  아시아에 남기 위해 서울 사무소를 유지해야

이 문장으로 SEND!

수석 엔지니어에게 자신의 진척 상황을 매일 메일로 보고하는 것이 얼마나 중요한지는 아무리 강조해도 지나치지 않습니다.

I cannot stress enough how important it is to e-mail your progress report to the chief engineer every day.

● stress 강조하다

이 프로젝트에 관해서는 납기일을 맞추는 것이 가장 중요하다고 생각합니다.

Regarding this project, I consider it most important for us to meet our delivery deadline.

좋은 해결책을 생각해내는 것이 이 개발 회의의 목적임을 강조하고 싶습니다.

I would like to emphasize that the goal of this development meeting is to come up with a solution.

● emphasize 강조하다
● come up with 제시하다, 제안하다

저희는 싱크컴 사의 말에 귀를 기울이는 것이 중요하다는 점을 특별히 강조하고 싶습니다.

We would like to put special emphasis on the importance of listening to what the SyncCom Co. wants to tell us.

새로 프로그래머를 고용한다면 잔업 수당 문제가 매우 중요합니다.

The issue of overtime pay is very significant if we are going to hire new programmers.

● significant 중요한, 의미 깊은

존스 씨의 요구에 한도를 정하는 것이 불가피하다고 생각합니다.

I feel that placing limits on what Mr. Jones demands is vital.

● vital 절대 필요한, 불가피한

109 중요성 부인하기

어떠한 안건이 상대가 생각하고 있는 것만큼 중요하다고는 생각하지 않을 때에는 '~은 부차적인 문제입니다', '~은 그다지 중요하지 않다고 생각합니다' 같은 표현을 사용한다.

그 부분은 별로 중요하지 않습니다	✕
Subject	It's a minor issue.
From	Bob@darakwon.com
To	Kate@gmail.com

Although George Wolfe is against adding more programmers to the project, when we consider the size of the overall budget of the project, the cost of adding three programmers **is a very minor issue**.

Thank you,
Bob Reid

조지 울프 씨는 프로그래머 증원에 반대하고 있으나, 이 프로젝트 전체 예산 규모를 생각하면 프로그래머를 세 명 추가하는 비용은 아주 작은 부분입니다.

이 구문 하나로
OK!

I think _____ is a very minor issue.
제 생각에 ~은 그다지 중요한 일이 아닙니다.

- the decision on who will speak first
  누가 먼저 발표할 것인가를 정하는 것
- the question of where we'll have lunch
  어디서 점심을 먹을 것인가 하는 문제는
- the matter of overtime pay
  잔업 수당 문제는

이 문장으로
SEND!

누가 이 버그를 수정할 것인지는 부차적인 문제입니다.

Who will be fixing this bug is of secondary importance.

• **secondary** 제 2위의, 부차적인

스티븐 렌델 씨를 그린 씨의 개발팀에 보내는 것은 비교적 소소한 인사 이동입니다.

Assigning Stephen Rendel to Greene Development Team is a relatively minor personnel change.

우리는 모두 네트워크로 연결되어 있으므로, 어느 사무소에서 개발 작업을 하는지는 그리 중요하지 않습니다.

It is not so important at which office we will be doing development since we will all be connected through the network.

모든 정보가 파일 서버에 저장되어 있으므로, 종이 서류를 보관하는 것은 중요하다고 보지 않습니다.

I don't see the importance of keeping paper documents since all the information is saved on our file server.

협력 부서 담당인 존스 씨가 그렇게 중요하다고는 생각하지 않습니다.

I really do not think Jones, who is in charge of the Collaboration Division, is all that important.

나는 이 프로젝트에서의 공동 작업이 당신이 생각하는 만큼 중요하다고 생각하지는 않습니다.

I don't think collaboration is as important as you think it is in this project.

110
이유 설명하기

자신의 생각이나 입장의 논거를 확실히 설명하는 것은 설득과 협상의 기본이다. 이것이 잘 되면 이후 진행은 자연스럽게 따라오기 때문이다. 이유를 설명할 때는 가능한 한 명확한 표현을 사용하자.

프로젝트를 포기한 이유는 다음과 같습니다 ×

Subject	The reason for ending the project
From	Bob@darakwon.com
To	abc@wellsoft.com

The main reason we have decided to discontinue this project is that you refuse to abide by the original terms of the contract that we agreed upon on November 4, 2016.

Thank you,
Bob Reid

저희 회사가 이번 프로젝트를 중지하기로 결정한 주된 이유는 귀사가 2016년 11월 4일에 합의한 계약서 조항에 따르지 않았기 때문입니다.

이 구문 하나로
OK!

The main reason we have decided to discontinue this project is _____.
이 프로젝트를 중지하기로 결정한 주요 원인은 ~입니다.

- **your company's constant failure to deliver**
  귀사의 지속적인 배송 실패
- **the chance of success for the products you promised was too low**
  귀사가 약속한 상품의 성공 확률이 너무 낮기 때문
- **a recent discovery by our competitor has made our project obsolete**
  우리 경쟁사의 최신 발견으로 우리 프로젝트가 쓸모없어졌기 때문

저희가 이 프로그램을 개발하는 이유 중 하나는 오픈소스 소프트웨어에 대한 수요가 증가하고 있다는 것입니다.

One reason why we are developing the program is the growing demand for open-source software.

무브온 사는 다음과 같은 이유로 프로젝트를 중단합니다.

The MoveOn Co. is going to suspend its project for the following reason.

• suspend 중지하다, 중단하다

이 새로운 방침 때문에 웹 서버 개발 프로젝트 그룹의 예산을 처리하지 못하고 있습니다.

We have been unable to process the budget for the Web Server Development Project Group because of this new policy.

현재 개발 예산이 계속 삭감되고 있으므로, 서버 소프트웨어 시장에 초점을 맞추기로 했습니다.

The steady development budget cuts are the reason why we have decided to focus on the server software market.

• focus on ~에 초점을 맞추다

심각한 디플레이션으로 우리는 프로그래머 세 명을 해고할 수밖에 없습니다.

Severe deflation is the reason why we have to let three programmers go.

• deflation 디플레이션, 통화 수축

이 개발 프로젝트 중단에는 여러 가지 이유가 있습니다.

There are a number of reasons for discontinuing this development project.

111
조심스럽게 확신 표현하기

어떤 사안에 대한 확신을 에둘러 표현하려면 '~인 것으로 보입니다', '제가 보기에는 ~합니다' 같은 표현을 사용한다.

저는 확신합니다	
Subject	I have no doubt.
From	Bob@darakwon.com
To	White@gmail.com

I understand what you're worried about, but **I am convinced that** the change the server development group suggested is the most effective way to fix the bug.

Thank you,
Bob Reid

걱정하시는 바는 이해합니다만, 서버 개발 그룹이 제안한 변경 사항이 버그를 수정하는 데 가장 효과적이라고 저는 확신합니다.

이 구문 하나로 **OK!**

I am convinced that ☐. 저는 ~라고 확신합니다.

- we can meet our deadline if we work hard enough
  우리가 열심히 일하면 기한에 맞출 수 있을 것이라고
- I can do a great job if you just give me a chance
  저에게 기회만 주신다면 잘 해낼 수 있으리라고
- with a little more time, I can debug your computer
  시간을 조금만 더 주시면 당신 컴퓨터의 버그를 없앨 수 있다고

이 문장으로 SEND!

웹 서비스 프로젝트 그룹이 그 버그를 수정하는 데 시간을 너무 많이 끌고 있는 것 같습니다.

It seems to me that the Web Service Project Group is spending too much time fixing the bug.

제가 틀릴지도 모르나, 제게는 해먼드 씨의 방법이 매우 미숙하게 여겨집니다.

I could be mistaken, but Mr. Hammond's method seems to me to be very crude.

● **crude** 조잡한, 거친, 미숙한

데이터존 사의 로버트 홉킨스 사장님이 이 방법을 마음에 들어 하는 이유는, 그것이 개발 그룹이 제안한 것이기 때문일지도 모릅니다.

It could be that President Robert Hopkins of the DataZone Co. prefers the method because it has been suggested by the Development Group.

제가 보는 바로는, 프로젝트 그룹은 최근 업무를 잘 수행하고 있는 것 같습니다.

As far as I can observe, the Project Group is doing a good job these days.

● **observe** 보다, 주시하다, 관찰하다

112
확실성 단언하기

'확실하다', '자신 있다', '절대적이다'는 뉘앙스로 강한 확신이 있음을 나타내는 표현이다.

성공을 확신합니다   ✕

Subject	It'll be a success.
From	Bob@darakwon.com
To	jino@gmail.com

Although we will need to introduce three new workstations into the development environment, **I am certain that** this project is going to be a success.

Thank you,
Bob Reid

개발 환경에 워크 스테이션을 세 대나 새로 도입해야 겠지만, 저는 이 프로젝트의 성공을 확신하고 있습니다.

이 구문 하나로
OK!

I am certain that ☐☐☐. 저는 ~을 확신합니다.

- **our research will not be wasted**
  우리의 조사가 헛수고가 되지 않을 것
- **Ray Wellman is the right person for the job**
  레이 웰먼이 그 일에 적임자임
- **I have the correct answer**
  내 해답이 정확하다는 것

이 문장으로 **SEND!**

현재 개발 부문을 이끌고 있는 조이 렌델 씨가 새 업무에서 활약을 보여 줄 것을 확신합니다.

Regarding Joe Rendel, who heads the Development Division now, I have total confidence that he will do an excellent job in his new assignment.

저희는 납기에 맞출 자신이 있습니다.

We are confident that we will be able to meet our deadline.

존스 씨가 이번 개발 프로젝트에 부정적인 영향을 미치고 있는 것은 분명한 사실입니다.

It is obvious that Jones is having a negative impact on the development project.

웰소프트 사의 프로그래머들이 지난주에 야근을 했으므로, 이 회사에 추가 수당을 지급해야 함은 두말할 필요도 없습니다.

It is beyond question that we have to pay some extra expense to the WellSoft Co. because their programmers worked overtime last week.

이번 지연에 대해 무언가 조처를 취해야 한다는 것은 자명합니다.

It is obvious that something has to be done about this delay.

이 소프트웨어는 세계적인 베스트셀러가 될 것이 확실합니다.

We have every reason to believe that this software will be a bestseller throughout the world.

저는 당사의 웹 서비스가 2주 이내에 개시될 것을 확신합니다.

I am absolutely certain that our company's web service will start within two weeks.

본 프로젝트의 성공에는 의심할 여지가 없습니다.

There is no doubt that this project is going to be a success.

113 가능성이 높음을 나타내기

확실하지는 않지만 가능성이 높은 사실을 나타낼 때에는 '~일 것 같다' '~일 가능성이 크다'는 뜻의 likely를 사용하면 의도를 전달할 수 있다.

거래처를 변경할 가능성이 큽니다

Subject	It's highly likely...
From	Bob@darakwon.com
To	Bill@wellsoft.com

Since I consider it most important to meet the delivery deadline of every project, if you cannot complete the system construction by the promised date, **it is highly likely that** we will start looking for another developer.

Thank you,
Bob Reid

모든 프로젝트는 납기를 맞추는 것이 가장 중요하다고 여기므로, 만일 귀사가 정해진 날짜까지 시스템 구축을 마칠 수 없다면 다른 개발 담당처를 물색할 가능성이 큽니다.

이 구문 하나로

It is highly likely that _____ . ~일 가능성이 큽니다.

- we will not be renewing your contract
  당신의 계약서를 갱신하지 않을
- bad weather will delay our arrival
  악천후로 우리의 도착이 지연될
- CEO Bergeron will consult with you about her idea
  버게론 회장이 그분의 아이디어에 대해 당신과 상의할

이 문장으로 SEND!

당신이 보낸 메일이 잘못된 주소로 송신되었을 가능성이 높습니다.

It could very well be that your e-mail was sent to the wrong address.

• could (very) well 어쩌면 ~일지도 모른다

켈리 그린 과장님이 다음 주에 멘로 파크에서 열리는 회의에 참석하는 것이 거의 확실하다고 봅니다.

I am almost positive that Manager Kelly Greene can attend the meeting in Menlo Park next week.

본 프로젝트에 관해서는 프로그래머 세 명을 감원해야 할 것입니다.

As far as this development project is concerned, it is very likely that we have to let 3 programmers go.

당신이 도쿄 사무소를 방문하는 동안 랠프 팩스톤 씨를 만날 기회가 분명히 있을 겁니다.

It is quite likely that you will have a chance to meet Ralph Paxton when you are visiting the Tokyo office.

저희 회사는 내년에 수원으로 이전할 가능성이 높습니다.

There is a good chance that our company will be moving to Suwon next year.

• chance 가능성, 기회

존 스미스 씨가 수석 엔지니어로 승진할 가능성은 충분합니다.

There is every possibility that John Smith will be promoted to a chief engineer.

114 가능성이 낮음을 나타내기

상대방의 기대를 부드럽게 부정할 때에는 '~은 무리일 것입니다', '가능성이 거의 없습니다' 같은 표현을 사용할 수 있다.

빠른 수정은 어려울 것 같습니다 ✕

Subject	It looks difficult.
From	Bob@darakwon.com
To	KateWillson@gmail.com

Regarding the bug that disables the automatic transaction function, **it would be difficult to** fix in a day because it is a very complex problem.

Thank you,
Bob Reid

자동 거래 기능을 마비시키는 버그는 매우 복잡한 문제라서 하루 안에 수정하기는 어려울 것 같습니다.

이 구문 하나로
OK!

It would be difficult to _____. ~는 어려울 듯 합니다.

- complete because of a lack of time
  시간이 부족해서 완성하기는
- fix since I don't have all my tools
  연장을 다 가지고 있지 않아서 고치기는
- answer since I'm not familiar with the topic
  그 주제에 익숙하지 않아서 대답하기는

이 문장으로 SEND!

올해 안에 납기를 맞추는 것은 무리일 것입니다.

There is very little likelihood of us meeting the delivery deadline by this year.

이 개발 계획이 올해 취소될 가능성은 희박합니다.

It is not likely that this development plan will be canceled this year.

그 정도의 자격과 기술을 가진 프로그래머를 고용할 가능성은 거의 없습니다.

The chances of hiring a programmer with all those qualifications and skills are extremely remote.

이 버그에 대해 궁극적인 해결책을 찾아내는 일은 어렵다고 생각합니다.

I think it will be difficult to find an ultimate solution for this bug.

● ultimate 궁극적인

회사의 재정 사정이 그다지 좋지 않기 때문에 제가 바라던 대로 이 개발 프로젝트를 올해 시작하는 것은 무리일 것 같습니다.

It is very unlikely that we will be able to launch this development project this year as I had hoped because the financial status of our company isn't that great.

저희 팀이 실패할 가능성은 거의 없습니다.

There is not much of a possibility that my team will fail.

당사가 본 개발 프로젝트를 중지하는 일은 있을 법하지 않습니다.

It is very improbable that our company will cancel this development project.

● improbable 있음직하지 않은

K 동의, 반대 및 타협

- **115** 찬성하기
- **116** 전면적 지지 표명하기
- **117** 기본적 지지 표명하기
- **118** 부분적 합의 나타내기
- **119** 완곡하게 반대 표명하기
- **120** 반대 의견 나타내기
- **121** 반대 의견 강조하기
- **122** 대안 제시하기
- **123** 제안에 반대하기
- **124** 제안에 전면적으로 반대하기
- **125** 재고 요청하기
- **126** 타협안 제시 및 수용하기
- **127** 타협안 거절하기
- **128** 조건부로 수용하기

115 찬성하기

'~에 동의합니다', '찬성합니다'라는 기본적인 표현 이외에 '당신의 생각을 충분히 이해합니다', '전적으로 찬성합니다' 같은 강한 동의 표현을 알아 본다.

귀하의 입장에 동의합니다 ✕

Subject	We agree.
From	Bob@darakwon.com
To	Bill@wellsoft.com

As I understand that you yourself are in a position to work against that deadline, **I think that we are in agreement on** the main points of how many days we are allowed to spend on fixing this bug.

Thank you,
Bob Reid

귀사도 마감 시한을 맞춰야 하는 입장이므로, 며칠 내로 버그를 수정하느냐에 대해 우리는 이해를 같이 한다고 생각합니다.

이 구문 하나로 **OK!**

I think that we are in agreement on _____.
~에 관해 우리는 뜻을 같이 하고 있다고 생각합니다.

- **the basic problem we are facing**
  우리가 직면한 기본적인 문제점
- **how we should market this product**
  이 상품을 어떻게 홍보하는가
- **whom we want to hire**
  우리가 누구를 고용할 것인가

이 문장으로
SEND!

프로그래머에게 2시간마다 10분씩 휴식 시간을 갖게 하자는 켈리 그린 과장님의 제안에 저는 100퍼센트 찬성입니다.

I agree one hundred percent with Manager Kelly Greene's suggestion to let the programmers take a 10-minute break every two hours.

프로그래머들이 매일 밤 야근을 하고 있는 문제에 대한 당신의 생각을 이해합니다.

I can understand your thoughts on the issue of our programmers working overtime every night.

버그 리포트에 문제 발생 시의 현상에 대한 설명을 포함해야 한다는 당신의 의견에 동의합니다.

I agree with your opinion that the bug report should include a description of the phenomenon when the problem occurs.

• **description** 기술, 묘사   • **phenomenon** 현상, 사상, 사건

개발팀은 켈리 그린 과장님과 같은 의견입니다.

The Development Team is of the same opinion as Manager Kelly Greene.

우리는 본 개발의 속행에 대해 같은 의견을 갖고 있다고 생각합니다.

As for continuing the development, I think that we are of one mind.

켄트 모리스 씨를 개발팀에서 제외한다는 당신의 결정에 저는 전적으로 찬성합니다.

I am in total agreement with your decision to remove Kent Morris from the Development Team.

116 전면적 지지 표명하기

상대방의 생각에 찬성의 입장을 명확히 하고, 상대방을 강하게 지지할 때 사용할 수 있는 표현이다. '완전히', '전적으로', '100퍼센트' 등의 표현으로 지지를 나타내 보자.

---

100 퍼센트 찬성합니다　　　　　　　　　　　　　　×

Subject	I'm 100% in favor.
From	Bob@darakwon.com
To	Kate@darakwon.com

Regarding how to change the basic development plan,
I am fully in favor of asking the chief engineer to help us.

Thank you,
Bob Reid

기본 개발 계획서의 변경 방법에 관해, 수석 엔지니어의 도움을 구한다는 것에 저는 전적으로 찬성합니다.

이 구문 하나로

I am fully in favor of ＿＿＿＿. ~에 전적으로 찬성합니다.

- **consulting someone else to get his opinion**
  다른 사람과 상의해 그분의 자문을 구하는 것
- **starting over from the beginning**
  처음부터 다시 시작하는 것
- **avoiding discussion of this topic from now on**
  이제부터는 이 일에 대한 논쟁을 피하는 것

이 문장으로 **SEND!**

본 프로젝트에 관해 우리는 개발부를 전적으로 지지하므로 안심하십시오.

Because we support the Development Division all the way on this project, you can count on us.

• count on 의지하다, 기대하다

저는 레스터 그랜트 씨의 제안을 100 퍼센트 지지합니다.

I am behind Lester Grant's proposal 100%.

• behind ~을 지지하여, 편들어

저희는 당신 팀의 입장을 확실하게 지지합니다.

We firmly support your team's position.

기본 사양 변경 계획에 저는 전면적으로 찬성합니다.

I give my total support to the idea of changing the basic specifications.

저는 수석 엔지니어의 조치에 전적인 지지를 표하고 싶습니다.

I would like to express my total support for the chief engineer's action.

저는 산타클라라 사무소의 제안에 대찬성입니다.

The Santa Clara office's proposal has my full support.

우리는 프로젝트 그룹을 전면적으로, 그리고 무조건적으로 지지합니다.

The project group has our total and unconditional support.

• unconditional 무조건의

117

기본적 지지 표명하기

상대의 제안이나 생각을 기본적으로 지지함을 전달할 때 사용하는 표현이다. '지지한다'는 뜻의 동사 support와 함께 '기본적으로'라는 뜻의 부사 basically를 사용해서 의미를 전달할 수 있다.

기본적으로 지지합니다

Subject	We give our support.
From	Bob@darakwon.com
To	Gina@darakwon.com

Basically we support the Daejeon office's proposal that we use more than five programmers.

Thank you,
Bob Reid

5인 이상의 프로그래머를 고용한다는 대전 사무소의 제안을 기본적으로 지지합니다.

이 구문 하나로
OK!

Basically I support the idea of ☐.
기본적으로는 ~에 찬성합니다.

- offering our products at a discount
  우리 상품을 할인해서 내놓는 것
- asking Mr. Simmons for his assistance
  시몬스 씨의 도움을 청하는 것
- changing the agenda for this afternoon's meeting
  오늘 오후 회의의 의제를 바꾸는 것

이 문장으로 **SEND!**

시카고 사무소의 제안에 기본적으로는 찬성합니다.

I am basically in favor of the Chicago office's proposal.

• in favor of ~에 찬성인, 동의하는

모레가 아니라 내일 출발하는 것에 저는 반대하지 않습니다.

I would not oppose the idea of leaving tomorrow instead of the day after tomorrow.

저희는 기본적으로 제품 담당 그룹의 제안을 지지합니다.

Basically, we support the product group's proposal.

몇 가지만 변경한다면 저희는 당신의 개발 계획을 지지할 것입니다.

With a few changes, we would support your development plan.

118 부분적 합의 나타내기

상대의 생각에 전면적인 찬성이나 반대가 아니라 일부분만 동의할 때 사용할 수 있는 표현이다. I agree with를 사용해서 찬성 의견임을 먼저 알린 후에 이견이 있는 부분을 밝힌다.

대체로 동의합니다   ✕

Subject	I agree in principle...
From	Bob@darakwon.com
To	abc@gmail.com

In principle I agree with the chief engineer's idea about how to set up a P2P sever, **but** I wonder if it will work as he explained at the meeting last night.

Thank you,
Bob Reid

P2P 서버를 어떻게 설치할 것인가에 대해서 대체로 수석 엔지니어의 생각에 동의하지만, 그가 어젯밤 회의에서 설명한 대로 서버가 실제로 문제없이 작동될지는 의문입니다.

이 구문 하나로 **OK!**

I agree with you in principle, but _____.
대체적으로 당신에게 동의하지만, ~.

- I wonder if you think it's really possible
  정말로 그게 가능하다고 생각하시는지 의문입니다
- I'm not sure if we have the ability to do everything you are proposing
  우리에게 귀하가 제안하는 모든 일을 할 수 있는 능력이 있는지는 확신할 수 없습니다
- there are still a few details I'd like to discuss
  저는 아직 몇 가지 세부사항에 관해서는 좀 더 논의하고 싶습니다

이 문장으로 **SEND!**

대만에서 당사의 메일 서버 소프트웨어를 어떻게 판매할 것인가에 관해 귀사가 **7월 15일** 주신 메일에서 설명하신 내용에는 대부분 찬성합니다만, 이 소프트웨어를 우리가 자체적으로 제작한 다는 점에 대해서는 찬성할 수 없습니다.

Although I agree with most of what you described in your e-mail of July 15 about how to market our e-mail server software in Taiwan, I find it difficult to agree with you on the issue of customizing the software by ourselves.

• **customize** 주문을 받아 만들다

우리가 채택할 방법론에 대해서는 당신과 같은 의견이지만, 실행 계획에는 동의할 수 없습니다.

We are in agreement on the methodology that we should adopt, but I can't agree with your implementation plan.

• **methodology** 방법론
• **implementation** 이행, 실행

본 개발 프로젝트의 속행에 대한 당신 의견에는 찬성에 가깝지만, 몇 가지 의문 사항이 있습니다.

Concerning continuing this development project, I tend to agree with your opinion, but there are certain points where I have my doubts.

• **tend to** ~으로 향하다, ~하는 경향이 있다

본 프로젝트에 프로그래머를 추가하는 건에 대해 귀하의 의견에 찬성하는 쪽이지만 두세 가지 이견이 있습니다.

As for bringing more programmers into this project, I am inclined to agree with you although we may differ on a couple of points.

우리는 본 개발 계획에 관해 전반적으로는 서로 공통된 의견을 갖고 있지만, 다음 세 가지 사항 은 좀더 논의해야 할 것입니다.

Regarding the development plan, I think we agree for the most part, but the following three points should be discussed further.

저희는 럭스테크 사의 제안에 전반적으로는 호의적입니다만, 두세 가지 문제에 대해 상의할 필요가 있습니다.

Our overall reaction to LuxTech's proposal is favorable, but we need to talk about a couple of points.

클라크 스틸먼 씨가 내린 지시의 기본적인 생각은 좋으나, 세부적으로는 몇 군데 의문을 가지고 있습니다.

I like the basic idea behind Mr. Clark Stillman's instructions, but I can't help wondering about some of the particulars.

- can't help -ing ~하지 않을 수 없다
- particulars 자세한 내용, 명세서

런던에서 개발하자는 귀하의 제안에 대해서, 우선 유능한 프로그래머가 세 명 필요합니다.

For your proposal for development in London, you first need to hire three competent programmers.

영어 문장 다루기 – 물음표, 따옴표

A 의문문이 마침표로 끝날 수도 있을까? 바르게 쓴 문장을 고르시오.

(1) Could you send me the documents as soon as possible.
(2) Could you send me the documents as soon as possible?
그 문서를 가능한 빨리 보내 주시겠습니까?

B 전체 문장이 의문문이고 인용문이 평서문이라면 의문부호나 마침표는 어디에 붙을까? 바르게 쓴 문장을 고르시오.

(1) Why did you say, "It is out of question"?
(2) Why did you say, "It is out of question."?
어째서 당신은 "그건 문제가 안 된다"라고 말했습니까?

A (1), (2) 쓰는 사람이 순수하게 질문을 하는 의도라면 물음표가 필요하다. 또 정중하게 의뢰하는 경우에도 읽는 사람이 No.라고 말할 여지를 남기기 위해서 물음표를 사용한다. 하지만 의문문의 형태를 취하면서도 실제로는 명령하고 있을 경우에는 물음표가 없어도 된다.

B (1) 이 경우에 마침표는 불필요하고 물음표만 인용문 밖에 붙인다. She said, "Is it out of the question?"("그것은 문제가 되지 않습니까?"라고 그녀가 말했다) 같이 전체 문장이 평서문이고 인용문이 의문문이면 의문부호만 인용문 속에 붙인다.

119 완곡하게 반대 표명하기

먼저 상대방의 입장을 인정한 후에 자신의 생각이 상대와 다르다는 점을 전달하면 완곡하게 반대 의사를 나타낼 수 있다.

찬성합니다, 그러나 …

Subject	Thank you, but...
From	Bob@darakwon.com
To	Ferguson@gmail.com

Mr. Ferguson, thank you for sharing your idea about how to implement changes in this project. **I understand what you're saying, but** it seems that we need to deal with a couple of issues before we finalize our plan.

Thank you,
Bob Reid

퍼거슨 씨, 이 프로젝트의 변경 사항을 어떻게 이행할 것인지에 대해 귀하의 의견을 들려 주셔서 감사합니다. 말씀하신 바는 이해하지만, 우리 계획을 최종적으로 결정하기에 앞서 아직 두세 가지 논점을 처리할 필요가 있다고 생각합니다.

이 구문 하나로

I understand what you're saying, but _____.
무슨 말씀이신지 알겠지만 ~.

- I just don't think it's possible
  그게 가능하다고는 생각하지 않습니다
- I don't know how we can do it
  우리가 그 일을 어떻게 할 수 있을지 모르겠습니다
- I don't want to change anything since we're almost finished
  우리는 일을 거의 다 끝냈으므로 변경을 원하지 않습니다

이 문장으로
SEND!

수석 엔지니어의 의견에도 일리가 있다고 생각합니다만, 본 그룹은 실행 방법을 걱정할 필요는 없다고 생각합니다.

We think that the chief engineer has a point, but this group doesn't think that we need to worry about how it will be implemented.

● have a point 일리 있다, 타당하다

그린 씨, 무슨 말씀이신지는 알겠습니다만, 당신의 제안을 실행하는 데 소요되는 시간을 고려해 보셨습니까?

I understand your point, Ms. Greene, but have you considered the time needed for carrying out what you have proposed?

● carry out 실행하다, 수행하다

당신 의견에 반대하고 싶은 생각은 없지만, 제가 보기에는 당신이 완전히 잊고 있는 것이 있는 것 같습니다.

I don't mean to disagree with you, but it seems to me that there are certain things that you have completely forgotten.

수석 엔지니어님, 무슨 말씀이신지 이해하지만 저희 팀의 입장도 고려해 주셨으면 합니다.

I can see your point of view, Chief Engineer, but I think you ought to consider my team's position.

무슨 말씀이신지 이해하지만, 저는 이 개발 프로젝트를 즉각 취소해서는 안 된다고 생각합니다.

I see your point, but I don't think that we should cancel this development project immediately.

120
반대 의견 나타내기

상대방의 의견에 대해 '내 생각은 다르다'라고 말할 때 쓸 수 있는 표현이다. 정확하게 입장을 전달하되, 상대방이 공격적이거나 감정적이라고 느끼지 않도록 주의한다.

제 생각은 조금 다릅니다 ✕

Subject	I think a little differently.
From	Bob@darakwon.com
To	Silversteen@darakwon.com

Mr. Silversteen, thank you for drawing my attention to the bug, and I am sorry to hear that our system does not function properly because of it. **But I don't agree with** your assertion at all that I should fix the bug, because it is located in a module which I have nothing to do with.

Thank you,
Bob Reid

실버스틴 씨, 버그가 있다는 사실을 알려 주셔서 감사합니다. 그 버그로 인해 시스템이 제대로 작동하지 않은 점은 유감이오나, 제가 그 버그를 수정해야 한다고 단정하시는 것에는 전혀 동의할 수 없습니다. 그 버그는 제가 전혀 관여하지 않은 모듈 내에 있기 때문입니다.

이 구문 하나로
OK!

But I don't agree with _____. 하지만 ~에는 동의할 수 없습니다.

- **you at all regarding our future marketing strategy**
  우리의 향후 마케팅 전략에 관해서는 당신의 의견에 전혀

- **your opinion that I was at fault**
  제가 틀렸다는 당신의 의견에는

- **the idea that our product is inferior to our competitor's**
  우리 제품의 품질이 경쟁사보다 낮다는 의견에는

이 문장으로 SEND!

이 기능을 어떻게 실행할 것인지에 대한 당신의 의견에 동의하지 않습니다.

I can't say that I share your idea on how to implement this function.

• share one's idea ~와 뜻을 같이하다   • implement 실행하다

이달이 개발 계획을 중지하는 데 가장 좋은 시기라는 당신의 의견에 저는 찬성할 수 없습니다.

I really can't agree with you that this month is the best time to halt the development plan.

• halt 멈추다, 서다, 정지하다

저는 향후 개발 계획을 어떻게 추진할 것인가에 대해 유감스럽게도 견해를 달리합니다.

Regarding how to proceed with the development plan from now on, I am afraid we don't see things the same way.

이 버그를 어떻게 수정할 것인지에 대한 당신 생각이 전적으로 옳은 것은 아니라고 봅니다.

I can't help feeling that you are not quite right about how to fix this bug.

이 개발 프로젝트에서 채택해야 할 최선의 방법에 대한 당신 의견에는 동의할 수 없을 듯합니다.

I am afraid I do not share your view on the best method to adopt for this development project.

• adopt 채택하다, 받아들이다

매튜 호킨스 씨의 의견에는 반대해야 한다고 생각합니다.

I feel that I really must disagree with Matthew Hawkins' opinion.

지금이 베트남 시장에 진출할 가장 좋은 시기라는 존스 씨의 의견에 전적으로 찬성하는 것은 아닙니다.

I don't completely agree with Mr. Jones' view that this is the best time to get into the Vietnamese market.

121
반대 의견 강조하기

의견이 다르다는 점을 강조할 때 쓸 수 있는 표현이다. I don't agree with(동의하지 않는다), I don't think that(그렇게 생각하지 않는다) 같은 표현에 부사를 덧붙여 강조하면 된다.

저는 전적으로 반대합니다   ×

Subject	I totally disagree.
From	Bob@darakwon.com
To	Feldman@darakwon.com

Mr. Feldman, **unfortunately,** my development group and **I are in total disagreement with you because** it does not seem practical to start doing it at this stage of the development process.

Thank you,
Bob Reid

펠드먼 씨, 유감스럽게도 저를 비롯한 개발 그룹은 당신의 의견에 전적으로 반대합니다. 개발 작업의 현 단계에 와서 그 일을 시작한다는 것은 실용적이지 않기 때문입니다.

이 구문 하나로 **OK!**

Unfortunately, we are in total disagreement with you because _____.
유감이지만 ~ 때문에 귀하의 의견에 전적으로 반대합니다.

- **your suggestion is completely the opposite of what we agreed to**
  귀하의 제안은 우리가 협의한 것과는 완전히 반대이기
- **your idea would delay us by more than one week**
  귀하의 의견대로라면 일이 일주일 이상 더 지연될 것이기
- **we cannot afford to make the changes you've proposed**
  귀하가 제안한 변경 사항을 이행할 여유가 없기

이 문장으로
SEND!

이 해결책에 관한 그분의 의견에 저는 전적으로 반대합니다.

I totally disagree with his opinion on this solution.

폴 젠킨스 씨, 당신 의견에 반대하고 싶지는 않지만, 저는 존스 씨가 우리의 관점을 조금도 이해하고 있지 않다고 생각합니다.

Mr. Paul Jenkins, I hate to disagree with you, but I don't think that Mr. Jones understands our perspective at all.

• **perspective** 견해, 관점, 사고방식

일이 지연된 것에 대해 엣지피플 사의 변명을 받아들이는 것은 말도 안 된다고 생각합니다.

I think that it's a bad idea to accept EdgePeople's excuse for this delay.

• **excuse** 변명

당신의 제안을 실행하는 것은 완전히 무리입니다.

What you are proposing just isn't feasible to implement at all.

• **feasible** 실행할 수 있는, 그럴싸한

수석 엔지니어의 의견은 존중하지만, 저는 그것이 순조롭게 진행될 것이라고 생각하지 않습니다.

With all due respect to the chief engineer's suggestion, I just don't think it would work.

산타크루즈 사무소의 의견을 존중하지만 웰소프트 사와의 계약을 계속해야 한다는 견해에는 동의할 수 없습니다.

I respect the Santa Cruz office's opinion; however, I can't agree with the idea that we should continue our contract with the WellSoft Co.

저는 크로스웨이 사가 아주 무능하다고 생각하므로, 그 회사를 개발팀에 참가시키는 것에는 절대 반대합니다.

I am strongly against letting the CrossWay Co. join the development team because I think they are totally incompetent.

• **against** ~에 반대하여   • **incompetent** 무능한, 능력 없는

122 대안 제시하기

무조건 반대하기보다는 자신의 제안이나 대안을 제시하여 상대방의 이해를 구하면 보다 건설적으로 논의를 진행할 수 있다.

우리가 대안을 제시하겠습니다 ✕

Subject	Our counter proposal.
From	Bob@darakwon.com
To	abc@gmail.com

Now that I have pointed out the problems in Mike Washington's original proposal about how to implement this function, **I would like to present** our team's counterproposal.

Thank you,
Bob Reid

이 기능을 어떻게 실행할지에 관한 마이크 워싱턴 씨 제안의 문제점을 지적했으니, 이번에는 제가 우리 팀의 대안을 제시하고자 합니다.

이 구문 하나로
OK!

I would like to propose that _____.
저는 ~을 제안하고 싶습니다.

- we listen to what Shannon has to say
  섀넌이 말하는 바에 귀를 기울일 것
- we consider everyone's opinion before coming to a decision
  결론을 내리기 전에 모두의 의견을 고려해 볼 것
- we take a break to think about everything we've discussed
  잠시 휴식을 취하며 우리가 논의한 것에 대하여 생각해 볼 것

이 문장으로 SEND!

프로젝트에 시스템 컨설턴트를 고용하는 것보다 프로그래머 몇 명을 추가하는 편이 좋다고 생각합니다.

I feel it would be better to add more programmers to the project rather than to hire a system consultant.

이 문제에 대해서는 켈리 그린 씨 팀과 다른 접근 방법을 제안하고자 합니다.

Regarding this problem, allow us to suggest a new approach which is different from that of Kelly Greene's team.

매주 화요일에 미팅을 개최하여 개발 프로젝트에 대해 논의할 것을 제안합니다.

I would like to propose that we hold a meeting every Tuesday and discuss the development project.

제가 다음 주에 프레몬 사무소를 방문하오니, 그때 전원이 모여 이 사양에 대해 얘기하는 것은 어떻습니까?

Why don't we all get together and talk about this specification next week when I will be visiting the Fremont office?

저의 제안은 켄트 모리스 씨를 개발 계획의 프로젝트 관리자로 승진시키자는 것입니다.

My proposal is that we promote Kent Morris to project manager of the development plan.

저는 서버를 추가할 것을 제안하고 싶습니다.

I would like to put forward a proposal that we add more servers.

123
제안에 반대하기

상대방의 제안에 대해 의문을 제기하고 지지할 수 없음을 전하는 표현이다. I am afraid나 It seems to 같은 표현을 쓰면 반대 의견을 조금 완곡하게 전달할 수 있다.

그 제안에 반대합니다.   ×

Subject	I think differently.
From	Bob@darakwon.com
To	abc@gmail.com

With respect to the plan that the CoolClick Co. made, I think it needs major revisions. Without substantial changes, I cannot support their plan. Therefore, as it stands, **I'm afraid I cannot support their proposal.**

Thank you,
Bob Reid

저는 쿨클릭 사가 작성한 계획안에 대폭 수정이 필요하다고 생각합니다. 상당한 변경이 없다면 그 계획을 지지할 수 없습니다. 따라서 지금으로서는 그들의 제안에 찬성할 수 없을 것 같습니다.

이 구문 하나로
OK!

I'm afraid I cannot support your proposal because ☐. ~ 때문에 당신의 제안에 찬성할 수 없습니다.

- you failed to answer some important questions
  몇몇 중요한 질문에 대답하지 못하셨기
- you didn't effectively support your opinion
  당신 의견을 효과적으로 뒷받침하지 않았기
- your argument didn't convince me that you can succeed
  당신 주장으로는 내가 당신의 성공을 확신할 수 없기

이 문장으로 SEND!

저는 폴 젠킨스 씨의 제안을 지지할 수 없을 것 같습니다.

I am afraid I cannot support Paul Jenkins' proposal.

그 개발 일정에 몇 가지 문제가 있는 듯합니다.

There seems to be a couple of problems with the development schedule.

이 설계를 채용하는 데에 몇 가지 문제가 예상됩니다.

I can see some problems in adopting this design.

아놀드 홀게이트 씨의 계획이 실행 가능할지 확신이 서지 않습니다.

I am not sure if Arnold Holgate's plan is feasible.

이 계획을 따르는 것이 현 시점에서 저희 팀을 위해 최상이라는 확신이 없습니다.

I am not convinced that acting on this plan is in the best interests of my team.

이 문제에 대한 프레드 머피 씨의 접근 방법은 중요한 요소를 고려하지 않은 것 같습니다.

It seems to me that Fred Murphy's approach to this problem doesn't take certain important factors into account.

프로그래머 보충이 필요하다는 것은 잘못된 생각입니다.

It is a mistake to think that we need to add programmers.

124

제안에 전면적으로 반대하기

상대의 계획이나 제안에 강하게 반대하며 전혀 지지할 수 없다는 뜻을 전달하는 표현이다. 반대한다거나 거절한다는 의미의 표현을 사용하고, totally나 firmly 같은 부사로 의미를 강조할 수 있다.

전적으로 반대합니다

Subject	I'm totally against it.
From	Bob@darakwon.com
To	abc@gmail.com

I think implementing it as Lisa suggested would be totally counterproductive. **I am totally against her suggestions.**

Thank you,
Bob Reid

리사 씨의 제안대로 실행하는 것은 매우 비생산적이라고 생각합니다. 저는 그분의 제안에 전적으로 반대합니다.

이 구문 하나로
OK!

I'm totally against their suggestions because
☐. ~ 때문에 그분들의 의견에 전적으로 반대합니다.

- **they've been unsuccessful everywhere they've been tried**
  그 제안은 어디서 시도하든 실패로 돌아갔기 때문에

- **I'm sure they won't work**
  그 일이 효과가 없을 거라고 확신하기 때문에

- **they don't seem to be totally legal**
  그것들이 완전히 합법적이지는 않은 것 같으므로

이 문장으로
SEND!

아담 라센 씨를 해고한다는 존스 씨의 생각에 저는 절대 반대입니다.

I am absolutely opposed to Jones' idea of letting Adam Larsen go.

쿠퍼 씨, 저는 당신의 제안에 전혀 찬성할 수 없습니다.

I don't agree at all with your suggestion, Mr. Cooper.

저는 당신이 그린 씨의 계획을 지지하는 이유를 전혀 모르겠습니다.

I see no reason whatsoever for you to support Greene's plan.

● whatsoever(= whatever) 도대체

스마트프로 사의 요청은 당사의 이익을 위해 거절해야 한다고 확신합니다.

I am firmly convinced that we must reject the SmartPro Co.'s proposal for the benefit of our company.

소닉 사가 제안한 계획을 채택하는 것은, 현 시점에서는 우리에게 최악의 선택입니다.

To pick the plan that Sonic Co. suggested would be the worst option that we could take for the company at this time.

대규모 시스템의 설계팀을 조직하는 데는 그린 씨야말로 우리가 피해야 할 유형의 인물이라는 것이 제 의견입니다.

It is my opinion that Greene is precisely the kind of person we need to avoid in organizing a design team for large scale systems.

사이먼 씨를 협력 시스템 유닛의 수석 엔지니어로 승진시켜서는 안 된다고 저는 확신합니다.

I feel very strongly that we should not promote Simon to chief engineer of the Collaboration System Unit.

125

재고 요청하기

찬반 논의를 해서 결정이 내려진 사안이라도, 이쪽 입장에서 아직은 포기하기 어려울 수도 있다. 이런 상황에서 다시 한번 더 생각해볼 것을 부탁할 때 쓸 수 있는 표현이다.

다시 생각해 주시겠습니까?　　　　　　　　　　　　　　　　×

Subject	Would you please reconsider?
From	Bob@darakwon.com
To	Hill@gmail.com

Since we are hoping that the JugglerNet Co. might reconsider their decision, **would you please reconsider your decision** not to award the contract to them?

Thank you,
Bob Reid

저희는 저글러넷 사가 그들의 결정을 재고하기를 기대하고 있으므로, 그들과는 계약을 맺지 않겠다는 귀하의 결정을 다시 한번 생각해 주시겠습니까?

이 구문 하나로
OK!

Would you please reconsider your decision ▭▭▭? ~하겠다는 귀하의 결정을 다시 한번 생각해 주시겠습니까?

- **to terminate our relationship**
  우리 관계를 끊겠다는
- **to cut all of our funding**
  우리의 투자를 모두 중단하겠다는
- **not to give Mr. Hill a promotion**
  힐 씨를 승진시키지 않겠다는

이 문장으로
SEND!

웹 서비스 개발 프로젝트 팀에서 저를 제외한다는 결정을 재고해 주시기를 진심으로 바랍니다.

I would like to sincerely urge you to reconsider your decision to remove me from the Web Service Development Project Team.

- urge 주장하다, 역설하다
- reconsider 재고하다, 다시 생각하다

개발 프로젝트를 일시 중지한다는 당신의 결정을 다시 한번 생각해 주시겠습니까?

Can you reconsider your decision to temporarily freeze the development project?

- tempararily freeze 일시적으로 중단하다

알렉스 국장님, 저희 예산을 삭감하신다는 결정을 재고해 주시면 감사하겠습니다.

Director Alex, I would appreciate it very much if you would reconsider your decision to cut our budget.

8월 10일 보내 주신 메일을 받고 매우 낙담했습니다. 저희와의 계약에 관한 귀사의 결정을 재고해 주시기 바랍니다.

We were very disappointed to receive the e-mail from your company on August 10, and we are hoping that you might reconsider your decision concerning the contract with us.

그린 씨, 다음 달부터 실리콘 밸리 사무소에서 근무하는 것을 거절하신 것을 다시 한번 생각해 주시겠습니까?

Ms. Greene, won't you reconsider your refusal to work at the Silicon Valley office starting next month?

연봉을 인상한다면 결정을 재고해 주시겠습니까?

If we were to give you a raise, might you reconsider your decision?

126 타협안 제시 및 수용하기

비즈니스 협상에서 타협안을 제시하거나 수용할 때 필요한 표현이다. reasonable(타당한, 합리적인)이나 acceptable(허용 가능한) 등의 표현을 써서 의견을 나타낼 수 있다.

받아들이겠습니다

Subject	We can do it if...
From	Bob@darakwon.com
To	KateLee@gmail.com

I think that the alternative solution you suggested in your e-mail of September 15 **is very reasonable.**

Thank you,
Bob Reid

9월 15일에 제안하신 대안은 매우 타당하다고 생각합니다.

이 구문 하나로 OK!

I think that the alternative solution he suggested is very reasonable because ____.
~하기 때문에 그가 제시한 대안이 타당하다고 생각합니다.

- **it will be more cost-effective**
  비용면에서 보다 경제적일 것이기

- **it should save us a lot of time**
  시간이 많이 절약될 것이기

- **our current method is not working very well**
  현재 우리의 방식이 그다지 효율적이지 않기

이 문장으로 **SEND!**

본 건에 관해서는, 로리 핑커 씨의 조건에 동의하여 귀사와 타협하겠습니다.

As for this matter, let us agree to Lauri Pinker's conditions to meet you halfway.

• meet a person halfway ~와 타협하다

재정적으로 당사를 지원해 주신다는 조건이라면 저희 그룹은 귀사를 위해 전력을 다하겠습니다.

My group will try our best provided that you support our company financially.

• provided that ~을 조건으로 하여

개발 부문에서 보내온 타협안으로 충분하다고 생각합니다.

We think that the compromise solution sent from the Development Division would be perfectly acceptable.

스티븐 크릭 사무소의 제안은 타당하다고 생각합니다.

The Steven Creek office's proposal seems to me to be reasonable.

저희 그룹은 수석 엔지니어의 안을 수용하겠습니다.

The chief engineer's plan is acceptable to my project group.

당사는 귀사가 프로그래머 세 명을 추가한다는 조건하에 프로젝트를 계속하기로 하겠습니다.

Our company is prepared to continue this project on the condition that your company adds three more programmers.

게이츠 국장님, 귀사가 프로그래머를 고용하는 데 소요되는 추가 비용을 부담하신다면, 당사는 그들을 더 충원할 수 있을 것으로 생각합니다.

Director Gates, I think that our company could add more programmers provided that your company pays for the extra expenses to hire them.

127 타협안 거절하기

상대측이 제시한 타협안을 수용할 수 없을 때에는 처음부터 거절을 밝히기보다는 일단은 상대의 입장을 고려한 후에 거절한다.

우리는 회의적입니다

Subject	We are not convinced.
From	Bob@darakwon.com
To	JamesBrown@gmail.com

Regarding solutions for this bug, this project team is not satisfied with the original proposal that the New York office submitted. **We are not entirely convinced that** Mr. Smith's team's **counterproposal is** a viable solution, either.

Thank you,
Bob Reid

이 버그의 해결책에 관해, 저희 프로젝트 팀 입장에서는 뉴욕 사무소가 제안한 원안이 만족스럽지 않습니다. 스미스 씨 팀의 대안도 유효한 해결책이라는 확신을 가질 수 없습니다.

이 구문 하나로 **OK!**

I'm not entirely convinced that this counterproposal is _____.
이 대안이 ~이라고 확신할 수 없습니다.

- the answer to our problems 우리 문제에 대한 해답
- the most effective solution 가장 효과적인 해결책
- the cheapest way to market our product
  우리 상품을 홍보하는 가장 경제적인 방법

이 문장으로
SEND!

귀사와 마찬가지로 당사의 개발부도 막다른 골목은 피해 가고 싶은 마음입니다만, 배리 포터 씨의 대안은 저희 입장에서 전혀 만족스럽지 않습니다.

Although the Development Division of our company wants to avoid a deadlock as much as your company does, we found Barry Porter's counterproposal totally unsatisfactory.

● **deadlock** 교섭 등의 교착 상태, 막다른 골목

저는 생산부의 타협안이 실용적인 해결책인지 의문입니다.

I have some doubts as to whether the Product Division's compromise is a viable solution.

● **viable** 실용적인, 실용 가능한

어제 네트워크 관리부에서 제안한 변경 사항은 다소 불공평하다고 생각합니다.

I feel that the change the Network Management Division suggested yesterday is somewhat unfair.

오늘 아침 귀사가 메일로 보내주신 해결책이 귀사의 최종적인 제안이라면, 매우 유감스럽지만 저희는 이 프로젝트를 취소할 수밖에 없습니다.

If the solution your company e-mailed us this morning is your final offer, then our company must very reluctantly cancel this project.

● **reluctantly** 마지못해

저희로서는 링크프로 사의 타협안을 수락할 수 없습니다.

We are afraid that we won't be able to accept the compromise that the LinkPro Co. suggested.

● **compromise** 타협안, 양보, 화해

128 조건부로 수용하기

협상이란 하나를 내 주고 하나를 얻는 과정이다. '~라면 …하겠습니다'와 같이 자신의 조건이 만족되면 상대의 요구를 받아들이겠다는 뜻을 전달해 보자.

조건에 합의하신다면 동의합니다   ✕

Subject	We agree on one condition.
From	Bob@darakwon.com
To	foothill@darakwon.com

Mr. Foothill, our participation in this project is conditional on whether or not your company will cover the costs. **We are willing to** send several programmers immediately **as long as you** agree to pay for the expenses.

Thank you,
Bob Reid

풋힐 씨, 당사의 본 프로젝트 참가 여부는 귀사의 비용 부담 여하에 달려 있습니다. 비용 지불에 합의하신다면 바로 프로그래머 몇 명을 파견하겠습니다.

이 구문 하나로 **OK!**

We are willing to _____ as long as you _____.
당신이 ~한다면, 기꺼이 …하겠습니다.

- **send extra files / cover the costs of printing and delivery**
  여분의 파일들을 보내겠습니다 / 당신이 인쇄비와 우송료를 지불한다면
- **work late / let us have an extra day off next week**
  야근하겠습니다 / 다음 주에 하루를 쉬게 해 준다면
- **sign a contract with you / agree to these minor changes**
  귀사와의 계약서에 서명하겠습니다 / 이 부수적인 변경 사항에 동의한다면

이 문장으로
SEND!

귀사가 먼저 비공개 유지 서약을 보내 주시면, 기꺼이 기술 문서를 보여드리겠습니다.

We will be willing to show you any technical document as long as your company sends us your NDA first.

• NDA(= Non Disclosure Agreement) 비공개 유지 서약

먼저 비용을 지불해 주신다면, 저희는 버그 수정에 대해 이견이 전혀 없습니다.

We have no objections whatsoever to fixing the bug provided that you pay us first.

브라운 과장님, 제가 다음 달 미팅에 참석하기를 원하셨으나, 제가 참석할 수 있는 유일한 방법은 금주 중에 인천 사무소로 가는 것입니다.

Manager Brown, I understand that you want me to attend the meeting next month. The only way I can do that is be to go to the Incheon office this week.

귀사가 10퍼센트의 착수금을 지불하실 용의가 있으면, 당사는 세 명의 프로그래머를 즉시 파견할 수 있습니다.

If your company is prepared to pay a 10% deposit, we can send three programmers right away.

유감스럽게도 귀사가 100만 달러를 선불로 지급하지 않으면 본 개발 계획은 진행할 길이 없습니다.

Unfortunately, there is no way we can continue this development plan unless your company pays one million dollars in advance.

129 문제점 지적하기
130 문제점 경고하기
131 놀라움 표현하기
132 실망감 표현하기
133 오해 해소하기
134 오류 통보하기
135 사과하기

L 문제 발생

129 문제점 지적하기

문제가 있으면 그것에 대해서는 명확히 지적할 필요가 있다. 그렇게 하는 것이 문제 해결의 출발점임과 동시에 중요한 정보가 되기도 하므로, 애매모호한 표현보다는 간결하고 확실한 표현을 쓴다.

제가 지적하고 싶은 문제점은 이것입니다 ✕

Subject	My primary concern
From	Bob@darakwon.com
To	abc@gmail.com

Although NetSolution is wondering how long it will take to develop the program, **what I am concerned with the most is** whether or not the development can be completed on time.

Thank you,
Bob Reid

넷솔루션 사는 그 프로그램 개발에 시간이 얼마나 걸릴지 궁금해하고 있습니다만, 제가 가장 걱정하고 있는 것은 개발이 제때 완료될 것인가 하는 점입니다.

이 구문 하나로 OK!

What I am concerned with the most is

☐. 제가 가장 걱정하고 있는 것은 ~입니다.

- **how much this is going to cost**
  비용이 얼마나 많이 들 것인가
- **when you can fix all these problems**
  당신이 이 문제점을 언제 고칠 것인가
- **why no one told me about this before**
  왜 아무도 내게 이 일에 대해 미리 말해주지 않았는가

이 문장으로
SEND!

유일한 문제는 서버 개발 그룹이 이미 켈리 그린 씨와 그 계약을 체결했다는 점입니다.

The only problem is that the server development group has already sealed the contract with Ms. Kelly Greene.

그 웹 서버 시스템을 디버그할 수 있는 기술을 가진 프로그래머를 찾는 일에 어려움이 있습니다.

The difficulty lies in finding a programmer who has the skills to debug the Web server system.

그 웹 서버 시스템 설계에 문제가 있는 듯합니다.

There seems to be a problem with the design of the Web server system.

웹 서버 프로젝트 그룹의 계획에는 한 가지 문제가 있는데, 그것은 비용이 우리 예산을 웃돈다는 점입니다.

There is only one problem with the Web server project group's plan. The cost will surely exceed our budget.

• exceed 초과하다

130 문제점 경고하기

문제점을 인지했다면 일이 커지기 전에 관계자에게 경고하여 미리 대비해야 한다. 이런 상황에서 쓰는 표현을 알아 보자.

한마디 주의 드리겠습니다 ×

Subject	A word of caution
From	Bob@darakwon.com
To	all@darakwon.com

I want to give you a word of caution about how to configure your inhouse network. If you don't set up your firewall properly, you may be visited by unauthorized persons looking for proprietary information on the server.

Thank you,
Bob Reid

사내 네트워크 설정에 관해 한마디 주의 드리겠습니다. 방화벽을 제대로 설정하지 않으면 권한이 없는 외부자가 서버상의 독점적인 정보에 침입할 수도 있습니다.

이 구문 하나로 **OK!**

I want to give you a word of caution about

☐. ~에 대해 한마디 주의 드리겠습니다.

- **using our software**
  우리 소프트웨어를 사용하는 것
- **what you should say at the conference**
  회의에서 무엇을 말해야 하는지
- **whom you can depend on in the office**
  당신이 사무실에서 누구를 의지할 수 있는가

이 문장으로
SEND!

미리 경고하겠습니다. 앞으로도 동료 프로그래머의 험담을 계속하면 이 회사를 그만두어야 할 것입니다.

Let this serve as a fair warning: if you continue to bad mouth your co-programmers, you will be asked to leave this company.

● **bad mouth** 혹평하다, 헐뜯다

귀사가 당사 워크스테이션을 파손시킬 경우에는 수리 비용 전액을 귀사가 변상하게 될 것입니다.

If you damage our workstation, your company will be asked to reimburse us for the total cost of repairs.

알려드립니다. 귀하는 당사 웹 콘텐츠를 우리의 허가 없이 사용하고 있습니다. 상황이 개선되지 않으면 당사는 법적 수단을 취할 수밖에 없습니다.

This is to inform you that you are using our Web content without our permission, and if this situation is not corrected, we will be forced to take legal action.

● **correct** 고치다, 정정하다

본 웹 서비스 시스템의 개발 계약에 관해, 미불금을 이번에 지불하지 않으면 소송을 제기할 수밖에 없습니다.

Regarding this Web service development contract, this is your last chance to pay your account before we are forced to take the matter to court.

131 놀라움 표현하기

예상 외의 사태에 직면하여 놀라움을 나타낼 때의 표현이다. 이렇게 놀라움을 표현하는 것으로 해당 상황이나 의견에 대해 불편한 심정이나 반대 의견을 에둘러 나타낼 수 있다.

소식을 듣고 정말 놀랐습니다

Subject	The news was surprising.
From	Bob@darakwon.com
To	jino@wellsoft.com

I can't tell you how surprised I were to learn that your company is closing your Dallas branch. May we direct your attention to the fact that your Dallas office still has an unpaid balance for some previous services with us.

Thank you,
Bob Reid

귀사가 댈러스 지사를 폐쇄하신다는 소식에 무척 놀랐습니다. 댈러스 지사에는 아직도 당사의 과거 서비스 비용에 대한 미지급 잔액이 남아있다는 점을 알려 드립니다.

이 구문 하나로 OK!

I can't tell you how surprised I were to learn that _____. ~을 알고 얼마나 놀랐는지 모릅니다.

- **Mr. Lewis is no longer with your company**
  루이스 씨가 귀사를 떠나셨다는 것
- **you've stopped making my favorite product**
  제가 가장 선호하는 제품의 생산을 중단했다는 것
- **your prices have increased by 33%**
  귀사 제품의 가격이 33퍼센트 인상되었다는 것

이 문장으로
SEND!

웹 서비스 개발 프로젝트를 중지한다는 당신의 제안에 매우 놀랐습니다.

I was very surprised by your suggestion that we discontinue the Web service development project.

제가 방심한 사이에 뉴욕 사무소는 오비스 사와 그 개발 계약을 맺겠다는 결정을 내렸습니다.

I was caught off guard by the New York office's decision to award the development contract to the Orbis Co.

● catch … off (one's) guard ~의 방심을 틈타다

빌 게이츠 씨가 안티테크 사를 그만두고 직접 소프트웨어 회사를 시작하신다는 연락에 정말 놀랐습니다.

I am really surprised by the news that Bill Gates has quit the AntiTech Co. and is about to start his own software company.

공동 분석가인 존스 씨가 해고되었다는 소식에 할 말을 잃었습니다.

I was speechless to hear the news that Mr. Jones, the collaboration analyst, was fired.

● speechless 아연한, 말문이 막힌

데이빗 스카이 씨를 수석 엔지니어로 승진시켰다니 믿을 수 없습니다.

I can't believe that they have promoted David Sky to chief engineer.

SCO 사가 IBM 사에 대해 10억 달러 이상의 소송을 제기했다는 소식에 대단히 놀랐습니다.

I am surprised to hear that SCO is suing IBM for more than $1 billion.

132 실망감 표현하기

상대방의 상황이 기대한 바와 다를 때, '이렇게 되어 실망스럽다'는 뜻을 전하는 표현이다. 적절한 시점에 실망을 표현하는 것은 상대방이 업무 상황을 체크하고 수정하게 하는 좋은 방법이 될 수 있다.

실망했습니다   ×

Subject	We are disappointed
From	Bob@darakwon.com
To	abc@wellsoft.com

Since we trusted that you would make every effort to clear up this matter, **we are very disappointed to learn that** the OneCOM Co. canceled the Web service development contract with us so suddenly.

Thank you,
Bob Reid

당사로서는 귀사가 모든 노력을 다 해서 이 사태를 해결해 주실 것으로 믿고 있었던 만큼, 원컴 사가 당사와의 웹 서비스 개발 계획을 돌연 취소한 점에 매우 낙담하고 있습니다.

이 구문 하나로
OK!

We are very disappointed to learn that ☐ .
~을 알고 매우 낙담하고 있습니다.

- **you no longer require our services**
  귀사가 더 이상 우리의 서비스를 필요로 하지 않는다는 것

- **you experienced some difficulties in using our software**
  우리 소프트웨어 제품을 사용하는 데 다소 어려움을 겪었다는 것

- **you have not yet received your order**
  주문하신 제품을 아직 받지 못하셨다는 것

이 문장으로 SEND!

트렌트 씨, 당신이 내일 프로젝트 회의에 참석할 수 없다는 얘기를 듣고 얼마나 실망했는지 모릅니다.

Mr. Trent, I can't tell you how disappointed I am to hear that you will not be able to make it to the project meeting tomorrow.

트로이 해리슨 부사장님은 인포뱅크 사가 우리의 프로그래머 몇 사람을 어떻게 대우했는지 알고 매우 실망하셨습니다.

Vice President Troy Harrison is really disappointed to find out how the InfoBank Co. treated some of our programmers.

저는 랭크 씨보다 존스 씨를 먼저 프로젝트 관리자로 승진시킨다는 결정에 불만이 있습니다.

I am not satisfied with the decision to promote Mr. Jones to project manager ahead of Mr. Rank.

귀사의 웹 서비스 프로젝트 팀이 개발한 시스템에 관해, 그 전반적인 성능에 실망했다고 말씀드리지 않을 수 없습니다.

Regarding the system that your Web Service Project Team has developed, I must say that its overall performance greatly disappointed me.

● **overall** 전반적인, 전체적인

이 프로그램이 검증 테스트를 통과하지 못했다는 얘기를 듣고, 저희 프로젝트 팀 멤버는 매우 실망하고 있습니다.

The members of my project team were very disappointed when we heard that this program didn't pass the verification test.

귀사의 프로그래머 연수에 관해 귀사로부터 어떤 정보도 받지 못했기 때문에 실망스럽습니다.

We are very disappointed not to have received any information from your company concerning your programmer training.

133

오해 해소하기

의사소통이 잘 되지 않아 오해가 생겨 비즈니스에 차질이 생기는 일은 드물지 않다. 서로의 오해가 원인이 되어 문제가 발생했다면 오해의 내용을 적극적으로 파악하여 사태를 해결하자.

오해가 있습니다 ✕

Subject	There's been a misunderstanding.
From	Bob@darakwon.com
To	Hills@gmail.com

There seems to be some misunderstanding about the fact that the Server Development Group has already sealed the contract with Mr. Robert Hager.

Thank you,
Bob Reid

서버 개발 그룹이 로버트 헤이거 씨와 그 계약을 맺은 점에 대해 오해가 있는 듯 합니다.

이 구문 하나로 **OK!**

There seems to be some misunderstanding about _____. ~에 관해서 오해가 좀 있는 모양입니다.

- **our last conversation**
  우리의 지난번 대화
- **what we just agreed to do**
  우리가 방금 하기로 한 일
- **why the machine malfunctioned**
  왜 기계가 오작동했는지

이 문장으로
SEND!

존스 국장님, 콕스 씨가 저에 대해 오해하고 있다는 말씀을 드리고 싶습니다. 제가 '오키드 사가 개발한 프로그램에 버그가 있다'고 말한 것을 오해한 것 같습니다. 제가 말하려는 내용을 정확히 전달하지 못한 것 같습니다.

Director Jones, I would like to correct Cox's misunderstanding about me. I think that his misunderstanding occurred when I said, "there are some bugs in the program that Orchid developed." I am afraid that I failed to make myself clear to him.

제가 웹 서버 시스템 설계에 대해 지적한 내용에 대해 다소 오해가 생긴 것 같습니다. 2월 16일 보내드린 메일을 한번 더 확인해 주시겠습니까?

I am afraid that there seems to have been a slight misunderstanding about what I pointed out in the design of the Web server system. Could you please read my e-mail of February 16 one more time?

우리가 의사소통을 정확히 하지 못한 것 같습니다.

We seem not to be communicating with each other accurately.

• accurately 정확히

제가 개발 회의에서 말씀드리고 싶었던 것은 이 프로젝트를 취소하자는 것이 아닙니다.

What I wanted to tell you in the development meeting is not that we should cancel this project.

댄 프레슨 씨가 개발한 프로그램의 품질이 나쁘다고 말하려던 것은 전혀 아니었습니다.

I never intended to say that the quality of the program that Mr. Dan Presson developed is bad.

134 오류 통보하기

다른 사람의 실수나 잘못을 지적하거나 이쪽의 실수를 알리는 것은 매우 조심스러운 일이다. 부득이하게 지적해야 할 상황이라면 '~인 듯합니다', '~에 의하면'과 같이 우회적인 표현을 사용하는 것도 좋은 방법이다.

저희 쪽에 실수가 있었습니다

Subject	Sorry for the inconvenience.
From	Bob@darakwon.com
To	Homestead@gmail.com

Mr. Homestead, my apologies. **It appears that by some oversight,** Jones didn't record a few important facts. I am sorry for the inconvenience caused.

Thank you,
Bob Reid

홈스테드 씨, 죄송합니다. 존스 씨가 실수로 몇 가지 중요한 사항을 기록하지 않았던 것 같습니다. 불편을 끼쳐 드려 죄송합니다.

이 구문 하나로 **OK!**

It appears that by some oversight, _____.
실수로 ~한 것 같습니다.

- we sent you the wrong package
  다른 꾸러미를 보낸
- we neglected to inform you of some changes in our ordering system
  우리 주문 시스템의 몇 가지 변경 사항을 알리는 것을 잊은
- you never received the e-mail about our new hours
  귀하가 우리의 새 근무 시간에 대한 이메일을 받지 못한

이 문장으로 **SEND!**

수석 엔지니어인 덱스터 해리스 씨의 말에 의하면, 당신이 지난 화요일 메일로 보낸 프로그램에 에러가 있는 모양입니다. 그에게 사과하기 바랍니다.

According to what Dexter Harris, the chief engineer, is saying, there appears to be an error in the program you e-mailed him last Tuesday. You owe him an apology.

개발부 켈리 그린 씨의 조사에 따르면, 서버 시스템 설계에 중대한 오류가 있었습니다.

Based on the investigation done by Ms. Kelly Greene in the Development Division, a serious error was made in designing the server system.

웹 서비스 시스템 프로그램에 오류가 세 군데 있습니다.

I believe there are three errors in the Web service system program.

필 그린 씨가 작성한 CompositeState.java 프로그램에서 중요한 루틴 몇 가지를 그냥 간과했던 모양입니다.

It appears that Phil Green has overlooked a few critical routines in the CompositeState.java program that he created.

죄송합니다. 클라이언트 시스템 설계에 오류가 있습니다.

I am sorry, but there is an error in the design of the client system.

135 사과하기

자신의 태만, 과실, 부주의로 상대방에게 불편이나 손해를 끼쳤을 때 사과하는 표현이다. 사과할 때 변명을 늘어놓는 것은 금물이다. 진심으로 사과의 마음을 전하되, 문제의 원인을 간단히 밝히는 것도 좋다.

진심으로 사과드립니다

Subject	My apologies
From	Bob@darakwon.com
To	PeterJackson@darakwon.com

Please accept our apologies for not being able to send our engineers to the Busan office sooner. It was due to our mistake in arranging their plane tickets. We are sorry that you were inconvenienced.

Thank you,
Bob Reid

저희 엔지니어들을 부산 사무소에 좀더 신속히 파견하지 못한 점에 대해 죄송하게 생각합니다. 항공권 예약 차질로 인한 것이었습니다. 불편을 끼쳐드린 점 사과드립니다.

이 구문 하나로 **OK!**

Please accept our apologies for _____.
~에 대해 죄송하게 생각합니다.

- our recent misunderstanding
  최근에 저희 측에서 오해한 것
- our repairperson's rude behavior
  저희 수리 기사의 불손한 행동
- the bug in your software
  당신의 소프트웨어에 버그가 있었던 것

이 문장으로 SEND!

이 웹 시스템의 완성이 늦어진 점을 사과드리며, 큰 차질이 없었기를 진심으로 기원합니다.

We are sorry about the delay in completing this Web system and sincerely hope that it did not cause any serious inconveniences.

여러분, 어제 트래픽이 느려진 현상은 서버 오작동으로 인한 것이었습니다. 불편을 끼쳐드려 죄송합니다.

Everybody, a server malfunction was responsible for the slow traffic you experienced yesterday, and we regret any inconveniences it may have caused you.

이 기능의 실행이 지연된 점에 대해 사과드립니다.

I apologize for the delay in implementing this function.

이 버그에 대한 처리가 지연된 점을 사과드립니다.

We would like to apologize for the delay in taking care of this bug.

저희 진행 보고서를 좀더 빨리 메일로 보내드리지 못한 점을 용서해 주십시오.

Please forgive me for not e-mailing you my progress report sooner.

이 버그로 인해 불편을 끼쳐 대단히 죄송합니다.

We are very sorry for the inconvenience this bug has caused you.

저희가 실행한 서버 시스템이 정상적으로 작동하지 않는다는 메일을 받았습니다. 대단히 죄송합니다.

We are very sorry to learn from your e-mail that the server system we implemented does not function properly.

136 전직 및 전근 인사하기
137 감사 메일 보내기
138 인재 추천하기
139 채용 여부 통지하기

M 인사 및 채용

136 전직 및 전근 인사하기

직장이나 근무지가 바뀌었을 때에는 우선 업무와 관련된 사람들에게 거취를 알리는 것이 우선이다. 동료나 거래처에 보내는 통지 및 인사말을 알아 보자.

그동안 감사했습니다

Subject	I'm going back to Korea.
From	GraceKim@darakwon.com
To	Hills@gmail.com

Due to the recent company-wide **organizational changes,** I will be going back to Korea. Thank you very much for everything you did for me during my stay. Mr. Hager will be coming from the U.S. to take my place. He is young but is a very competent engineer.

Thank you,
Grace Kim

이번에 전사적 조직 개편의 결과로 한국에 돌아가게 되었습니다. 체재 중 여러 가지로 보살펴 주셔서 감사합니다. 제 후임으로는 헤이거라는 젊지만 우수한 엔지니어가 미국에서 부임합니다.

이 구문 하나로 **OK!**

Due to the recent organizational change,

☐ . 이번 조직 개편으로 ~.

- **I'll be transferring to the Denver office next week**
  다음 주에 덴버 사무소로 전근할 예정입니다
- **it appears as if my services are no longer needed, so I am resigning**
  제 서비스가 더 이상 필요치 않은 듯하여 사임하려 합니다
- **I have been promoted to supervisor** 감독관으로 승진했습니다

이 문장으로 SEND!

3월 10일자 인사 이동으로 시드니 사무소로 전근가게 되었습니다.

As a result of the March 10 personnel changes, I will be transferred to the Sydney office.

10월 20일부로 럭스테크 사를 퇴사하고 11월부터 실콧소프트 사에서 근무하게 되었습니다. 새 연락처는 다음과 같습니다.

I will quit LuxTech on October 20 and will start working for SilcotSoft from November. My new contact information is as follows:

이 회사 재임 중에 여러 가지로 도움을 주셔서 감사합니다.

Thank you for everything you have done for me during my tenure with this company.

● **tenure** 재임, 임기

자리잡는 대로 연락드리겠습니다.

I will write once I am settled.

● **once** 일단 ~하면

앞으로도 가능한 한 메일 등을 통해 계속 연락드리고자 합니다.

I will try to keep in touch by e-mail and so forth whenever possible.

● **and so forth** ~등

137
감사 메일 보내기

새로운 근무지로 부임한 후, 송별회와 그간 신세진 일에 대해 감사의 마음을 전하는 표현이다. 이때 새로운 연락처 등을 함께 알려도 좋다.

그동안 감사했습니다 ✕

Subject	Thank you very much.
From	Kate@soft1.com
To	all@soft1.com

Thank you very much for having a heartwarming farewell party for me the other day. The wonderful present you gave me will serve as a lasting memory of the happy times I shared with all of you in Silicon Valley. I wish to say thank you to every one of you for your friendship and hospitality.

Thank you,
Bob Reid

일전에 따뜻한 송별회를 마련해 주셔서 감사합니다. 여러분의 마음이 담긴 선물은 실리콘밸리에서의 좋은 추억이 될 것입니다. 여러분 모두의 친절과 우정에 진심으로 감사드립니다.

이 구문 하나로 **OK!**

Thank you very much for ☐. ~에 정말 감사합니다.

- the present you gave me at my going-away party 제 송별회 때 주신 선물
- all the assistance you gave me 제게 베풀어 주신 모든 도움
- being the perfect partner during our years together
  우리가 함께한 세월 동안 더할 나위 없는 파트너가 되어 주신 것

미국 체류 기간 중에 (공적으로나 사적으로나) 많은 도움을 주셔서 감사합니다.

Thank you very much for all your help (both officially and privately) during my stay in the U.S.

멘로 파크에 체재한 3년간 많은 도움을 주셔서 감사합니다. 귀하의 건강을 진심으로 기원합니다.

I would like to thank you for all that you have done for me during the 3 years I stayed in Menlo Park. I wish you the very best of health.

제 여행 중에 귀하의 도움은 이루 말할 수 없이 컸습니다. 도와주셔서 정말 감사합니다.

Your help during my trip was invaluable. Thank you so much for your assistance.

• invaluable 값을 헤아릴 수 없는

이사도 끝나고 이제 겨우 자리를 잡았습니다. 새로운 주소는 다음과 같습니다.

We are finally done moving in and are settled. Our new address is as follows:

새로운 연락처는 다음과 같습니다.

My new contact information is as follows:

저한테 연락해야 할 일이 있으시면, 아래로 연락주세요.

Should you have any need to get in touch with me, here is my contact information:

138 인재 추천하기

다른 사람에게 자기가 아는 인재를 추천하고자 할 때 쓸 수 있는 표현이다. 어떻게 알게 된 사람인지, 어떤 면에서 추천할 만한 인물인지 함께 밝혀 상대방의 판단을 돕는다.

왓슨 씨를 추천합니다

Subject	I recommend Mr. Watson.
From	Bob@darakwon.com
To	JohnHills@gmail.com

This is to introduce Mr. Walter Watson who worked for us for three years during which his performance was superb. He is an excellent engineer and knows the C programming language very well. I think that he would be a great asset to the project that you are heading.

Thank you,
Bob Reid

저희 회사에서 3년간 근무한 월터 왓슨 씨를 소개하기 위해 메일을 씁니다. 그간 그는 매우 훌륭한 활약을 보여 주었습니다. 왓슨 씨는 뛰어난 엔지니어이며 C프로그램 언어에 관해서도 매우 잘 알고 있으므로 귀하가 이끌고 계신 프로젝트에서도 유능한 인재가 될 것이라 생각합니다.

이 구문 하나로 **OK!**

This is to introduce Bill Keller, _____.
~한 빌 켈러 씨를 소개하기 위해서 메일을 드립니다.

- **who has been an invaluable member of our sales team for five years**
  5년간 저희 영업팀의 소중한 인재였던
- **without whom none of the company's success would have been possible** 이 사람이 없었다면 우리 회사의 성공이 불가능했을
- **who is the most recent person to be named Employee of the Month**
  이달의 사원에 가장 최근에 이름을 올린

이 문장으로
SEND!

이 메일은 엣지피플 사에서 수 년간 저와 함께 근무한 프랜시스 브라운 씨를 추천하기 위한 것입니다.

This e-mail recommends Mr. Francis Brown, who worked with me at EdgePeople Co. for a few years.

저의 가까운 친구이자 유능한 엔지니어인 로버트 헤이거 씨를 소개합니다.

This is to introduce Mr. Robert Hager, a close acquaintance of mine, who is also a competent engineer.

● acquaintance 아는 사람, 지인   ● competent 유능한, 능력이 있는

귀사의 네트워크 관리자 후보로 캐스퍼 골드스타인 씨를 추천하게 되어 기쁩니다.

I am happy to have this opportunity to recommend Mr. Casper Goldstein to you as a possible candidate for the network administrator position at your company.

크리스티나 힐스 씨를 추천하게 되어 기쁩니다. 그분은 우수한 프로그래머로서 신뢰할 수 있는 사람입니다.

I am happy to recommend Ms. Cristina Hills. She is a good programmer and is dependable.

그는 우수한 소프트웨어 설계자입니다. 귀사의 프로젝트에 유능한 인재가 될 것을 확신합니다.

He is an excellent software architect, and I am sure he would be a great asset to the project at your company.

데니스 홈스테드 씨를 귀사의 협력 매니저 직에 자신 있게 추천합니다.

I would like to recommend Mr. Dennis Homestead without reservation for the position of Collaboration Manager at your company.

139 채용 여부 통지하기

지원자에게 채용 여부를 알리는 표현이다. 채용 통지는 간단히 쓰면 되지만, 채용하지 않을 경우에는 상대의 능력이나 인격을 부정하는 표현이 되지 않도록 주의하자.

지원해 주셔서 감사합니다	×
Subject	Thanks for your application.
From	Bob@darakwon.com
To	CarreyJones@gmail.com

Thank you for your application for the position of Web Designer we advertised in the San Jose IT News. **We are very pleased to offer you the position of** Senior Web Designer at SmartPro Co.

Thank you,
Bob Reid

《산 호세 IT 뉴스》지에 실린 웹 디자이너 채용 공고에 지원해 주셔서 감사합니다. 스마트프로 사의 상급 웹디자이너로 당신을 채용하고자 합니다.

이 구문 하나로 **OK!**

We are very pleased to offer you the position of _____. ~직에 귀하를 채용하게 되어 기쁘게 생각합니다.

- **Assistant Director of Marketing**
  마케팅 부국장
- **Senior Programmer**
  상급 프로그래머
- **Staff Co-ordinator**
  스태프 코디네이터

이 문장으로
SEND!

훌륭한 자질을 갖고 계신 점 매우 인상 깊게 생각합니다만, 아쉽게도 귀하의 이력서를 살펴본 바로는 웹 디자이너로 일하신 경험이 있다는 언급이 없었습니다. 근무지로서 당사를 고려해 주신 점 감사드리며 행운을 빕니다.

There is no question that your qualifications are impressive, but unfortunately, in your resume, we did not find any mention of work in Web designing. We thank you for considering our company and wish you well.

아넥스 사 개발부의 협력 매니저로 덱스터 해리스 씨를 채용하고자 합니다.

We would like to hire Mr. Dexter Harris as Collaboration Manager in the Development Division at Annex Co.

귀하의 자격은 매우 훌륭하오나, 저희는 이번에 프로그래밍 경험이 보다 풍부한 직원을 채용하기를 희망하고 있음을 알려드립니다.

We regret to inform you that although your qualifications are excellent, we would like to hire someone with more programming experience this time.

죄송하오나 그 직책은 이미 충원되었습니다.

I am afraid the position has already been filled.

귀하의 자질이 뛰어나다는 사실에는 의문의 여지가 없으나, 현재 저희는 인턴사원을 채용할 예정이 없습니다.

There is no question that your qualifications are excellent, but at this moment, we have no plans to hire any interns.

@ A B C
D E F G
H I J K
L M N O

140 병결 연락하기
141 사원의 부고 알리기
142 애도의 뜻 표하기

N 병결 및 부고

140
병결 연락하기

몸이 안 좋아서 회사를 하루 쉬려고 할 때, 또는 동료의 병결 소식을 알릴 때 쓰는 표현이다. 어떤 증상으로 쉬려고 하는지 간단히 밝히고, 언제 복귀 가능한지도 전달하면 좋다.

몸 상태가 좋지 않습니다   ×

Subject	I have a fever.
From	Bob@darakwon.com
To	abc@darakwon.com

I would like to report that I will take the day off today as I have a high fever.

Thank you,
Bob Reid

고열로 인해 오늘 하루 병가를 내고자 연락드립니다.

이 구문 하나로
OK!

I would like to report that _____.
~을 알리기 위해 연락드립니다.

- I will be unable to come to the office today because of the flu
  독감으로 오늘 출근할 수 없다는 것

- due to unforseen circumstances, I will not be at work today
  예기치 못한 상황으로, 오늘 출근할 수 없다는 것

- I have a severe headache and can't make it to work today
  너무 심한 두통으로 오늘 출근할 수 없다는 것

이 문장으로
SEND!

브라운 과장님, 두통이 심한데 오늘은 결근해도 되겠습니까?

Manager Brown, since I have a really bad headache, could I stay home from work today?

독감인 듯하여 가능하면 쉬고 싶습니다.

I would like to take the day off if I could, because I feel like I am coming down with the flu.

• **the day off** (하루) 휴가

켈러 씨에게서 전화가 왔는데, 숙취가 심해 오늘은 결근하겠다고 전해달라고 합니다.

Mr. Keller called and left a message that he won't be coming to work today because he has a severe hangover.

• **severe** 심한, 격심한

11월 10일은 병원에서 정밀검사가 있어 하루 쉬고 싶습니다.

Since I need to undergo a thorough medical examination on November 10, I would like to take the day off on that day.

• **undergo** (검사, 수술을) 받다
• **thorough** 철저한, 면밀한

장기 결근해야 한다면 의사의 진단서를 제출해야 합니다.

If you have to be absent from work for a long period, you need to present a medical report.

위궤양 수술로 인해 다음 주부터 당분간 결근합니다. 의사의 진단서는 별도로 보내겠습니다.

As I will be operated on for a stomach ulcer, I will be off from work for some time starting next week. I will send my medical report in a separate letter.

• **ulcer** 궤양

이 문장으로 SEND!

교통사고로 늑골 골절 부상을 입었습니다. 당분간 집에서 요양하겠습니다.

Since I broke my ribs in a traffic accident, I will stay home and take it easy for a while.

프레슨 씨는 교통사고로 부상을 입어, 현재 회사를 며칠 쉬고 있습니다.

Since Mr. Presson was injured in a traffic accident, he is taking a few days off now.

프레드 배스컴 씨는 치료를 위해 3주 정도 입원해야 하는 것 같습니다.

It seems that Mr. Fred Bascomb needs to be hospitalized for treatment for about three weeks.

• hospitalize 입원시키다

한동안 입원했다가 어제 퇴원했습니다. 직장에는 6월 15일부터 복귀할 수 있을 것 같습니다.

I was hospitalized for a while but got well enough to be released yesterday. It looks like I can go back to work on June 15.

이 표현으로 **UP!**

영어 문장 다루기 – 숫자

A '1990년대'를 영어로 쓸 때는 어포스트로피를 써야 할까? 올바른 표현을 고르시오.
(1) 1990s
(2) 1990's

B 문장 안에 숫자가 있을 때 아라비아 숫자와 알파벳, 어느 쪽으로 표기해야 할까? 바르게 쓴 문장을 고르시오.
(1) She speaks 3 languages.
(2) She speaks three languages.
  그분은 3개 국어를 말한다.

A (1) 어포스트로피를 써도 틀리지는 않지만, 옛날 방식의 표현이라는 느낌을 준다.
B (2) 1부터 99까지(신문이나 잡지에서는 1부터 9까지)의 숫자는 통상적으로 알파벳으로 표기한다. 다만 She weighed 3kg at birth(그녀는 태어났을 때 3킬로그램이었다).처럼 단위와 함께 사용할 경우는 아라비아 숫자로 표기한다.

141
사원의 부고 알리기

부고를 알리는 형식은 나라마다 다르므로, 현지 상황을 고려해야 한다. 영어권에서는 의례적이라도 '애석하게도'와 같은 표현을 쓰는 것이 일반적이다.

유감스러운 소식입니다   ✕

Subject	Condolences.
From	Bob@darakwon.com
To	all@darakwon.com

With great sadness and sorrow we regretfully announce the sudden passing away of Mr. Fredrik Copeland on March 15. He was a former Vice President in the NY office. We'd like to express our deepest condolences. The chief mourner said that in lieu of flowers, contributions may be sent to the Dr. Chen Foundation at Samantha Hospital.

정말 애석하게도 당사 뉴욕 지사의 전 부사장이셨던 프레드릭 코플랜드 씨가 3월 15일 갑작스럽게 유명을 달리하셨음을 알립니다. 삼가 명복을 빕니다. 상주 분께서 헌화 대신 조의금을 사만다 병원의 첸 박사 기금 앞으로 부탁드린다고 하셨습니다.

이 구문 하나로
OK!

With great sadness and sorrow we regretfully announce that _____. 매우 애석하게도 ~을 알립니다.

- Max Murray passed away in his sleep last night
  지난밤 취침 중에 맥스 머레이 씨가 돌아가신 것
- Jean Thomas finally succumbed to cancer this morning
  진 토마스 씨가 오늘 아침 암으로 세상을 뜨신 것
- after a long sickness, Dr. Greene is no longer with us
  오랜 투병 끝에 그린 박사님이 우리 곁을 떠났다는 것

이 문장으로
SEND!

법무부의 조지 울프 부부장님이 10월 21일 뇌일혈로 돌연 사망하셨음을 알립니다. 장례식에 관한 상세 내용은 추후 연락 드리겠습니다.

I am very sorry to have to report that Mr. George Wolfe, the Deputy Director of the Legal Affairs Department, suddenly passed away due to a stroke on October 21. Funeral details will be given later.

헨리 밀러 씨의 장례식은 3월 18일 수요일 오후 2시부터 버클리 메모리얼 홀에서 거행됩니다.

Mr. Henry Miller's funeral will take place at 2:00 p.m. on Wednesday, March 18, at the Berkeley Memorial Hall.

장례식에는 친족만 참가한다고 합니다. 또한 조의금 및 헌화는 사절한다고 합니다.

We have been told that there will be a private funeral service attended by the immediate family and relatives only. The family requested no flowers or donations.

내일 아침 9시에 브래드 리 씨의 장례식이 있을 것입니다. 참석을 원하는 사원에게는 시간이 주어질 것입니다.

There will be a funeral service for Brad Lee tomorrow morning at 9. All employees who wish to attend will be given time off.

유족으로부터 꽃은 보내지 말아 달라는 부탁이 있었습니다.

There is a specific request from the family that no flowers to be sent.

헌화는 가족들한테서만 받겠다고 하십니다. 그러나 헌화 대신에 고인을 기리는 뜻으로 서니베일 대학 장학회 기금으로 조의금을 보내실 수 있습니다.

Flowers from family members only have been requested. In lieu of flowers, donations can be sent to the scholarship foundation at the University of Sunnyvale as a lasting memorial to him.

루이스 와이젠버거 씨는 헌화는 받겠으나 조의금은 사절하신다고 합니다.

Louise Weisenberger has said that the family will accept flowers but wishes no donations to be sent.

142

애도의 뜻 표하기

회사와 관련된 사람의 부고를 듣고 회사 차원에서 문상 가는 일은 비교적 자주 있는 일이다. 애도의 뜻을 밝히는 다양한 표현을 알아 보자.

삼가 애도의 뜻을 표합니다　　　　　　　　　　　　　　×

Subject	To express our sorrow
From	GraceKim@PowerLink.com
To	abc@wellsoft.com

We at the Korea branch of PowerLink Co. **are saddened to learn of** the sudden death of your president, Bill Bellkeeper. He will long be remembered for what he has left behind in the IT industry. My associates and I want to extend our heartfelt sympathy.

Thank you,
Grace Kim

파워링크 사 한국 지사의 사원 일동은, 빌 벨키퍼 사장님의 돌연한 부고를 접하고 슬픔을 금할 수 없습니다. 그분이 IT업계에 남긴 업적은 언제까지나 우리들 마음에 남을 것입니다. 저희 모두는 삼가 애도의 뜻을 표합니다.

이 구문 하나로 **OK!**

We are saddened to learn of _____.
~ 소식을 듣고 슬픔을 금할 길이 없습니다.

- **the loss of your husband** 남편 분을 잃으셨다는
- **the passing of your mother, who was a woman who affected us all**
  우리 모두를 아껴 주셨던 어머님께서 돌아가셨다는
- **the tragic death of your son Leo in a car accident**
  자동차 사고로 인한 아드님 레오의 슬픈 사망

이 문장으로
SEND!

저희 시스템 개발 그룹 멤버 일동은 삼가 조의를 표합니다.

All of us in the System Development Group want to express our heartfelt sympathy.

• **heartfelt** 진심어린, 마음으로부터의

귀사 LA 지국 관리자이신 월터 왓슨 씨의 부고를 접하고 모두 슬픔을 금치 못하고 있습니다. 삼가 조의를 표합니다.

We were saddened to learn of the passing of Walter Watson, the Los Angeles District Manager at your company. All of us here would like to express our condolences.

• **condolences** 애도, 애도의 말

오늘 아침 TV 뉴스로 귀사 사장님의 부고를 접하고 슬픔에 잠겨 있습니다. 조의를 표하는 바입니다.

We are distressed to learn from the news on TV this morning that your president has passed away. We would like to extend our deepest sympathy.

• **distressed** 괴로운, 슬퍼하는
• **sympathy** 조문, 위문

도날드 노먼 씨의 부고를 접하고 안타까움을 금할 길이 없습니다. 저는 지난 10년간 그분을 알고 지내는 특전을 누렸습니다. 삼가 애도를 표하는 바입니다.

I was very sorry to hear that Mr. Donald Norman passed away. I had the privilege of knowing him for the past decade. Please know that I share your sorrow during this sad time.

143 감사 표현하기
144 칭찬하기
145 축하하기
146 격려 및 위로하기

O 감사, 축하 및 격려

143 감사 표현하기

어떤 도움을 받았을 때는 간단한 문장이라도 지체 없이 감사의 뜻을 담아 메일을 보내는 것이 좋다. 어떤 도움을 받았는지 간단히 적고 감사의 말을 전하자.

다시 한번 감사드립니다   ✕

Subject	Thanks for everything.
From	GraceKim@darakwon.com
To	KateHills@darakwon.com

I came back to Seoul two days ago and am back at work today. **Thank you for everything that you did for me while I was staying in New York.** If you visit Korea in the future, please make sure to let me know.

Thank you,
Grace Kim

이틀 전 서울로 돌아와 오늘부터 출근했습니다. 뉴욕 체재 중 베풀어 주신 모든 일들에 감사드립니다. 앞으로 한국에 오실 일이 있으면 꼭 연락 주십시오.

이 구문 하나로 **OK!**

Thank you for everything you did for me while _____.
~하는 동안 저에게 베풀어 주신 모든 일에 감사드립니다.

- I was in London and away from the office 사무실을 떠나 런던에 있는
- I was hospitalized for the past week 지난주 입원해 있는
- I was busy working on the Tillman Project 틸먼 프로젝트에서 일하느라 분주한

이 문장으로 SEND!

수석 엔지니어와의 면접 자리를 마련해 주셔서 대단히 감사합니다.

Thank you very much for arranging a job interview with the chief engineer.

크리스 트렌트 교수님의 연구실을 방문할 수 있도록 조처해 주셔서 감사합니다. 가까운 시일 내로 도움에 보답하고자 합니다.

Thank you very much for arranging a visit to Prof. Chris Trent's lab. I look forward to repaying you for this in the near future.

저를 맞이하기 위해 샌프란시스코 공항에 사람을 보내 주신 배려 감사합니다.

It was very thoughtful of you to have someone come to the San Francisco airport to meet me.

낸시, 8월 7일 뉴욕 행 항공편을 예약해 줘서 고마워요.

Nancy, many thanks for booking me a flight to New York on August 7.

이 버그를 수정하는 데 많은 조언을 주셔서 감사드립니다.

I really appreciate all the advice you gave me on how to fix this bug.

시스템을 디버그하는 데 많은 시간을 할애해 주셔서 정말 신세 많이 졌습니다.

I am greatly indebted to you for all the time you spent debugging the system.

● be indebted ~에게 빚을 지다

144
칭찬하기

적절한 시점에 전하는 칭찬의 말은 상대의 업무 의욕을 높이는 특효약이다. 자신과 상대의 관계에 따라 다양한 뉘앙스가 담긴 표현을 구분하여 칭찬을 전하자.

역시 훌륭합니다	✕
Subject	We're very impressed.
From	Bob@BitPower.com
To	Dan@wellsoft.com

All of us in the Development Division at BitPower **have been extremely impressed with** the productivity and efficiency of your company, and we are satisfied that we have awarded this development contract to you.

Thank you,
Bob Reid

비트파워 사 개발부 사원 일동은 귀사의 생산성과 효율성에 대해서 감탄해 마지 않았습니다. 이번에 귀사에 개발 계약을 발주하게 되어 만족스럽습니다.

이 구문 하나로
OK!

We have been extremely impressed with
☐. 우리는 ~에 크게 감탄하고 있습니다.

- **the quality of work that you have produced recently**
  최근에 처리한 일의 질
- **your positive attitude and willingness to work**
  일에 대한 긍정적인 사고방식과 의욕
- **your salesmen and their knowledge of the product they are selling**
  귀사 판매사원의 상품에 대한 지식

이 문장으로 SEND!

뉴홀 씨, 이 프로젝트에 대해서인데 당신의 설계는 훌륭하다고 생각합니다.

Mr. Newhall, regarding this project, I think your design is excellent.

모리스 씨, 기뻐해 주십시오. 레드몬드 사무소 분들은 어젯밤 당신의 프레젠테이션에 대단히 만족해하셨습니다.

Mr. Morris, you will be very pleased to know that the Redmond office people might were very impressed with your presentation last night.

존, 뉴욕 사무소 사람들이 당신을 어떻게 생각하고 있는지 걱정 말아요. 모두 당신을 칭찬하고 있으니까요.

John, don't worry about what the New York office people might think of you. I have heard nothing but praise for you from them.

귀사가 개발한 웹 시스템이 사용하기가 매우 쉽다는 점에 감탄했습니다.

We have been impressed by how user-friendly the Web system which your company developed for us is.

• **user-friendly** 사용하기 쉬운

귀사가 개발한 자동 거래 시스템의 성능을 더할 나위 없이 만족스럽게 생각합니다.

We couldn't be more pleased with the performance of the automatic transaction system you developed.

웹 서비스 개발 프로젝트를 감독하는 동안 보여준 귀하의 리더십에 경의를 표합니다.

I want to commend you for your leadership while you were supervising the Web Service Development Project.

145 축하하기

승진이나 프로젝트 성공 등, 축하할 일이 있을 때 사용하는 표현이다. '축하하다'라는 뜻의 동사 congratulate를 사용하거나, '~한 소식을 들어 기쁘다'는 식의 표현을 쓰면 된다.

축하합니다!   ✕

Subject	Congratulations!
From	Bob@darakwon.com
To	Jones@darakwon.com

I am delighted to learn of your promotion to Director of the Development Division. There isn't a better man for that important job as far as I am concerned. **I want to congratulate you on** your promotion again.

Thank you,
Bob Reid

개발부 이사로 승진하셨다는 소식을 듣고 매우 기쁘게 생각합니다. 제가 아는 한 그 중책에 귀하보다 더 적임자는 없습니다. 다시 한번 승진을 축하드립니다.

이 구문 하나로 **OK!**

I want to congratulate you on ☐.
~을 축하드립니다.

- being named one of the Top 100 Researchers in the United States
  미국의 100대 연구자에 이름을 올린 것
- being accepted to business school
  경영대학원에 입학한 것
- your recent winning of the contract with the InfoStar Co.
  최근에 인포스타 사와 계약을 체결한 것

이 문장으로 SEND!

그랜트 씨, 당신이 우리 개발팀에 참가하게 되었다는 소식 듣고 기뻤습니다.

Mr. Grant, I was delighted to hear that you will be joining my development team.

웹 저작권 관리 시스템 개발 프로젝트를 계속 진행할 수 있게 직속 상사를 설득하는 데 성공한 것을 축하드립니다.

As for this Web copyright management system development project, I want to congratulate you for successfully convincing your immediate superior to go ahead with it.

당신이 뉴욕 사무소로 옮겨서 본 프로젝트 팀에 참가하게 된다는 소식, 매우 기쁘게 생각합니다.

It was with great pleasure that I learned about you being transferred to the New York office to join this project team.

프레몬 씨, 부사장으로 승진하셨다는 소식에 너무나 기뻤습니다.

Dear Mr. Fremont, I was overjoyed by the news that you have been promoted to Vice President.

최근 귀사의 웹 콘텐츠 개발 프로젝트 성공을 축하드립니다.

Allow me to congratulate you on your recent success with the Web Content Development Project.

저글러넷 사 개발부 일동을 대표하여 귀하의 수석 엔지니어 승진을 축하드립니다.

On behalf of everyone here at the Development Division of JugglerNet, let me congratulate you on your recent promotion to chief engineer.

대단합니다! 드디어 그 버그를 완전히 해결하신 모양이군요.

Great! It looks like you have finally managed to fix that bug for good.

● for good(= permanently) 완전히, 영구적으로

146 격려 및 위로하기

동료가 힘든 처지에 있을 때 위로의 마음이 담긴 격려 메일을 보내는 것도 좋다. 상황에 따라서는 힘든 상황을 언급하는 것 자체가 상대방에게는 곤혹스러울 수 있다. 마음 상하지 않도록 표현에 신경 쓰자.

힘내십시오	✕
Subject	Take it easy.
From	Bob@darakwon.com
To	Kelly@darakwon.com

I heard about the big network **trouble** and wanted to let you and your team know that our thoughts and prayers are with you all during this most difficult time.

Thank you,
Bob Reid

네트워크 시스템의 심각한 장애에 대해 들었습니다. 가장 힘든 시기이지만 우리가 항상 여러분을 생각하면서 기도하고 있다는 것을 기억해 주십시오.

이 구문 하나로 **OK!**

I heard you are having some trouble.
힘든 일을 겪고 계시다고 들었습니다.

이 문장으로 SEND!

쿨클릭 사가 댈러스 지사를 페쇄한다는 소식을 듣고 직원 모두가 안타깝게 생각하고 있습니다.

My staff and I are saddened to learn that the CoolClick Co. is going to close their Dallas branch.

귀하의 개발 프로젝트가 중지된 것이 너무 안타까워 이 메일을 씁니다.

I am just writing this e-mail to let you know how sorry I am that your development project has been canceled.

귀하의 관리팀이 네트워크 장애를 겪고 있다는 말을 듣고, 저를 포함한 프로젝트 팀 모두는 빠른 복구를 기원하고 있습니다.

Upon hearing that your maintenance team is experiencing network trouble, my project members and I just want to wish you a speedy restoration.

• restoration 복원, 복구

이 일로 기운을 잃지 마십시오.

Please don't let these problems affect you in a negative way.

시간이 지나면 다 잘 해결될 것으로 믿습니다.

I'm sure that everything will work itself out if you give it time.

좋은 쪽으로 생각하면, 이 문제들을 다 해결하실 수 있을 것이라고 확신합니다.

If you maintain a positive attitude, I'm confident you can solve these problems.

IT 업계 관련 표현

1 셀링 포인트 강조하기
2 구체적 효용성 홍보하기
3 내용 문의하기
4 상세한 기술 정보 확인하기
5 상황 파악하기
6 요구 사항 전달하기
7 기능 추가 및 변경하기
8 기한 연장 요구하기
9 개발자의 기술과 자격 나타내기
10 고객 문의에 답하기
11 작동 환경 관련
12 개발 환경 관련
13 웹 애플리케이션 관련
14 데이터베이스 관련
15 네트워크 관련

+1 셀링 포인트 강조하기

시스템 개요에 대해 협의할 때, 수주자와 발주자가 서로의 의향을 확인하기 위해 알아 두어야 할 표현이 있다. 여기서는 수주자가 발주자의 마음을 끌기 위해 사용할 수 있는 표현을 익혀 보자.

고객의 기업 결제 자동화를 도와드리는 데는 고속 웹 서비스 기능을 제공하는 것이 중요합니다. 당사는 그 분야를 전문으로 하는 하이테크 기업입니다.

In our efforts to help customers automate their corporate transactions, it is important to provide a high-speed Web service function. We are a high-tech company specializing in that field.

비즈니스 절차를 자동화함으로써 귀사에 큰 도움이 될 당사의 신제품에 관심을 가지실 듯하여 연락드립니다.

We are contacting you to inquire whether you would be interested in our new product, which can greatly benefit your company by automating the business processes.

당사의 인트라넷 사용자의 관점에서 보면, 이 새로운 기능은 매우 유용합니다.

From the perspective of the intranet users in our company, this new function is quite effective.

이것은 귀사가 **Ipv6**를 이용하는 메리트 중 하나입니다. 당사는 인터넷 기술을 전문으로 하는 하이테크 기업이므로 **Ipv6**에 대해서도 정통합니다.

This is one of the merits of your company using IPv6. As we are a high-tech company specializing in Internet technology, we are very familiar with IPv6, too.

귀사와 거래하게 된다면 저희로서도 기쁜 일이므로 기꺼이 가격을 인하해드릴 용의가 있습니다.

Because it is always our pleasure doing business with you, we are willing to offer you a reduction.

+2 구체적 효용성 홍보하기

자사의 제품이나 서비스가 어떤 점에서 구매자에게 도움이 되는지 구체적으로 말할 때 쓰는 표현을 알아 보자.

이 웹 서비스는 귀사의 다양한 업무 수행에 효과적이고 비용 효율이 높은 비즈니스 모델을 제공할 수 있습니다.

This Web service can provide an efficient and cost-effective model for accomplishing various tasks for your company.

이 신기능을 추가함으로써, 사용자는 누구나 서버 기에 애플리케이션을 간단히 설치할 수 있습니다.

With the addition of this new feature, any user can install an application on a server machine very easily.

당사가 개발한 이메일 시스템은 매우 안정적입니다.

The e-mail system that our company developed is very stable.

● stable 안정적인

당사의 애플리케이션에는 플러그인 형식으로 원하는 기능을 추가하실 수 있습니다.

With our application, you can plug-in the function that you want.

이 소프트웨어는 1일 50만 이상의 접속이 있는 사이트에서도 특정한 수행상의 문제가 보고되지 않았습니다.

No particular performance problems have been noted on this software, even at sites whose daily access exceeds 500,000.

+3 내용 문의하기

제품이나 서비스의 내용에 관해 자세히 문의할 때 쓸 수 있는 표현이다. 제품이나 서비스의 장점이나 특이점을 질문해 보자.

다른 방법과 비교할 때, 이 해결책은 어떤 기술적 유리함을 제공합니까?
Does this solution provide any technical advantages over other methods?

이 신제품은 어떤 특별 기능을 가지고 있습니까?
What kind of special features does this new product have?

이 시스템은 당사에 효율적인 웹 서비스를 제공할 수 있습니까?
Can this system provide effective Web services to our company?

이 웹 서비스는 어떤 비즈니스 모델을 제공할 수 있습니까?
What kind of a business model can this Web service provide?

IPv6는 어떤 문제를 해결할 수 있습니까?
What kind of problems can IPv6 solve?

이 프로그램의 시간당 데이터 처리 용량은 얼마나 됩니까?
How much data can this program process per hour?

귀사의 웹 서비스를 사용하여 어떤 정보를 검색할 수 있습니까?
What kind of information can I find by using your company's Web service?

+4 상세한 기술 정보 확인하기

좀더 자세한 정보를 물을 때 사용할 수 있는 표현이다. IT 분야에서 많이 쓰는 어휘도 함께 익히자.

귀사가 우리를 위해 개발한 시스템에 대해, 시스템 구동과 관련하여 정체가 일어나는 부분은 어디입니까?
Regarding the system that you developed for us, where is the bottleneck as far as its performance is concerned?
● bottleneck 진행이 방해된 상태, 병목 현상이 일어나는 곳

새로운 시스템은 이전 버전으로 작성한 데이터를 읽을 수 있습니까?
Can the new system read the data that was made by the previous version?

이 문제는 다음 버전에서 해결될 수 있습니까?
Can this problem be fixed in the next version?

이 프로그램은 고객이 구입할 때마다 상품의 할인율을 계산하는지 알려주십시오.
Please tell me whether this program calculates the product discount rate every time that a customer purchases something.

이 사용 사례도는 무엇에 대해 기술한 것입니까?
What is this use case diagram supposed to describe?

귀사의 사양은 무엇을 지원합니까?
What can the specifications of your company support?

이 프로그램의 주 영역은 무엇입니까?
What is the main scope of this program?
● scope (표적) 범위, 영역

이 프로그램의 기능을 시험해 보려면, 저희 워크스테이션에 어떤 **OS**를 설치해야 합니까?

What kind of an OS should we install on our workstation to try to see what this program can do?

이 기능은 기존 프로그램의 무엇을 지원하기 위한 것입니까?

What is this function supposed to support in the existing program?

이 사례도는 베이테크 사의 자동거래 시스템의 요건에 대해 정리한 것입니까?

About this use case diagram, is it supposed to show the system requirements of BayTech's automatic transaction system?

상황 파악하기

시스템 개발 과정에서 문제가 생겼을 때는 상황을 명확히 파악하고 해결책을 모색하여 대책을 마련해야 한다.

밀러 씨, 네트워크 장애가 발생했습니다. 이 문제를 해결하려면 먼저 무엇을 해야 합니까?

Mr. Miller, we are experiencing network trouble. What should we do first to solve this problem?

이 시스템을 완성시키기 위해 꼭 해야 할 일을 알려주십시오.

Please inform us of what must be done to complete this system.

이 문제 해결에 필요한 접근 방법은 무엇입니까?

What kind of an approach is needed to solve this problem?

아넥스 사가 지적한 기본 설계 변경의 필요성에 대해, 기술적 해결책을 몇 가지 정도 생각해볼 수 있을까요?

Regarding the need to change the basic design that the Annex Co. has pointed out, how many technical solutions can you think of to take care of this problem?

렉서스 사가 당사를 위해 수행하고 있는 웹 서비스 개발 프로젝트가 예정보다 지연되고 있습니다. 귀사에 부탁하여 설계를 변경한다면 비용은 어느 정도 소요됩니까?

The Web service development project that Lexus has been working on for us is getting behind schedule. If we ask your company to alter its design, how much will you charge for it?

• **alter** 변경하다, 바꾸다   • **charge** (대가, 요금을) 청구하다

+6 요구 사항 전달하기

상대방의 협조나 도움을 요청할 때, 또는 어떤 특정한 일을 해 주기 바란다고 요구할 때 쓸 수 있는 표현을 알아 보자.

와이젠버거 씨, 당신의 지혜를 빌리고자 메일을 드립니다. 당사의 데이터베이스 시스템을 자동화하기 위해 취할 수 있는 해결책을 제안해 주시겠습니까?

Mr. Weisenberger, I am writing this e-mail in the hope that we could have the benefit of your suggestions. Would you be so kind as to propose a solution that we can use to automate our company's database system?

브라운 씨, 그 변경을 실행하려면 2시간 정도 시스템을 정지시켜야 합니다.

Mr. Brown, in order to carry out the change, we need to take the system down for about two hours.

이 문제는 오픈 소스 프로그램을 사용하거나 자체적으로 도구를 개발해야만 해결할 수 있습니다.

This problem can be solved either by using an open-source program or by developing a utility tool internally.

• **internally** 내부로, 내면적으로

사용자 정보를 수작업으로 입력해서 이 문제에 대응한다는 것이 귀하의 문의에 대한 저희의 회답입니다.

Our answer to your inquiry is that we would like to take care of this problem by entering all the user information manually.

이 두 가지 옵션 중 무엇을 선택할 것인지 검토한 후에 결정하겠으니, 2, 3일 기다려 주십시오.

Please give us a couple of days as we must consider these two options before deciding which option to choose.

+7 기능 추가 및 변경하기

새로운 기능을 추가해달라고 요청하거나 특정 기능을 변경하고자 할 때 쓸 수 있는 표현이다.

존 뉴홀 씨, 당신이 원하는 기능을 실행하기 위해서는 두 달 안에 새로운 프로그램을 세 가지 추가해야 합니다.
Mr. John Newhall, in order to implement the function that you want, we must add 3 new programs in two months.

사양 변경에 대해서는 현재 몇 가지 안을 검토하고 있습니다.
As for changing the specifications, we are currently considering several options.

이 시스템의 유용성을 크게 향상시키기 위해 필요한 기능은 무엇입니까?
What kind of a function is needed in order to greatly enhance the usability of this system?

이 신기능 추가로 인해 무엇이 가능해집니까?
What can we do with the addition of this new feature?

적어도 메시지 분류 기능은 추가해 주십시오.
Please add and provide, at least, the message sorting function.

이 버그를 수정하기 위해서는 소스를 세 군데 변경해야 합니다.
In order to fix this bug, we must make three changes to the source.

기한 연장 요구하기

정해진 마감 기한이 촉박하여 연장을 요구하는 경우는 흔하다. 다양한 비즈니스 상황에서 기한을 연장해 달라고 요구할 때 유용한 표현을 알아 보자.

스미스 씨, 본 개발 프로젝트는 곧 완성되므로, 가능하다면 시간을 10일 정도 더 주셨으면 합니다. 이해와 협력이 있으실 줄 믿고 미리 감사드립니다.

Mr. Smith, if it is possible, we are hoping that you will allow us 10 more days because this project is so close to completion. Thank you in advance for your understanding and cooperation.

오늘부터 프로그래머 세 명이 새로 추가되므로 최초 마감 기한을 한달 연장해 주시면 감사하겠습니다.

Because we are getting three more new programmers today, we would be most grateful if you would grant us a one-month extension on the original deadline.

• extension 연장, 확장

웹 서버 개발에 대해 계획을 입안하는 일에 예상보다 다소 시간이 걸릴 것 같습니다.

Regarding the Web server development, I believe that it is going to take a little longer than I estimated to draw up a plan.

• draw up 작성하다, 다가오다

프로젝트 팀이 웹 서비스 시스템을 완성시키려면 열흘쯤 더 필요할 것 같습니다.

I am afraid that the Project Team is going to ask for 10 more days to complete the Web service system.

켄트 모리스 씨, 3월 10일 납기를 2주 연장해 주시겠습니까?
Mr. Kent Morris, would you grant us a two-week extension on the March 10 deadline?

이 버그 수정에 관해, 마감 기한을 5일간 연장해 주신다면 대단히 감사하겠습니다.
As for fixing this bug, we would appreciate it very much if you could extend the deadline by five more days.

저희 팀이 버그 리포트를 신중하게 검토하려 하니 앞으로 한달 더 시간을 주시겠습니까?
Could we have one more month since my team is going to study the bug report carefully?

개발자의 기술과 자격 나타내기

IT업계에 취업이나 이직을 할 때 쓸 수 있는 개발자의 기술이나 자격에 대해 표현해 보자.

이력서를 메일로 보내주셔서 감사합니다. 그런데 당신은 리눅스 용 애플리케이션을 개발하신 경험이 있습니까?
We appreciate you e-mailing us your resume. Incidentally, have you ever developed a Linux application?

제가 귀사의 시스템 개발 계획에 참가하게 된다면, C언어 프로그램 작성만 할 줄 알면 됩니까?
If I want to take part in your company's system development plan, would it be enough that I can write C language programs?

귀사의 시스템에 대해 익힐 경우, 어떤 지식과 기술이 필요합니까?
What kind of knowledge and skills do I need to have if I want to learn about your company's system?

당사에서는 엔지니어 전원에 대해 java 프로그래밍 이수를 요구하고 있습니다.
Our company requires all the engineers to learn Java programming.

UML 자격증이 있으면 미국에서 취업 활동하는 데 크게 유리합니까?
Can a UML certification be a big advantage for a person who wants to find a job in the U.S.?

• certification 증명, 증명서, 인증

어떤 IT 인증을 갖고 있어야 제 경력에 도움이 됩니까?
What kind of IT certification will look good on my resume?

+10 고객 문의에 답하기

일반 소비자들의 문의에 응대할 때의 표현이다. 소비자들은 전문용어에 익숙하지 않으니 가능하면 쉬운 말로 풀어가며 응대하자.

12월 14일 보내신 당사 암호화 소프트웨어에 관한 문의 메일에 대해 감사드립니다. 본 메일에 간단한 팸플릿을 첨부하겠습니다. 더 상세한 내용은 소프트웨어 매뉴얼을 고객님의 PC에 다운로드하여 확인해 주시기 바랍니다.

Thank you for your e-mail of inquiry dated December 14, in which you expressed your interest in our encryption software. Attached is our pamphlet. For more details, please download the manual to your PC.

● encryption 암호화, 부호화

질문에 답하기 전에, 고객님이 갖고 계신 PC의 종류에 대해 알려 주십시오.

Before I try to answer your question, please let me know what kind of a computer you have on your office desk.

당사의 애플리케이션은 Windows 10에서의 작동을 보증하지 않습니다.

We don't guarantee our application to work properly on Windows 10.

존 비숍 님. 문의하신 내용에 대한 답변입니다. 마드라스 사의 애플리케이션에서는 인터넷에 접속하여 스트리밍 음성과 비디오를 이용할 수 있습니다.

Mr. Bishop, our answer is that Madras's application can let you use streaming audio and video over an Internet connect.

이 게임은 사운드 카드와 Direct 3D 규격의 비디오 카드만 있으면 즐기실 수 있습니다.

You only need a sound card and a Direct 3D compliant video card to enjoy this game.

당사의 게임을 즐기는 데에 무엇이 필요한지에 관한 질문을 하셨는데, **Intel Core 2 Quad 2.4GHz** 이상 **CPU**, **2GB** 이상 메모리가 탑재된 **PC**가 필요합니다.

To answer your question of what you need to enjoy our game, I would say you need a PC with an Intel Core 2 Quad 2.4GHz processor or above and RAM 2GB or above.

캠벨 씨, 사용하고 계신 **PC**의 사양을 알려 주십시오. 기종 번호와 기종 명칭을 알고 계시면 함께 알려 주십시오.

Mr. Campbell, please let me know the specs of the PC you are using. If you know the model number/name, please let me know that, too.

이 시스템을 최신 버전으로 업그레이드하시려면, 첨부 파일에 기술된 리소스가 필요합니다.

In order to upgrade this system to the latest version, you need the resources described in the attached file.

데이터를 어떻게 배포할 계획인가에 관해 질문하셨습니다만, 당사는 데이터를 온라인으로 배포하고 있습니다.

To answer your question of how our company plans to distribute data, we intend to do it online.

당사는 최신 버전 대응 제품을 올 가을에 출시할 생각입니다.

We intend to release products that comply with the latest version this fall.

당사가 지원하고 있는 웹 서비스는 귀사 네트워크 보안이 확보되면 이용할 수 있습니다.

You can use the Web service that our company is supporting when your network security is secured.

네트워크 수행에 큰 영향을 미칠 수 있으므로, 이 기능의 사용은 삼가 주십시오.

Please refrain from using this function because it may affect your network performance greatly.

+11 작동 환경 관련

컴퓨터나 기계의 작동 환경에 대한 표현이다. 컴퓨터의 하드웨어 사양이나 소프트웨어 버전 등은 반드시 체크해야 한다.

귀사의 프로그램은 특정 환경에 구애받지 않습니까?
Is your company's program environment-neutral?

이 프로그램은 어느 OS상에서 가장 안정적으로 작동합니까?
On what OS does this program run the most stably?

귀사의 프로그램은 특정 작동 환경을 요구합니까?
Does your company's program require any specific environment to run?

귀사가 개발한 애플릿은 32MB 이상에서 작동합니까?
Regarding the applet that your company developed, can it run under 32MB?

사내 LAN으로 외부 서버에 접속하려면 ssh를 이용해야 합니까?
Do I have to use an ssh to connect to a server outside of the in-house LAN?

이 프로그램을 작동시키려면 메모리가 얼마나 필요합니까?
How much memory is needed to run this program?

이 프로그램은 필요한 만큼의 메모리만 사용합니다.
This program uses only as much memory as needed.

+12 개발 환경 관련

특정 기기를 이용한 개발 환경과 관련된 상황에서 쓸 수 있는 표현이다. 특정 운영체제에서 구동되는지, 어떤 개발 도구를 사용하는지 등을 확인한다.

귀사의 소프트웨어 도구를 사용하면, 특정 실행 시간의 제약에 구애받지 않고 애플리케이션을 만들 수 있습니까? 그리고 이를 도입하면 개발 작업 효율이 얼마나 향상되겠습니까?

Can we create an application without regard to specific runtime constraints if we use your company's component software tool? And how much improvement in the system development productivity will there be if we introduce it?

이 프로그램은 방화벽 외부에 있는 서버와 통신할 수 있습니까?

Can this program communicate with a server located outside the firewall?

이는 리눅스 상에서 충분히 개발된 애플리케이션입니까?

Is this a mature application on Linux?

그 워크스테이션에는 무료로 쓸 수 있는 리눅스를 설치해 주십시오.

On that workstation, please install Linux, which you can use for free.

랙에 있는 **PC**에는 리눅스를 설치하고 이 프로그램을 작동시켜 주십시오.

Please install Linux on the PC on the rack, and run this program on it.

그 프로그램이 **java**로 작성되었는지 알려 주십시오.

Please let us know whether the program is written in Java.

+13 웹 애플리케이션 관련

웹 애플리케이션과 관련된 표현이다. 최근에는 모바일 애플리케이션 관련 문의도 많아지고 있으니 함께 알아 두자.

귀사의 프로그램은 웹 애플리케이션과의 순조로운 상호작용을 보장하고 있다고 하는데, 그 인증 방식은 불법 공격에 얼마나 대응 가능합니까?

I understand that your program guarantees smooth interactivity with Web applications. How many illegal attacks can its authentication method withstand?

네트워크 보안이 확보되지 않으면 불가피한 문제입니다. 웹 시스템 구축은 불가능합니다.

Nobody can construct a Web system without assuring its network security.

이 클러스터링 소프트웨어를 사용하면 사내 인트라넷을 하나의 컴퓨터처럼 사용할 수 있습니까?

By using this clustering software, can you use the in-house intranet system as if it were one big computer system?

이 프로그램은 웹을 사용하는 각종 장치에 대해 서비스를 제공합니다.

This program can provide services to a variety of Web-enabled devices.

현재 이 시스템으로는 휴대 전화로 웹 검색을 할 수 없지만, 차기 버전이 출시되면 가능해집니다.

Although this system cannot let you browse the Web with your cell phone right now, you will be able to do so when the next version is released.

+14 데이터베이스 관련

데이터베이스는 정보의 집합체인 만큼 관련 업무나 문의가 발생하기 쉽다. 데이터베이스와 관련된 유용한 표현을 알아 보자.

이 애플리케이션은 대규모 데이터베이스 시스템에 접속해야 합니다. 당사의 데이터베이스 서비스는 인터넷 접속으로 언제나 이용할 수 있습니다. 꼭 이용해 주십시오.
This application requires access to a large-scale database system. Our company's database service is available whenever you connect to the Internet. Please do use it.

호킨스 씨, 고객 정보는 어떤 데이터 포맷으로 기술하시겠습니까?
Mr. Hawkins, what kind of a data format do you want to use to describe your customer information?

저희 부서에서는 **XML** 형식으로 고객 데이터를 저장하는 애플리케이션을 사용하고 있습니다.
We in this section are using an application that saves our customer data in the XML format.

이 고객 데이터베이스에서는 엘리먼트를 몇 개 사용해야 합니까?
How many elements should we use for this customer database?

귀사의 애플리케이션이 사용하고 있는 알고리즘은, 방대한 데이터베이스 내에서 매칭 패턴을 단시간에 발견할 수 있습니까?
Regarding the algorithm that is used in your application, can it find a matching pattern out of a huge database very fast?

시몬스 과장님, 질문이 있습니다. 데이터 마이닝 결과는 어느 데이터베이스에 입력해야 합니까?

Manager Simmons, I have a question. In which database should we enter the results of the data mining?

이 프로그램은 당사 고객 데이터베이스에서 정확한 기록을 추출할 수 있습니다.

This program can pull the right records out of our customer database.

이 데이터베이스 시스템은 귀사의 기존 프로그램(들)을 이용하여 실행해 주십시오.

Please implement this database system by utilizing your existing program(s).

+15 네트워크 관련

네트워크 관련 문제 상황이나 업무 필요 상황은 흔히 접하게 된다. 네트워크에 관련된 유용한 표현을 알아 보자.

여러분, 보수 작업으로 인해 오늘 밤 9시부터 사내 네트워크를 정지합니다.
Everybody, we need to shut down the in-house network system for maintenance tonight from 9:00 p.m.

젠킨스 씨, RSA 공개 키 암호 체계와 관련된 내용을 원하시면, 다음 사이트에서 자세한 정보를 얻을 수 있습니다.
Mr. Jenkins, if you want to find out something about the RSA public-key cryptosystem, you can obtain detailed information from the sites below.

- cryptosystem 암호 체계
- detailed information 자세한 정보

오스틴 씨, 현재 귀사에서 발생한 문제는 한 가지 이상의 특정 조작이 네트워크 상에서 동시에 실행되었을 때 발생하는 현상 중 하나입니다.
Mr. Austin, the anomaly you are experiencing is one of the phenomena that occur when more than one operation is performed on the network concurrently.

- anomaly 변칙, 예외, 의외
- phenomena 현상
- concurrently 동시에, 함께

클러스터 사가 개발한 보안 기능은 송신하는 메시지를 암호화하지 않습니다. 따라서 이 회사가 선전하는 정도로 안전하지는 않다고 생각합니다.
The security function that the Cluster Co. developed does not encrypt the message it sends. Therefore, it does not seem as secure as they advertise.

러셀 씨, 간밤에 발생한 네트워크 트러블의 원인에 대해 요약하여 보고해 주십시오.
Russell, please send your summary of what caused the network trouble that we experienced last night.

• cause 야기하다, ~의 원인이 되다

조나단 펄먼 님, 문의하신 사양은 IPv6의 IP 어드레스를 할당할 수 있습니다. 그러나 기존 IPv4 어드레스는 IPv6와 호환되므로, IPv4 어드레스를 사용해 주십시오.
Mr. Perlman, the specification you were talking about can assign IPv6 IP-addresses. However, please use existing IPv4 addresses because they are compatible with IPv6.

• compatible 호환되는

이 보안 기능은 네트워크 수행에 어떤 영향을 미칩니까?
How will this security function affect network performance?

이 프로그램은 인터넷을 통해 항목에 접근할 수 있습니까?
Can this program access objects through the Internet?

귀사가 판매하고 계신 소프트웨어는 전송 우선도 문제를 해결합니까?
Concerning the software that your company is selling, can it solve the problems of transmission priority?

이 기능은 기존 프로그램의 데이터 전송을 지원하기 위한 것입니다.
This function is supposed to support data transfer in the existing program.

INDEX 키워드 찾기

가능·가능성
● ~은 완전히 무리이다
just isn't feasible... 309
● ~은 있음직하지 않다
it is very improbable... 291
● ~일 가능성이 높다[크다]
it is highly likely that... 288
it could very well be that... 289
it is quite likely that... 289
there is a good chance... 289
● ~일 가능성은 낮다[적다]
it looks difficult to... 152
there is very little likelihood of... 291
it is not likely that... 291
it is very unlikely that... 291
there is not much of a possibility that... 291
● ~일 가능성이 충분하다
there is every possibility that... 289

간과
● ~라는 사실을 간과해서는 안 된다
we should not overlook the fact that... 275

감사
● 당신의 조언과 협조에 깊이 감사드린다
I really appreciate all the advice and cooperation you gave me... 71
● 도와주셔서 정말로 감사드린다
thank you very much for all your help... 363
● 저에게 해 주신 모든 일에 감사드린다
thank you for everything you have done for me... 343
thank you for everything you did for me... 362
● ~해서 정말로 감사드린다
Thank you for... 12, 26, 32~34, 37, 45, 71, 73, 81, 85, 89, 106, 138, 139, 158, 159, 187, 192, 207, 209, 220, 241, 244, 304, 306, 343, 345, 348, 349, 362, 385
I really appreciate... 12, 33, 71, 363
I am greatly indebted to you for... 363
it was very thoughtful of you to... 71, 363
● ~해 주신다면 감사하겠다
I would appreciate it if... 81, 106, 107, 112, 135, 142, 156, 157, 161, 176, 181
I would be most grateful if... 224

감탄
● ~에 크게 감탄하다
be extremely impressed with... 364
be impressed by... 365

강조
● 아무리 강조해도 지나치지 않다
I cannot stress enough... 279

● ~을 강조하고 싶다
would like to emphasize that... 279
● ~을 특히 강조하고 싶다
would like to put special emphasis on... 279

개최
● ~ 열릴 …에 참석해 주세요
you are invited to attend ... which is going to be held... 133
● ~이 열릴 것이다
...will be held 35, 128, 129, 139, 144, 215
we are planning to have... 130

거절
● 안타깝게도 ~을 거절해야 한다
we are afraid we must decline... 209
● ~을 거절해야 한다고 확신한다
I am firmly convinced that we must reject... 315

걱정
● 내가 걱정하는 것은 ~이다
my concern is whether... 259
what I am concerned with the most is... 326
● ~이 걱정된다
it concerns us that... 259
it is cause for concern that... 259
● 전혀 걱정할 필요 없다
you don't have to worry about ... at all 263

건강
● (정밀) 건강검진을 받다
undergo a medical examination 353
● 건강하기 바란다
wish you the very best of health 345

결근·결석
● 결근하고 싶다
would like to take the day off 353
● 당분간 결근하다
be off from work for some time 353
take a few days off 354
● ~에 참석할 수 없다
not be able to make it to... 333
not be able to attend... 139
● 하루 결근하다
take the day off 352, 353
● 장기 결근하다
be absent from work for a long period 353

결정
● 가능한 빨리 결정하다
make one's decision as soon as possible 243

성급한 결정을 내려서는 안 된다
should not draw any hasty conclusions 259
- 아쉽게도 ~하기로 결정했다
we have regretfully decided to... 204
- ~을 결정하는 대로
as soon as you have made a decision 243
- ~하기로 결정했다
I have decided to... 245, 255
it is my decision that... 245

경고
- 한 마디 주의를 주다
give a word of caution 328

경유
- 이 클레임은 ~을 통해서 대응한다
deal with this claim through... 221

고려
- 심사숙고하는 편이 좋다
should take time to think 259
- 심사숙고 후에
after careful consideration 255, 209
- 중요한 요소를 고려하지 않은
not take certain important factors into account 313

관계 · 관련
- 나는 ~와 관계없다
I am not involved in... 83
- ~하는 이메일을 보내다
send an e-mail of... 267
- ~에 대해서
with regard[respect] to... 37, 48, 63, 65, 92, 176, 186, 203, 207, 241, 244, 312
- 이 메일은 ~에 관련된 것이다
this e-mail is in reference to... 49

관심
- 관심 있으면
if you are interested, ... 125, 131, 183, 229
- 나는 ~에 관심이 있다
I'm really interested in... 183

기꺼이
- 기꺼이 ~하겠다
will be happy to... 62, 63, 159, 208
be willing to... 207, 323

기대
- ~의 기대에 훨씬 못 미치다
far below one's expectations 219
- ~을 기대하며 메일을 쓰다
write with the hope that... 55
- ~을 기대한다
look forward to -ing/명사 19, 58, 59, 60, 73, 124, 363
we hope to... 72, 170

기쁘다
- ~을 듣게 되어 기쁘다
be pleased to learn that... 51
be pleased to hear that... 73
be delighted to hear that... 367
it was with great pleasure that I learned about... 367
be overjoyed by the news that... 367
- ~을 알리게 되어 기쁘다
be pleased[happy, delighted, glad] to inform you that... 50, 51, 97, 98, 104, 113, 133, 206
have the pleasure of informing you that... 51

기원
- ~을 기원한다, 바란다
I hope and pray that... 273

기한
- 기한에 맞추다
make[meat] the deadline 177, 279, 284, 287, 288, 291
- 기한을 5일 연장하다
extend the deadline by five more days 381
- 당초 기한을 한 달 연장해 주다
grant a one-month extension on the original deadline 380
- A의 기한은 ~이다
the deadline for A is... 121, 135, 215

긴급
- 긴급한 일이다
this is urgent... 232
- 긴급한 일이므로~
since it requires a very urgent response... 232
- 긴급히 ~이 필요하다
we are in urgent need of... 233

내선
- 내선번호 ~으로 연결하세요
please dial extension... 169

놀라다
- ~에(~을 알고) 몹시 놀라다
can't tell you how surprised I were... 330
be really surprised by... 331
be speechless to hear... 331

능숙
- ~에 능숙하다
be familiar with... 188, 189, 290, 372, 125

담당
- 나는 ~ 담당이다
I am mainly responsible for... 38
I am in charge of... 39, 108, 189, 191, 206, 281

답변 · 답장
- 곧바로 (더 일찍) 답장을 보낼 수가 없었다
be unable to reply sooner 45

393

- 답장을 기대한다
look forward to your reply 58, 59
- 신속한 답장에 감사한다
thank you for your prompt reply to... 33
- 이것은 ~에 대한 답장이다
this is to reply to... 36, 37
this is in response to... 202
in response to... 202

대안
- 대안을 제시하다
come up with an alternative plan 209
- 대안이 매우 적절하다
the alternative solution is very reasonable... 318

대응
- 신속한 대응을 바란다
please respond right away 91, 221
- 적절한 대응을 취하다
please take appropriate action 221

도움
- 귀사에 큰 도움이 될 수 있다
can greatly benefit your company... 372
- 도움이 되면 좋겠지만
I wish I could help you, but... 185
- 도움이 된다면 좋겠다
it would be a pleasure to help you... 229
- ~를 돕다
give ... a hand 207
- 우리가[내가] 도울 수 있는 것이 있다면
if we can be of any assistance 63, 65
if there is anything I can do for you 228

동의 · 찬성
- 100%[전적으로] 찬성한다
agree one hundred percent 295
be in total agreement... 295
be fully in favor of... 296
- 기본적으로 찬성한다
basically I support... 296
be basically in favor of... 299
- 대체로 찬성한다
agree for the most part... 301
tend to agree with... 301
be inclined to agree with... 301
- ~라는 점에서 동의한다
be in agreement on... 294, 301
agree with one's opinion that... 295
- ~에 대해서 찬성하기 어렵다
I cannot[don't] agree with... 209, 301, 306, 307, 309
I find it difficult to agree with you on... 301
I can't say that I share your idea on... 307
I'm afraid I do not share your view on... 307
we don't see things the same way... 307

만남
- 기꺼이 만나겠다
be happy to meet you... 159
- 나중에 만나고 싶다
I hope that I can see you some other time 159
- 만나서 기쁘다
be delighted to meet you 159
- 직접 만나고 싶다
would like to see you in person... 150
would like to come see you... 155

만족
- ~에 매우 만족하고 있다
we couldn't be more pleased with... 365

목표 · 목적
- 우리는 ~을 목표로 한다
we aim to... 271
- A의 주목적은 ~이다
the main purpose of A is... 145
the primary goal is to... 271
the purpose of A is to... 270, 271

문의
- ~에 대한 문의에 (응하여)
in response to your inquiry about... 63, 78, 202, 203
comply with your request... 207
- 문의해 주셔서 감사합니다
thank you for your inquiry... 37

문제
- 문제가 생겼다
have encountered problems... 49, 177
- ~에 문제가 있는 것 같다
there seems to be a problem with... 327
- 유일한 문제는 ~이다
the only problem is that... 327
- 큰[특별한] 문제는 없다
haven't encountered any big problems... 175
foresee no particular problems... 207

반대
- ~라는 생각에 반대하지 않는다
would not oppose the idea of... 299
- 반대할 생각은 아니지만~
I don't mean to disagree with you, but... 305
- 반대해야 한다고 생각한다
feel that I really must disagree... 307
- 절대로 반대한다
be in total disagreement... 308
be totally against... 314
be absolutely opposed... 315
- ~하다면 반대하지 않는다
have no objection whatsoever provided that... 323

방문
- 바쁜데 방문해 주셔서 감사하다
thank you for taking time from your busy schedule to come to our office... 171
schedule to come to our office... 171
- 제 사무실에 와 주신다면
if you can come to see me at my office... 152
- 제 사무실을 방문해 주세요
it would help me a lot if you could come to our place... 153
please come to our office... 153
Can I ask everybody to my office? 153

보고
- 더 빨리 보고하지 못해 죄송하다
I'm sorry that I didn't report to you sooner 69
- ~을 보고드린다
this is to report to you... 147

보증
- ~을 보증한다
I assure you that... 262, 263
I guarantee that... 263

보충
- ~에 대한 보충이다
this is a follow-up to... 42
I send you this as a follow-up to... 43

부고 · 장례
- 돌연 세상을 떠나다
suddenly pass away... 357
- 장례식이 ~에서 거행된다
funeral will take place at... 357

부담
- 부담없이[언제든] ~하다
feel free to... 64, 228
do not hesitate to... 63, 64, 65, 125, 228

부탁
- ~해 주시겠습니까?
Could I ask you to...? 225
Would you (please)...? 135, 225, 230, 231, 316, 378, 381
- ~해 주십시오 / ~해 주시면 감사하겠습니다
we would like you to... 209, 231, 243
it would be helpful if... 231
I would be grateful if... 66, 181, 187

불공평
- ~은 좀 불공평하다고 생각한다
I feel that ... is somewhat unfair 321

불만
- 불만이 있어서 이메일을 보낸다
I am sending this e-mail to complain... 219
I am writing this e-mail to complain to you that... 219

불편
- 번거롭게 하고 싶지는 않지만
I am really sorry to bother you, but... 153
I hate to trouble you, but... 224, 225, 265
- 불편하게 해서 죄송하다
we are sorry to trouble you with... 58
I am sorry for any inconvenience in... 164
I am sorry for the inconvenience caused... 336

사과
- ~에 사과드린다
I'm sorry for... 45
we are sorry that... 53, 68, 338
my apologies to you for... 44
please accept my apologies for... 69
please excuse me... 82
please forgive me for... 53, 339

상담 · 논의
- ~에 대해 상담하고 싶다
would like to consult with you about... 151
- ~은 좀더 논의가 필요하다
...should be discussed further 301

소개 · 추천
- ~를 소개해 주시겠습니까
can you introduce me to... 189
- ~를 소개하기 위해 메일을 쓴다
this is to introduce... 157, 346, 347
- ~를 자신 있게 추천한다
I would like to recommend ... without reservation 347
- ~를 추천하기 위해 메일을 쓴다
this e-mail recommends... 347
- ~를 추천한다
I recommend that... 197
I am happy to recommend... 347
I am happy to have this opportunity to recommend... 347

송별회
- ~의 송별회를 열다
plan a farewell party for... 131
- ~의 송별회에 초대하다
invite to attend a farewell party for... 131

송신
- 별도로 보내겠다
will send you separately 92
will send in a separate e-mail 93
- 오늘 ~을 발송한다
we will ship ... today 203
- ~을 보낸다
be pleased to send... 62, 77, 78, 203
- 즉시 재발송하겠다
we will immediately reship... 203

395

수신

- 당신 앞으로 온 것 같다
it seems that it was intended for you 83
- ~라는 확인 메일을 받았다
I received an e-mail which confirms that... 89
- ~에게서 이메일을 받았음을 알린다
I want to inform you that I received an e-mail from... 89
- ~을 받으셨습니까?
Did you receive...? 91, 135
- 이 메일이 도착하면 수신 여부를 알려 달라
let us know ... if this e-mail reaches you 91

숙소·호텔

- 그 지역의 숙소를 알아보다
arrange hotel accommodations in the area 143

순조롭게

- 순조롭게 진행되다
progress without a hitch 175

스케줄·일정

- 대략적인 스케줄은 다음과 같다
The rough schedule is as follows... 173
- 이번 주의 스케줄은 다음과 같다
this week's schedule is as follows... 173
- 일정보다 다소 늦게
a little behind schedule 175
- 일정보다 조금 빨리
a little ahead of schedule 175

시간

- 시간이 며칠 더 걸리다
take a couple of days longer 45
- ~정도 시간을 낼 수 있다
I think I can spare about... 158
- 좀 더 시간을 주시겠습니까?
Could I have more time? 177

실망

- 내가 얼마나 실망했는지 모른다
I can't tell you how disappointed I am 333
- 미안하지만 ~에는 매우 실망했다
be very disappointed to learn that... 332
I regret to say that I'm very disappointed with... 218
I must say that ... disappointed me 333

실수·잘못

- ~라고 생각하는 것은 잘못이다
it is a mistake to think that... 313
- 제가 잘못 생각하는 것인지도 모르지만
I could be mistaken, but... 285

실행

- ~을 실행하기로 했다
have decided to carry out... 285

아이디어

- 뭔가 좋은 아이디어를 제공해 주신다면
if you could suggest some idea(s) 235
- ~하는 것이 좋은 생각이다
it is a good idea for you to... 277

안부

- ~에게 안부 전해 달라
please give my (best) regards to... 61
my best to... 61

안심

- 안심하세요
please rest assured that... 263

알다·알리다

- 나에게도 꼭 CC(참조)로 알려 주세요
please be sure to CC me... 221
- 이것은 ~을 알리기 위한 것이다
this is to inform you that... 97, 205, 329
this is to announce that... 99, 129, 145
- 아시다시피
as you already know 215
as you are probably aware 215
- ~을 알고 있습니까? / ~을 알려 주시겠습니까?
please let us know... 59, 62, 65, 91, 93, 187, 386
please inform us... 100, 101, 377
please advise me... 101, 146, 235
Can you let me know...? 189, 193
I am wondering if you could tell me... 260, 261
Could you tell me...? 165, 181, 192
- ~을 알리게 되어 기쁘다
I have the pleasure of informing you that... 51
I am pleased to announce that... 99
be pleased to inform you that... 50, 51, 97, 98, 104, 105, 133
- ~을 알린다
I would like to inform you of... 97
I would like to announce... 99
- 이미 알려 드린 바와 같이
as I have already informed you 43

압축

- 3개 파일로 잘라서 세 번에 나눠서 보내다
segment it into three files and send them as three separate mails... 81
- 압축파일이 열리지 않는다
I cannot expand... 81
- 열리지 않을 때는 ~을 사용해 달라
if you cannot open it, please try it with... 81
- ~으로 압축파일을 열 수 있다
be able to open it with... 81

약속

- 약속을 변경하고 싶다
I'd like to suggest changing our meeting... 165

allow me to suggest an alternative date... 165
- 약속을 잡다
set up an appointment 151, 154
- 약속을 지킬 수가 없다
not be able to keep our appointment 167
- 약속을 취소해야 한다
I regret that I must cancel... 167
- ~을 약속하다
I assure you that... 262, 263
you have my word that... 263
let me assure you that... 263

연기
- ~은 연기되었다
...has been postponed 141
- ~을 ...연기하다
grant ... extension 209, 254, 257, 380, 381

연락
- 곧 연락하겠다
I will get in touch with you soon 157
I will contact you soon 167
- 연락처는 다음과 같다
the contact information is as follows 113, 343, 345
- ~와 연락하세요
how about getting in touch with... 191
please get in touch with... 191

영광
- 매우 영광이다
be honored and pleased 207

예약
- 예약해 주셔서 감사합니다
many thanks for booking... 363
- ~을 예약할 수 있을까요?
Can I make a reservation for...? 201
- ~을 예약해 주시겠습니까?
Could you reserve...? 201
please reserve... 142, 201

오랜만
- 오랜만이다
I haven't seen you for a long time... 47
I haven't seen you for ages... 47
long time no see 47

오해
- ~에 대해 오해가 있는 것 같다
there seems to be some misunderstanding about... 334

요청
- 요청하신 자료
the information you requested 184, 203, 78
- 즉각적인 조처를 요청하다
require your immediate action on it 233

- ~해 주시겠습니까?
Would you please...? 135, 230, 316

유감
- ~을 듣게 되어 유감이다
we are saddened to learn that... 369
I'm so sorry to hear that... 53, 306
- ~을 알리게 되어 유감이다
I regret to say[report] that... 147, 185, 218, 219
I am sorry to inform you... 97
- 유감이지만
it is with reluctance that... 219
with great sadness and sorrow... 356

의견·제안
- 건설적인 의견을 말할 수 없다
cannot give a constructive opinion 268, 269
- 뭐라 말하기 어렵다
it is difficult to comment... 269
- ~을 제안하다
I suggest that... 237
I would like to propose that... 310, 311
My proposal is that... 311
I would like to put forward a proposal... 311
- 의견을 교환하다
exchange one's opinions 155
- 의견을 말하기 전에 좀더 생각하다
think more before giving an opinion 269
- 의견을 주세요
please let me know your comments 115
I would like to get your advice... 150
I would like to hear your opinion... 264
I am curious to hear your opinion... 265
please let me know what you think... 46, 265
I would be interested in finding out your opinion... 265
- ~의 의견에 따라
by following the suggestions of... 241
just like you suggested... 241
- ~의 제안을 지지할 수 없다
cannot support one's proposal 312, 313
- 제 의견으로는~
my feelings on the matter are... 266
from my point of view... 267
In my opinion... 267, 272
as far as I'm concerned... 267
- 좋은 의견이 있다면
if you have any advice or suggestions... 114

의문
- ~에 의문의 여지가 없다
there is no doubt that... 287
there is no question that... 253, 349
- ~인지 의문이 든다
have certain reservations about... 258
there are certain points where I have my doubts... 301
can't help wondering about... 302

397

I have some doubts as to... 321

의사록
- 바르게 정정된 의사록
the correctly worded minutes 147
- 오늘 안으로 의사록을 보내 주세요
please e-mail me the minutes by the end of the day 147
- 의사록을 작성해서 본 메일에 첨부한다
the minutes are now completed and attached to this e-mail 147

의제
- 다음 주제에 관해 이야기할 것이다
we will discuss the following subjects... 145
- 주요 의제는 ~라는 것을 알린다
this is to announce that the main agenda is... 145
- 주요 의제는 ~이다
the main agenda is... 145
- 주요 의제의 원안을 첨부한다
I am attaching the draft agenda... 145

이유
- 다음과 같은 이유로
for the following reason 283
- ~ 때문에, ~ 때문이다
because of... 283, 290, 306, 352
it is due to... 69, 338
- ~에는 몇 가지 이유가 있다
there are a number of reasons for... 283
- 무슨 말인지 알겠지만
I understand what you're saying, but... 304
I understand your point, but... 305
I see your point, but... 26, 305
- 일리가 있다
have a point 305

입장
- ~에 대해 말할 입장이 아니다
not in a position to comment... 269
not in a position to give an opinion on... 269

잊다
- ~을 잊어서는 안 된다
we should not forget that... 275
- ~을 잊지 마세요
let me remind you that... 244, 275
I would like to draw your attention to... 55, 275

자세히
- 자세한 사항을 알고 싶다
Could you be more specific...? 186
want to learn more about it 187
I am interested in hearing more about... 187

재고
- ~을 재고해 주기 바란다
Would you please reconsider...? 316
I would like to sincerely urge you to reconsider... 317
Can you reconsider...? 317
I would appreciate it very much if you would reconsider your decision... 317
we are hoping that you might reconsider... 317
Might you reconsider your decision? 317

저작권
- 저작권 위반
copyright infringement 217

적임자
- 나보다는 ~가 적임자다
...is more qualified than I am 196

전직·전근
- ~로 전근가게 되다
I will be transferred to... 46, 343
- (회사를) 그만두다
I will quit... 106, 343

조언
- 꼭 ~하십시오
I strongly advise you to... 238, 239
- ~의 조언을 받아들이다
take one's advice... 240
- ~에 대해 조언을 구하고 싶다
I would like to ask your advice on... 235
please advise me on... 235
- ~하면 어떨까요?
our advice is to... 236
why don't you... 24, 197, 237
I advise you to... 237

주문
- ~을 주문하고 싶다
I would like to order... 200

주소
- ~에서 당신의 이메일 주소를 알게 되다
I got your e-mail address from... 39, 195
- 예전 주소는 ~부터 사용이 중지된다
the old address will no longer be active as of... 107
- 이제부터는 새 주소로 메일을 보내 달라
send your e-mail to my new e-mail address... 107
- 주소록을 업데이트하다
update one's address book 107

중요
- 그렇게 중요하지 않다
I think ... is a minor issue 280
it is not so important... 281
... is of secondary importance 281

- ~의 중요성을 나는 모르겠다
I don't see the importance of... 281
I really do not think ... is all that important 281
- 당신이 생각하는 만큼 ~이 중요하다고 생각하지 않는다
I don't think ... is as important as you think it is 281
- ~이 매우 중요하다
cannot stress how important it is to... 279
the issue of ... is very significant 279
- 중요한 요점은 ~이다
the important point is... 275
what is important about is... 277
- ~하는 것이 중요하다
it is important to... 277, 372
I believe that it is important to... 277
I consider it most important to... 279, 288
- ~하는 것이 중요할 수도 있다
it could prove important to... 276

즉시・빨리
- 가능한 빨리(시간이 되는대로 즉시)
as soon as possible 33, 59, 60, 81, 84, 90, 101, 226, 238, 243, 273
at your early convenience 134
- 이 이메일을 받는 즉시
on receipt of this e-mail 136

지시
- 다음과 같이 ~할 것을 지시한다
my instructions are as follows... 245
my instructions to you are to... 244
- 다음 지시를 따라 주세요
please follow the instructions... 245

지적
- ~을 지적하겠다
allow me to point out that... 275

지지
- ~을 전적으로 지지하다
be behind ... 100% 297
have one's full support... 297
- 전폭적이고 무조건적인 지원
total and unconditional support 297

진단서
- 병원 진단서를 제출하다
present a medical report... 353

진행
- 현재의 진행 상황을 알려 주세요
please inform me how ... is going 175

참고
- 당신의 말이 큰 참고가 되었다
your talk was really informative 171
- 참고로
for your information 34, 76, 79, 85, 87, 89

참석
- 기꺼이 참석하겠다
be delighted to accept one's invitation 139
- 선약이 있어서 참석할 수 없다
I'm afraid I must decline as I have a previous engagement 139
- ~에 참석할 수 없다
I cannot make it to... 167
I will be unable to attend... 167
- ~에 참석해 달라
you are invited to... 131, 133, 153
- ~의 참석 여부를 알리다
confirm one's attendance 129, 134, 135
- 유감스럽게도 참석할 수 없다
I regret to inform you that I won't be able to make it to... 139
- 참석 여부를 알려 주세요
I would appreciate it if you would confirm your attendance at... 135
Would you please confirm your attendance? 135
please advise ... if you will attend 131

채용
- ~로 당신을 채용하고 싶다
we are very pleased to offer you the position of... 348
- ~를 채용하고 싶다
we would like to hire... 349
- 그 직책은 이미 충원되었다
the position has already been filled... 349

첨부
- 이메일에 첨부한다
attach ... to the e-mail 77, 79, 80, 83, 147
... is attached to this e-mail 79, 80
- 첨부한 것은 ~이다
attached is... 77, 81, 383
- 첨부한 파일은 ~을 위한 것이다
the attached file is for... 86
- 첨부한 파일을 확인하세요
please find attached file of... 77
- 파일을 첨부하지 않고
without attaching the file... 82

최선
- 당신에게 가장 좋은 방법은 ~이다
...is the best interest of you 237

축하
- ~에게 축하한다고 전해 주세요
please convey our congratulations to... 61
- 축하합니다
allow me to congratulate you... 367
let me congratulate you... 367
I want to congratulate you... 366, 367

출장
- 지금은 ~에 출장 중이다
  be out of town on a business trip right now   109
- 출장 일정은 다음과 같다
  my itinerary is as follows...   109

출처
- 그 소식을 ~에서 듣다
  learn the news from...   194
- 이 정보의 출처를 밝히다
  reveal the source of this information   193
- 좋은 정보원
  any good information sources   193

취소
- ~에서 손을 떼다
  pull oneself out of...   205
- ~을 취소하고 싶다
  would like to cancel...   205

커뮤니케이션
- 제대로 커뮤니케이션이 되지 않는다
  cannot communicate with each other accurately   335

타협
- 그 타협안은 받아들일 수 없다
  not be able to accept the compromise   321

편의
- 나의 편의를 앞세우다
  place my convenience ahead of yours   321
- 어느 쪽이 더 편하십니까?
  Which will be convenient for you?   161

필요
- 당신에게 필요한 것은 ~이다
  what is necessary for you is to...   253
- 당신은 ~할 필요가 있다
  it is necessary for you to...   253
  you need to..   59, 100, 102, 256, 353, 384

할인
- 기꺼이 할인해 드리겠다
  be willing to grant you a reduction   49

허가 · 승인
- 당신이 ~할 것을 허락한다
  I grant you permission to...   255
  I give my approval to you to...   255
- 만약 허락해 ~을 주신다면
  if I can get your permission,...   250
- ~을 허락할 수 없다
  cannot give my approval...   256
  you do not have my permission to...   257
  cannot give the green light to...   208, 257
- ~을 허락해 주십시오
  I would appreciate it if you allowed me...   217
  would it be all right with you if...?   251
  May I ask your permission to...?   251
  I would like to get your permission to...   251
  please allow me to...   251

협력 · 협조
- 당신의 협력이 꼭 필요하다
  your unanimous cooperation is absolutely necessary...   227
  your cooperation will be really appreciated...   227
- 지속적인 협력에 감사드린다
  we appreciate your continued support   61
- 협력해 주셔서 감사하다
  we appreciate you cooperation...   72
  we would greatly appreciate your assistance...   34

확신
- ~라고 확신한다
  I am (firmly) convinced that...   239, 266, 284, 315
  I am (absolutely) certain that...   286, 287
  I have total confidence that...   287
- ~라는 것이 확실하다
  we have every reason to believe that...   287
  it is obvious that...   287
- ~라는 확신이 없다
  I am not convinced that...   313, 320
- 의심할 여지가 없다
  it is beyond question that...   287
  there is no doubt that..   287

확인
- ~을 확인하고 싶다
  I just want to make sure...   211
- ~을 확인해 주세요
  please be reminded that...   215, 221
- 이것은 ~을 확인시키기 위한 것이다
  this is just a reminder...   215

효과
- 이 문제에 대한 유일한 효과적인 해결책은~
  the only viable solution to this problem is...   239
- 이 신기능은 매우 효과적이다
  this new function is quite effective   372

휴가 · 휴무
- 사무실이 휴무이다
  our office will be closed...   110
- 회사 전체의 휴가기간 동안
  during the company-wide holiday period...   111
- 휴가로 자리를 비우다
  be on leave for...   112